精神分析新時代

トラウマ・解離・脳と「新無意識」から問い直す

岡野憲一郎

岩崎学術出版社

序　文——精神分析の未来形

妙木　浩之

　若い時から良く知っているが，岡野憲一郎は「書く人」である。彼はいつも考えていることを書きながら歩いている。その思索は，書くことによって再帰的に着想になり，オリジナルな思考がその循環のなかから生み出される。本書は，そのオリジナルな思索を，文字通り，精神分析とは何かという問いに，改めて組みなおそうとした本だ。

　現在，精神分析はパラダイムチェンジの時期に来ている。最近の国際精神分析研究雑誌を読んでいて，精神分析の未来について考えていると，国籍不明の論考と出会うことが多く，その結果としてフランスやドイツ，あるいはアルゼンチンやブラジルなど，グローバルな精神分析運動に関心が向きやすい。Baranger 夫妻や Botella 夫妻の仕事に多くの分析家が精通するようになったのもそのためであろう。逆を言えば，ネットワークが発展したからだろう，日本そのものも含めてローカルな事情のなかで発展してきた独自の歴史にグローバルに接しやすくなった。アルゼンチンの精神分析サイトも，英語でなら，アクセスして内容をゲットするのもそれほど難しくないし，グローカルという言葉ではないが，ローカルな情報にアクセスしやすくなったのが大きい。

　これまでの日本の精神分析業界は，英国学派を中心としていた印象がある。国際精神分析協会（IPA）が活動しはじめてから，そろそろ 100 年近くの歴史が経とうとしているが，ナチスの戦渦を逃れたフロイトの亡命に伴って，ヨーロッパからロンドンに本部を移したことも大きいのかもしれない（2019 年の国際会議がロンドンで行われる）。英国へ留学して帰ってきた人たち，そして対象関係論者と呼ばれる一群の精神分析家たちの努力を通して，クライン学派についての一通りの理解が日本では定着し，この動向については多くの知見を私たちはもっている。

だが60から80年代を黄金期として衰退期に入ったという，ジャーナリスティックな噂ばかりが先行してきた米国の現実について，私たちはそれほど多くの情報をもっているわけではない。フロイトの最晩年に米国と英国では方向を異にして，米国精神分析協会は，1938年に精神医学の一分野として自らの協会を組織したため，力動精神医学を学んで帰国する人たちはいても，広い米国に点在している精神分析研究所に長く所属しその動向を持ち帰る人たちは，それほど多くはなかった。そのためLoewaldの古典的歴史的な文献ですら，日本には翻訳されてこなかったのである。この日本の歴史のなかでは，フランスから米国の精神分析研究所へと留学して帰国した岡野憲一郎のポジションはきわめて意義深い。彼は米国で静かに起きていた精神分析の革命を，身近に感じていた数少ない分析家だ。

　おそらく日本を含めて，精神分析のパラダイムに地殻変動が起きていることは間違いない。それを「静かな革命」と呼ぼうと「分析新世代」と呼ぼうと，パラダイムの変更がはっきりして私たちの目に見えるのは，まだ先のことだろう。これからの精神分析を考える上で，期待や願望を含めて，重要な論点を列挙するなら，
① 精神分析の理論の全体を，既存の対象関係論のパラダイムをもとに，組み替えていく。結果として，
② 精神分析が他の諸科学との接点のなかで，オリジナルな思考を展開する。
③ 新しい精神科学の知見に合わせて理論の更新と修正を繰り返していく，
ということが求められている。
これら後半の二つが，本書の主題であり，岡野が問い直していることだ。もちろん，これらの行為を現代ではEvidence-basedな世界との接点を求めることで行っていく必要もあるだろうが，そもそも，他の隣接科学への接点という着想があるかないかは大きい。例えば，かつてフランクフルト学派，つまり批判理論は，マルクス主義と精神分析を車輪の両軸のようにして発展した社会学だったが，それだけ精神分析の着想が担保されていた時代があるのだ。現在，精神分析理論が他の学問に影響する回路は，「臨床」という名前で学問が閉ざされ始めてから，すっかり失われてしまったように見える。精神分析は独自な方法論であることは確かだが，理論は汎用性が必要であり，そのためもう一度，他の諸科学にインパクトのある理論に組みなおしていく，

問い直していく必要がある。岡野の仕事は，そうした着想に満ちている。

　だから本書で登場する，これまでの前提を「問い直す」という各章は，精神分析臨床そのものを脱構築しようとする彼の意思表明だ。そして最後に脳科学，さらには現代の AI の深層学習に触れながら，無意識を再定式化しようとするところはなかなかスリリングである。解釈って何か，終結って何か，といった技法への問い直しのみならず，フロイトがジャネとの関係で踏み込まなかった「解離」を愛着理論の視点からとらえなおして，右脳の機能的な理解から，さらには深層学習の理解から，新しいアイデアを提示しようとしている。私たちが当然の前提としてしまっている精神分析のジャーゴンやドグマに対する異議申し立て。「書く人」岡野憲一郎の思索は，精神分析の未来を考える上で，重要な一石を投じている。

　できる限り，大きな波紋が拡がることを願っている。

まえがき

「精神分析とはいったい何か？」私は長い間，この問いに取り組んできている。本書はそれに対する私の考えを著した第4冊目ということになる。

1982年に医師になって直後から，私は精神分析に関わり続けてきている。それからもう36年も時間が経過したことになる。でも最終的な答えに至ったとはいえない。それはこれが決して容易な問いではないからだ。精神分析にこれだけ多くの学派が存在し，それぞれの主義主張が大きく異なる以上，「精神分析とは何か？」に一つの解答など永遠に見つからない，というのがとりあえずの解答だろうか？

私が16年前の2002年に出版した『中立性と現実——新しい精神分析理論2』（岩崎学術出版社）を手に取ってみても，その頃には私の考えはすでに大方固まっていたことがわかる。「患者の役に立つのが精神分析だ……」煎じ詰めればそういうことを書いた。結局はその部分は変わっていない。それから現在までに積み上げた分析家としての経験，精神療法家としての経験，そして精神科医としての日常臨床は，この基本部分に関してより確かな感覚を育ててくれたと同時に，それがその他の精神分析理論，および精神療法一般とどこが類似していて，どこが違うのかを再確認するプロセスであった。

従来の精神分析にはその長い歴史と数多くの学術業績があり，それらに対する私の敬意の念は変わらない。しかし私の中の精神分析の理想形は概してそれらを超えたものであり，米国の一部の分析家たちにより模索され，発展を続けている，いわば「新しい精神分析」である。本書のタイトル『精神分析新時代』はそのような意味をこめてつけたものである。そしてそこでは愛着，トラウマ，解離，脳科学がキーワードとなる。

私がこれまでに著した精神分析理論に関する著書は，2008年の『治療的柔構造』が最後であった。それ以後はもっぱら自己愛の問題や脳科学の問題を扱ったものを発表してきたのだ。そしてその間に私は「精神分析家」という自覚が徐々に薄くなり，「精神療法家」の自覚が増している気がする。そ

れは私が理想的な姿として考える「精神分析」が，フロイトが最初に考案した「精神分析」と徐々に離れて来ているという感覚を覚えるからだ。しかし言い方を変えれば，私の言う「精神療法家」こそが，精神分析家の本来ある姿だと考えているのである。あるいは次のような説明の仕方が可能だろうか？

　私は患者やバイジーに会っている時，ことさら「分析的に」扱おうとは考えていない。そうではなくて「相手にとってベストなものを提供しよう」と考えている。そしてそれが本来の「精神分析的な姿勢」であると考えている。その意味では，結局私は「分析的である」ということにこだわっているのであるが，それはなぜなら，精神分析は昔私が一生学び続け，そのエキスパートになることを目指した治療手段であり，学問体系だからである。そして心に分け入り，探求し，「分析」することを一生の仕事として選んだからだ。そして精神分析だけが，私が長年にわたって本格的なトレーニングを受けた分野だからであり，分析的な概念を用いてさまざまな心の働きを表現できるからだ。いわば**私にとって精神分析は母国語なのだ**。だから私は精神分析を理想的なものにしたいのである。

　私にとって精神分析の「未来形」を語るためは，より現実的な心のあり方を知る必要があり，それは現代的な脳科学の知見と連動していなくてはならないと考える。そしてそれはフロイトの唱えた心の理論を凌駕したものでなくてはならない。フロイト以来，脳についての知見は長足の進歩を遂げているのである。そこで本書では新しい脳科学に立脚した「新無意識」についても言及したい。そしてそれは神経学者として出発したフロイトが目指していたものとも合致するものと考える。

　本書を構成する 20 の章は，私が折に触れて書いたものをもとにしているが，本書を編むにあたって多くの加筆修正を行った。しかしおそらく同じような新時代の雰囲気を醸しているはずである。巻末にはそれらの初出論文ないし発表の機会について記しておく。

目 次

序　文──精神分析の未来形　iii

まえがき　vii

第Ⅰ部　精神分析理論を問い直す

第1章　精神分析の純粋主義を問い直す　2

第2章　解釈中心主義を問い直す（1）
　　　　──QOL向上の手段としての解釈　11

第3章　解釈中心主義を問い直す（2）
　　　　──共同注視の延長としての解釈　27

第4章　転移解釈の特権的地位を問い直す　39

第5章　「匿名性の原則」を問い直す　53

第6章　無意識を問い直す──自己心理学の立場から　59

第7章　攻撃性を問い直す　69

第8章　社交恐怖への精神分析的アプローチを問い直す　88

第9章　治療の終結について問い直す
　　　　──「自然消滅」としての終結　101

第Ⅱ部　トラウマと解離からみた精神分析

　　第10章　トラウマと精神分析 (1)　*120*

　　第11章　トラウマと精神分析 (2)　*127*

　　第12章　解離の治療 (1)　*138*

　　第13章　解離の治療 (2)　*149*

　　第14章　境界性パーソナリティ障害を分析的に
　　　　　　理解する　*156*

　　第15章　解離の病理としての境界性パーソナリティ障害　*166*

第Ⅲ部　未来志向の精神分析

　　第16章　治療的柔構造の発展形
　　　　　　――精神療法の「強度」のスペクトラム　*176*

　　第17章　死と精神分析　*194*

　　第18章　分析家として認知療法と対話する　*206*

　　第19章　脳からみえる「新無意識」　*213*

　　第20章　精神分析をどのように学び，学びほぐしたか？　*240*

参考文献　*253*

あとがき　*263*

索　　引　*266*

第Ⅰ部
精神分析理論を問い直す

第1章　精神分析の純粋主義を問い直す

はじめに

　精神分析の魅力とは一体何だろうか？　認知行動療法や薬物療法などのさまざまな治療法が提案されているにもかかわらず，精神分析関係のセミナーはわが国では多くの聴衆を集めている。人はそこに心に関する本質的な議論を求めて集まるのだろう。真に治療的で，人の心のあり方を根本的に変えるような治療手段。人の心の本質に到達して揺さぶるような治癒機序。精神分析はそれを一貫して目指しているのである。

　精神分析関連のセミナーに参加している若い心理士や精神科の先生方の表情を見ると，自分の30年前の姿を思い出す。私も同じような情熱と期待を持って慶応大学精神分析グループ主催の「精神分析セミナー」に応募し，受講したのだった。その当時は慶応大学医学部の助教授であった小此木啓吾先生が絶大なリーダーシップを取り，精神分析を広める運動を担っていた。彼のグループが主催する精神分析セミナーは，今なお第一線で活躍する当時の若き精神科医や心理士を魅了していたのである。

　本書の最初の章であるこの第1章は，ここから少し小此木先生の思い出話となる。私と先生との出会いは，1983年からの精神分析セミナーへの参加がきっかけである。私たちのクラスは「3期生」と呼ばれた。つまり1981年にセミナーが始まって，3年目というわけである。人数も十数人程度だったと思う。藤山直樹先生，濱田庸子先生，島村三重子先生，柘野雅之先生，佐伯喜和子先生といった先生方と同期である。きっかけは，その時大学の精神科で精神分析の勉強会を主催なさっていた，当時静岡大学の助教授だった磯田雄二郎先生に，精神分析を本格的に学びたいと相談したことである。す

ると先生が「それならオコさんに電話してみるよ」と気軽に応じてくれたのだ。「オコさん」とは小此木先生の愛称である。磯田先生は今でもサイコドラマの権威としてご活躍中であるが，当時はまだ40歳前後である。その時の私はこう思ったものだ。「『オコさん』に夜中に電話をできるなんて，なんとすごいんだろう。」といっても「オコさん」は夜中に最も活躍するというのは一種の都市伝説化していた。彼は夜中になってもお弟子さんたちを呼び出してスーパービジョンをしていたという。小此木先生は一体いつ寝ているのだろう？と不思議がる人もたくさんいた。

　今から思えば小此木先生の後進を指導するスタイルは，一種独特だったような気がする。先生はどのような理論にも興味を示し，ご自分の該博な知識の体系にとってまだ目新しいものについては，それを専門とするお弟子さんに目をかけ，取り込むということをされていたという印象がある。弟子としては先生に可愛がられつつ，いつの間にか小此木先生の引き出しの中に入っているという不思議な感覚があったであろう。それはあるお弟子さんにとっては，いつの間にか小此木先生の手の内に捉われてしまったという印象を与えていたかもしれない。

　それにしても小此木先生ほどに新しい知識を吸収することに知的興奮を表す方には出会ったことがない気がする。弟子たちをその学派で差別する，ということがおよそなかったのは，この先生の知的好奇心が関係していたように思う。ある意味では彼はひとつの学派にとどまるにはあまりに好奇心が旺盛だったのである。私は小此木先生のお弟子さんというと真っ先に大野裕先生（現国立精神・神経医療研究センター認知行動療法センター顧問）を思い浮かべるが，大野先生は米国留学後は精神分析とは距離を置かれ，認知療法の方面の第一人者になられた方だ。しかし小此木先生は特に意に介されるというところはなかった。

　弟子の属する学派やそれに従った治療スタイルを受け入れる際の幅の広さは，私が精神分析を学ぶ上でもずいぶん助けになった。私は1993年以降は，毎年留学先の米国から帰国して精神分析学会に出席するようになったが，小此木先生にお会いするたびに近況を伝え，最近の勉強の進捗状況について報告するようにしていた。その際私が従来の精神分析的な考えに対して疑問を持ち始めたことに関しても理解を示していただき，新しい考えを取り込むこ

とを積極的に勧めていただいた。他方では，比較的伝統的な立場に従っているお弟子さんたちをも積極的に先生が励まされていたことを思うと，その姿勢の柔軟性には今さらながら驚かされる。

精神分析の純粋主義を拒否した小此木先生

　私は本章で小此木先生の思い出を語りつつ，彼から学んだ姿勢について書いているわけであるが，ここからは多少なりとも「エビデンス」を伴った記載をしたい。実は私はちょっとした録音マニアである。そして小此木先生の晩年の声を記録してあるのだ。それは先生がなくなる前年の2002年の初旬に録られたものであり，小此木先生がすでに闘病生活に入られていたころのことである。全体で3時間の録音の記録の前半部分は，ある場所で行った精神分析のセミナーでの私の発表であり，そこで小此木先生には細やかなコメントをいただいた。その後小此木先生の入院先まで同行し，ベッドサイドでの会話も録音してあるのだ。もちろん小此木先生には録音の許可をいただいてあった。

　さてその講演の中で，私は精神分析家を「純粋主義者」と「相対主義者」に大きく分類して論じている。思えばかなり乱暴で挑戦的な内容だ。一歩間違うと，精神分析の理論的な支柱となる人の多くを，純粋主義者として切り捨ててしまうことになる。そんなことをフロイト研究の大家である小此木先生の前で言うのだから，普通なら叱りつけられてもおかしくない。しかしその講演に対する小此木先生のコメントはとてもサポーティブなものだった。先生は「オカノ君，『純粋主義者』というのはいい呼び方だね。普通は教条主義者ということになるだろうけれど，それだとネガティブな意味が強すぎるからね」とおっしゃったのだ。なんとやさしいフォローの仕方ではないか。そしてそこには「僕も実は相対主義者なんだよ。大きい声では言えないけれどね。」というニュアンスが含まれていた。

　そこでこのセミナーにおける私の発表の内容についてもう少し説明しよう。テーマは，「治癒機序について」というものだった。「チユキジョ」といっても精神分析の話を聞いたことのない人には何のことだかわからないと思うが，要するに，『精神分析は，具体的にはどのような仕組みが，患者をよくする

のか?』という話だ。例を挙げるなら，最近よく言われる話だが，いわゆる新型の抗うつ剤 (SSRI など) に関して「このお薬は，脳の中のセロトニンを増やすから，うつが治るのである」と説明される。これがいわば抗うつ剤の「治癒機序」，ということになる。もちろん「セロトニンが増える」というだけではあまりに単純化しすぎているわけだが，「なるほど，それでこのお薬は効くんだ」と人がそれを頭に思い描いて納得するなら，それは治癒機序の一種となる。

　この発表の話に戻るが，私はその中で，「精神分析的には，解釈，つまり患者の無意識内容を治療者が伝える，というのが古典的な理論における治癒機序ですが，私は少し違うことを考えています」ということを聴衆，そして小此木先生の前で話したのである。フロイトはこの解釈こそが治癒機序だと言った。そこから精神分析がスタートした。そしてそれを原則的に守る人たちが，私が「純粋主義者」と呼ぶ人たちである。だから私が主張したことは，ある意味では従来の精神分析にとってはとんでもない異説である。当時45歳の若輩者としては，挑戦的な内容だったといってもいい。これに対して小此木先生は，まるで駄々っ子をニコニコ見守るような視線を向け続けてくれたのだ。

　ところで発表や講演をする際，人は「ホーム感」と「アウェイ感」を味わうことがある。ホーム感とは，自分の話がすんなり受け止められている場合，要するに多少なりとも「ウケている」講演で味わうものだ。塾での人気の講師の授業はそうだし，ファンが集まった講演などはなおさらだろう。ところが精神分析の講演では，私はたいていの場合「アウェイ感」に悩まされる。というのは私はいつもたいていは伝統的な分析とは違ったことを言うからだ。精神分析の世界は概して保守的である。だからアウェイ感に晒されるのは，私のようなあまり分析と関係のないことを話し出す人間の宿命である。しかしこの日の講演は小此木先生のサポートのおかげでそれほどそれを感じずに済んだのだ。

　その日の発表で私が主として扱っていたのは，「人間が変わる」とはどういうことか，に関するものだった。治癒機序，とは結局そういうことだ。そして従来の精神分析が，それはたとえば「転移解釈」であると主張したのに対して，私はそれは「『現実』との遭遇である」と主張したのである。ここ

でこのカッコつきの「現実」とは何か？　それは簡単に言えば主観的に体験された現実ということである。現実とは自分の外にあり，容易には到達しえないものである。カントの「もの自体」，ラカンの「現実界 le Réel」なども同じような意味だろう。つまり外界に実体としての，所与 a given としての現実があると主張しているわけではない。

　分析的な解釈，それも特に転移解釈，つまり治療者と患者の間で起きていることの背後にある無意識の理解を伝えることにより患者は変わっていく，というのは精神分析の王道と言っていい考え方だ。それに比べて患者を変えるのは「現実」だ，というのは，何か分析とはかけ離れた議論であるという印象を与えるだろう。でも精神分析理論をいったん離れて，「人が変わるってどういうことだろう？」ということを体験的に考え直して，それを分析的な理論との関係に戻って論じ直すというのが私のスタイルである。

　私たちがそれまで持っていた世界観は，ある種の「現実」につき当たることで変わる。その意味では「現実」とはあるインパクトを持って外部から自分の世界に入ってくる刺激と言える。逆に言えば，インパクトを持って入ってこないものは，それを現実の世界で体験していても「現実」を構成しない……。以上のように理論を組み立てて私は話した。

　「そこで……」と私は小此木先生と受講者の前で言った。「一番の現実となるのは，目の前の他人の存在です。そして治療関係に限って言うならば，治療者との関係であり，そこで直面することになる自分の姿です」と，ここでやっと精神分析につながるのである。簡単に言えば，転移解釈といっても本人にインパクトがなければ意味などないだろう。あくまでも治療を動かすのは患者にとってのインパクトであり，「現実」であり，患者と治療者との出会いの体験である，ということになる。

　それではどんな「現実」でもいいのか？　そこで現実の質を問わなくてはならなくなる。現実には大雑把に分ければ二種類ある。良性の「現実」と悪性の「現実」と。良性の現実とは，それが提供されることで自分がより自由で創造的な存在に変われるポテンシャルを持っているものであり，悪性の現実は，外傷的な意味を持っている。もちろん現実そのものは待ったなしに押し寄せてくるが，それが治療者によって提供されるとしたら，それはあくまでも良性の「現実」でなくてはならない。患者にとって目からウロコである

と同時に,場合によっては強烈なリアリティを持つような現実である。

さてこんな話をしている最中,小此木先生は普通に聞いていらした。そしてこの良性の「現実」,悪性の「現実」という議論に乗っていただいた。そして発表の時間は終了し,フロアーからの質問があり,例の純粋主義対相対主義という議論にも触れて,先生は確かにこうおっしゃったのだ。「僕も最初は純粋主義で出発して,そのうち相対主義になり……」。そうか先生も同じなのか,それで批判もなく聞いていただけたんだ,とほっとしたわけである。

私が今から振り返って思うのは,小此木先生の態度は純粋主義から相対主義への移行を彼の精神分析家としてのキャリアの中で遂げ,かなり自由な立場になっているというメッセージを常に出していたということである。そして「僕は教育をする立場としては厳しいことも言うけれど,実施はかなり自由にやっています」ということを実際に口にされていたのだ(もちろんそのことは,周囲のお弟子さんたちからは,その実例も含めてたくさん聞いていた)。結局穿った見方をするならば,先生はこの発表の機会を通じて,私の中にそのような部分を認めてくださっていたということかもしれない。

最後の会見

こうして和気あいあいとした雰囲気でディスカッションを楽しんだあと,私たちはタクシーに乗り込んで会場を後にした。それまで私のこの年1回のセミナーの機会に,小此木先生はどこかに食事に誘ってくれていたのである。しかしこの日にお邪魔したのは,信濃町にある総合病院の先生の病室であった。先生はこの頃耳鼻科に入院中で,そこからセミナーにもいらっしゃり,本も二冊,口述によってしっかり出版なさっていた。幸いセミナーの会場は病院の近くだったので,私たちはタクシーに少し乗っただけで先生の病室に到着した。病室といっても大部屋のカーテンに仕切られた狭い空間であった。そこでの会話が,私が小此木先生と交わした最後の正式な会話となるのだが,もちろんそんなことは考えていなかった。もとより私にとって小此木先生は不死身だったので,深刻な病状であるにもかかわらず,きっと回復なさると思い込んでいたところがある。

先生にはそこでお茶を薦めていただき，それからご自身の闘病生活について教えていただいた。化学療法を受ける数日感は疲労で動けなくなるのであるが，今日はその間の日だったのでよかった，とおっしゃった。そして化学療法では日本の最先端のグループに治療を受けているとのことだった。しかし体重は入院してから，70キロから65キロへと，5キロほど痩せてしまったとのことだった。そしてご自身の着けている鬘についても触れられ，「これは50万円もした人毛製のものなんだよ。最初は白髪の部分が少なかったので不自然だったので，追加してもらったんだ。いいでしょ？」と，茶目っ気たっぷりに解説なさった。またご自身の容態について患者にどのように説明をしたらいいかに苦労され，どこまで「自己開示」を行うべきかについて文献等があるかをお尋ねになった。

　小此木先生が当時どのような闘病の苦労をされていたのかも，興味深かった。先生の患者さんの中には，先生の病状を知り，あるいは敏感に察知し，非常に心配する人たちもいたという。ある統合失調症の患者さんは，ご様子が悪くなった小此木先生の外来で，容貌が変わって鬘を着用した先生に対して「あなたは小此木先生ではない！」と言い張り，これには先生も参ってしまったという。そして治療者が自分の病状をどこまで伝えるか，というテーマは，自己開示について考える際に非常に重要なテーマであると繰り返された。

　私の録音は終盤にかけていよいよ音が悪くなり，ほとんど聞き取れなくなっている。私はレコーダーを胸ポケットに入れていたので，自分の声だけは大きく，小此木先生の声はささやき声程度にしか聞こえない。当時のICレコーダーはまだ音質が悪く，聞いているとまるで砂の粒を使って描いた絵を見ているようなザラザラ感が伴う。でも雰囲気は十分伝わる。時間としてはかなり長い間，私はカーテンで仕切られた先生の「病室」にお邪魔していたことになる。依然としてこれが最後の面会になるとはつゆ知らず，深刻な話は一切出ない。話はその後，日本に精神分析を導入された古澤平作先生の思い出，私が当時出版しようとしていた『中立性と現実』（岩崎学術出版社）の序文をお願いする話，などと続いた。そしてその年の秋の学会には小此木先生に司会をしていただいて，クライン派の先生方との対話を企画していたので，そのための打ち合わせも行った。約40分ほどもお邪魔していたであ

ろうか。私がお暇すると先生はエレベーターまで送ってくださった。

さてこの2002年の春は，私にはかなり辛い時期だった。私は風邪予防で自己処方した抗ウイルス剤の副作用で深刻に体調を崩し，小此木先生に秋の学会にはいけないかもしれないと伝えた。小此木先生は大変驚き，「僕はこれで体力をつけたよ。キミも使ってみたら」と，ガラスの小瓶に入った高価なプロポリス（時価数万円である）を送っていただいた。先生のほうがはるかに重篤な状態であったのに，そこまで気を使っていただいたのである。しかし秋の学会の時はすでに先生は療養生活に入られていた。

それから先生の御容態は徐々に下降線をたどり，私が次に帰国する機会を得た2003年秋には，先生はすでに帰らぬ人となっていた。その年の学会の後，私は新宿にある先生のお宅におじゃまし，奥様にお悔やみを申し上げ，遺影に手を合わせた。先生に近しいお弟子さんたちが何度も深夜に呼び出されたという先生の書斎に，「直弟子」ではない私も初めて足を踏み入れることになった。先生の書斎はまるで書庫のようであり，私は「ここがあの小此木先生の書斎だったのだ……」という感動を新たにした。

改めて，私にとっての小此木先生はどのような人だったのかと考えてみる。私は弟子とは言えない存在だったし，彼の後継者などの器ではまったくなかった。それなのにとても可愛がってもらえた。そして私のような体験を持った人は，もちろんたくさんいたのだろうと思う。それぞれが小此木先生に優しい声をかけられ，「期待をしているよ」と言われ，勉強の成果を先生の前で披露した。彼らに対して先生は平等だったのだろうと思う。

ただしもちろん小此木先生の優しさは，彼自身がその弟子から話を聞くことでご自身の引き出しを増やすということの楽しさにも裏打ちされていたと思う。先生は若い頃は特に，手当たり次第読書をなさったという。海外に留学して新しい体験を持つ弟子たちと話すことは，おそらく彼にとっても純粋に好奇心を刺激し，楽しい体験であったらしい。それを弟子の側は「優しくしていただいた」と感じていたという側面がある。一種のギブアンドテイクだったのだ。

それだけに小此木先生からの教えを一方的に受ける立場にあった先生方には，先生の少し違った側面を体験した人もいるようだ。かつてのお弟子さんの中には，先生のかなり手厳しい指導を体験したという話もよく聞くのであ

る。それらの人々の中には，おそらく小此木先生から直接精神分析の手ほどきを受け，先生の考えを直接取り入れた先生方もいらしたと思う。そしてそのような立場の先生方は，先生とのエディプス状況に入ってしまい，そこを抜け出せなくなっていたというニュアンスもある。その意味では直弟子ではない私は先生とは適度の距離が存在していたのが良かったのかもしれない。

　もう一つ穿った考えをするならば，先生と私はある共通のテーマを持っていたのではないかと想像してしまう。それは従来の精神分析理論をどのように自分の中で消化し，相対化するかという問題だ。純粋主義 vs 相対主義という私のスキームは先生に気に入っていただけたようだったが，先生との会見の最後の部分は，フロイトがいかに巷に知られている「フロイト理論」とは異なり，自由に振舞っていたのか，ということに先生の現在の興味があるという話であった。そしてその頃先生がお読みになったクーパー Arnold Cooper の論文に触れ，フロイトが実際に患者とのあいだで自分自身についても語り，自由な感情表現をしていたことに関心を示されていた。

　私にとって亡くなった方々は依然として心の中では同じように息づいている。そしてその意味では小此木先生の死去は彼の存在の近さを損なうことには少しもなっていない。むしろ常に微笑みかけてくれる存在で居続けている。それが私にとってのかけがえのない「現実」である。

　本書の冒頭のこの章では，私が精神分析の未来形について考え続ける背景，あるいは歴史的な経緯を示した。そして精神分析の未来形は，実は当たり前の感覚に支えられた，そして人間の多くの「現実」に裏打ちされた臨床への「帰還」であるというニュアンスを伝えたつもりである。そのことを私は小此木先生との対話を通じて暗黙の裡に確認した気がするのである。

第2章　解釈中心主義を問い直す（1）
——QOL向上の手段としての解釈

はじめに

　この第2章以降の数章にわたって，私は精神分析的な概念の中で比較的その意義を問われることなく用いられているものについて，それを問い直す試みを示したい。まず本章で俎上に載せるのが，いわゆる解釈という概念についてである。

　精神分析において解釈の重要性は強調され過ぎることは決してない。精神分析は治療者が適切な解釈を行うことにより進行していくと考えられている。しかし最近では時々「解釈中心主義」という言葉が聞かれるようになってきている。だいたいは否定的な意味で用いられるようだ。もちろん正式な用語でもないし，精神分析学の事典に載っているわけでもない。

　精神分析的な療法家が「私の立場は解釈中心主義ではありません」と言うときは，「私は解釈だけが治療手段だと考えたり，それに固執しているわけではありません」と主張しているようである。それはそれ以外のさまざまな，いわゆる「支持的」なアプローチを容認している，という立場表明のようなものである。しかしそのような立場表明は，「解釈中心主義」的な発想がいかに精神分析においていまだに支配的であるかを逆に示しているようにも感じさせる。解釈的な介入が目指す患者の「洞察」の獲得は，それを精神分析の根幹にあるものとして考えない人はいないであろう。すると「解釈中心主義」への反省が聞かれるときにも，治療者が解釈を中心的な手段と考えることが問題とされているのではなく，いかに効果的に，時宜にかなった解釈を行うか，ということが問題にされているだけである可能性がある。結局

は「解釈中心」の考え方は精神分析家の一定の層に広く支持されているとみることができるだろう。

　他方では「共感中心主義」という言葉は聴いたことがない。精神分析の世界では，「共感」は解釈とは対極にある概念の一つとして用いられることが多い。そして「共感中心主義」とは当然ながら，「共感こそが最も中心的な治療手段である」という立場をとる人ということになる。しかし精神分析の世界で自分がこの立場だということは勇気のいることである。なぜならそれを表立って表明すると，必ずどこかから「共感ばかりでは患者さんの洞察は得られないだろう」という主張が聞こえてくるからだ。解釈により得られる洞察よりも，共感の方がより本質的であり大事だ，という議論はほとんど聞かれないといってよいだろう。百歩譲っても，精神分析では洞察が最終目的であり，そのための解釈を受け入れてもらうためには，まず共感が必要であるという言い方がなされるのである。そしてもしそれでも「共感だけでもいいのだ」という主張をしようものなら，次のような言葉を突きつけられる。

　「それは精神分析ではありません。」

　私は分析学会の会場で「解釈中心主義」と「共感中心主義の」のいずれも自分の立場表明として主張しようとは思わないが，その代りに次のように申し上げることはおそらく妥当であろうと思う。

　「精神療法においては，洞察と共感はその両輪なのだ。」

　ここで私は解釈と共感が両輪だ，とは言っていないことに注意してほしい。「洞察と共感」，なのである。患者さんはさまざまな経路を介して洞察に至る可能性がある。決して解釈のみにより導かれるのではない。たとえばある患者さんが「自分は母親に対する怒りを抑圧していたのだ」という洞察を得たという場合を考えよう。その患者さんは，さまざまな事情から，それに気がついた可能性がある。母親と話をしていて，突然自分で気が付いたのかもしれないし，友人の指摘からということもある。誰かに共感をしてもらえることでその洞察を得たのかもしれないし，もちろん治療者に解釈を与えられてそこに至るということもあるだろう。しかしそこで洞察が解釈により優先的に得られると考えるならば，しばしば治療関係に難しい問題を引き起こしかねない。それは患者さんがそこに至るかもしれないさまざまな別の経路を塞いでしまいかねないからだ。

解釈が何より重要である，という主張に対して，たとえば次のような事例を提供して考察したい。

> ある患者さん（30歳代女性，事務職）は，夫との関係に悩んでいた。そしてその苦しさを理解してほしくて分析的な治療者のもとを訪れた。治療者は夫がいかに大変な人かをなかなか理解してくれず，彼女の苦労に共感を示してくれないばかりか，彼女自身の問題を明らかにしようとした。そして彼女がその頃心を動かされていた仕事場の男性との関係を，治療への抵抗を意味するアクティングアウトとして「解釈」した。患者さんは結局治療を止めて，その男性と大恋愛をして，初めて異性を愛するということを知ったということである。しかしそれでもその患者さんは，時々治療者の「解釈」を想い出し，自分の浮気相手との大恋愛が自分の落ち度の表れではないかという疑念を振り払うことができなかった。

いったい解釈を求めるという分析家の試みはどういう意味を患者さんにもたらすかを改めて考えさせる例である。もちろんこれは治療にあまり役立たなかった解釈の例に過ぎない，という主張もありえるだろう。しかし普通の能力を持った，平均的で常識的な分析家は，good enough な解釈をどれほど提供することができているのだろうか？

人は自分の無意識を知りたい，とは神話ではないか？

私はここで解釈ということの意味について改めて考えたいと思う。精神分析ではなぜこれほどまでに，解釈の重要性が論じられるのであろうか？　解釈の重要性を考える時の前提となるのが，私たちが自分自身の本当の姿，自分自身の中に隠された部分を知りたいという願望，ないしはその必要性を前提とする考え方である。まずその点についてじっくり考えたい。

私が共感し，最近その著書の翻訳を出版した米国の精神分析家ホフマン Irwin Hoffmann が次のように述べている。

> 「最初に私が顕在的な問題について，真摯で幅広い関心を示したならば，潜在的な意味についての共同の探索はしばしばその後にやって来るであろう。し

かしそれだけでなく，学習されたものはそれが何であっても，常に生々しく生き残るのである。解釈はその他の種類の相互交流と一緒に煮込まなければ，患者はそれらをまったく噛まないであろうし，ましてや飲み込んだり消化したりしないのである。」（強調は岡野）（岡野，小林訳，2017, p.264）

そう，解釈はやさしく伝えられないと人はそれを飲み込めないという。豊富な臨床体験を持った治療者ならではの発言といえる。しかしこの文章はむしろ，解釈の重要性が今でも論じられており，そして筆者ホフマン自身も例外ではないことを同時に示していることにはならないだろうか？　彼ほどに相対主義的な立場をとる分析家でもそうなのである。それはどうしてなのだろうか？　それに対して一つの答えは上に述べたことだが，それを短く言えば次のように言える。

「人は自分の心の深層を知りたいという欲求を持つ。」

もしそうであるならば，患者の側の無意識を，患者に先んじて見通すことができた治療者が与える解釈には，それだけ正当性があるということになる。そこでその問題から考えたい。

まずは「人は自分のことを知りたいという欲求を持つのだ」について。それは十分ありえるだろう。誰でも若い頃は一度ならず，自分の知らない可能性が眠っていると考えるのではないか。私は若い頃楽器の演奏や武道に結構エネルギーを注いでいたが，適切な指導を受けてコツコツ練習していけば，自然と上達していくのではないかと漠然と考えていた。自分の将来をつくるのは自分自身だし，かなりのことは自分の努力次第で達成可能だ，と思えていた年代があった。語学などもその例だった。私は20代前半にフランス語を学び始めた頃は，現地の生活を一年でもすれば，自然にネイティブ並みの語学力が身につく，と本気で思っていたのを思い出す。今から思えばなんという無知ぶりだろうと思うが，そのようなことを考えがちなのが思春期や青年期の心性なのだ。

自分の中にはいろいろな可能性が眠っていて，それを知りたいというような，ワクワクした気持ちを，若い頃一度は持った人も多いだろう。私にとっては精神分析のトレーニングを受けることも，多少ともそのような夢の延長であった。そのような「自分探しの旅」で自分は大きく生まれ変われるかも

しれない，と思っていたし，同様な動機付けで分析を受けたいという人がいても決しておかしくないはずだ。

　しかしここで一つ考えてみよう。人は自分のことを知りたいと思っても，自分の本当の姿を受け入れる勇気と覚悟を持つ人がどれほどあるだろうか？ 先ほど述べたとおり，人は自分の中に隠れている才能を知りたいとは思うだろう。しかし自分には望んでいた才能が欠如しているという事実や，明らかに劣っている部分，ないしは病的な部分があったとして，それについても知りたいと思うだろうか？　それらについて知ることに関しては，好奇心に不安が勝ってしまい，人はむしろ知りたくないと思うのが普通であろう。たとえば知的な能力を必要とするような仕事についている人たちは，自分のIQレベルを積極的に知りたいだろうか？　あるいは老境に差し掛かった自分の脳にどこまで，アルツハイマー病の原因物質のひとつであるアミロイドベータが溜まり始めているかを知りたいと思うだろうか？

　そう，私たちは自分の隠れた才能や得意分野を知りたいという願望を有するのと同じくらい，自分たちのネガティブなことについては知りたくないというのが一番現実に近いのである。もちろん例外も考えられるので，あくまでも平均的な私たちにとっては，と但し書きをしておく。そしてその意味で，「人は自分のことを知りたいという欲求を持つのだ」という主張はかなり割り引いて考えるべきなのだ。

　それに百歩譲って「いや，自分は悪いところも含めて自分を知りたいのだ」という勇気ある人が現れたとしよう。そして何らかの治療や検査で自分の劣ったところ，邪悪な部分などが次々と明るみに出され始めたとしたら，その人はどのような反応を示すだろうか？　おそらく途中で治療に来なくなったり，検査を中断してしまいかねないだろう。人間とはそういうものだ。自分の悪い部分を知る過程で，猛烈な抵抗が起きてくるであろうし，身体症状を起こすかもしれない。それはこれまで慣れ親しんだ思考や行動への挑戦に対する強力な「エス抵抗」（フロイト）とも関連しているはずである。

　ただしもちろんそれらの「悪い部分」が治療により将来改善するのであれば，話は別だろう。しかし自分の問題が容易に解決できるようなものではなく，むしろ苦しく，あるいは高価な治療を受けなくてはならず，さらにはその問題は生得的な要素が強いために回復する見込みが薄く，今後もそれと生

きていかなくてはならないとしたらどうだろう。それらの明るみに出た問題への対応で精神的な力を使い切ってしまい，それ以上に「自分の悪いところを知りたい」という願望は少なくともしばらくは影をひそめてしまうのではないだろうか。

一つ具体的な例を考えよう。ある患者さんが「人と普通に話しているつもりでも，いつも相手に誤解されてしまう。どうしたらいいのだろうか？」と思い悩んだ末に治療に訪れたとしよう。そしてその治療の過程でさまざまに検討した結果，その患者さんが人の心を汲み取れるような繊細さに欠けている，つまり発達障害的な問題があることが明らかになったとする。そして治療者に「私はその問題をどのように改善したらいいのですか？」と問い，治療者から「残念ながらそれはあなたにはもともと欠けた能力であり，それを獲得することは難しいでしょう」と言われたとする。もちろん彼にはその自分に欠けた能力を補うための工夫を行うという道は残されている。しかし治療者にそのように言われた時点で，「自分は救いようがないんだ」と考え，自分をさらに知るためのカウンセリングに通うモティベーションを失ってしまう人も少なくないだろう。

本当に自分を知りたくなる時

ただし私たちには，それでも本当に自分を知りたいと思う時が訪れることがある。自分の何が問題なのかを真剣に考えざるを得ない場合である。それまで私たちの中で守られていた自己愛的な防衛の一角が崩れ，心が深刻な痛みを発している時などがそうである。そのような時に私たちは自分に対して漠然とした，あるいは時には非常に明確な違和感や不安を持ち，それを何らかの形で明らかにしたくなる。このような場合に私たちは大きな苦しみを味わうとともに，おそらく自分の心に最も向き合うことを迫られるのである。ある種の修行の期間，挫折や敗北の後などに，指導者や上司の声を受け入れることが自らの向上につながるという可能性をいやおうなしに受け入れる必要が生じるのだ。

しかしそうならば，「患者が自ら発見することを手助けする」という分析的なスタンスは，必ずしもそのようなタイミングに見合っていない可能性が

高い。救急に訪れた人に，救急医はただ安静にして自然治癒を促進すべくアドバイスをするだろうか。しかも解決の道が患者の心にすでに存在しているというのなら話は別であるが，そうではないばかりか，おそらく治療者自身にもそれは見えていない可能性がある。そこからはまさに共同作業が開始されるべきなのであり，治療者はそれに対して受け身的なスタンスばかりを取ることは適切でないということになる。

　もう一つの問題もある。それは自分の問題を明らかにしたいという願望は，苦しみがある程度収まってしまった後は消えて行ってしまい，人はまた心の安定や自己愛的な居心地の良さを求めるようになる可能性が高いということだ。

　私は以上のことから何を言いたいのか？　おそらく私たちが治療の目標としてしばしば掲げる「自分をもう少し知りたい」は，きわめて条件付きのものと考えざるを得ない，ということである。ということは解釈により患者さんが自分を知るのを助けるという試みは，治療者の側の考えであって，患者さんの側のそれではない可能性が非常に高いということになる。

　しかし「解釈中心主義」を掲げる根拠が希薄になった場合，つまり患者さんが「自分をよりよく知ること」を第一の目的に治療を訪れていると考えるのを止めるとき，私たちのカウンセリングや精神療法に対する考え方は振り出しに戻ってしまいかねないのではないか？　そこで私が提案したいのが，患者さんの「洞察」の獲得を治療の目的として据え直すことである。

患者さんが主として求め，また必要としているのは「洞察」である

　ところで「洞察」も精神分析の世界では非常に特別の意味を与えられた概念だ。それこそ「解釈により与えられるものが洞察だ」という立場をとる人にとっては，私の「解釈の代わりに洞察を求めよう」という主張はほとんど意味をなさないだろう。そこで私が本章で用いる「洞察」は，かなり私なりの使い方であることをお断りしておきたい。洞察とはわかりやすく言えば，患者さんが「ああ，そうだったのか！」あるいは「ああ，そう考えればいいのか！」と納得できるような思考，考えである。そしてこのような洞察は，必ずしも解釈のみによりもたらされるわけではない。それは患者さんの

無意識内容に由来するとは限らない。「世の中は，人の心はこのような仕組みになっているから，私はこう感じていたのだ」という洞察なら，無意識とは関係がないことになる。そして洞察は，それを得たときにある種の心地よさ，スッキリ感が伴うものである。解釈が与えられた時に伴う，厳しい現実を受け入れることによる苦痛とは縁遠いのである。あるいはそのような受け入れの部分を含んだとしても，それにより自分の考えが整理された爽快感が増すことになるだろう。

　この洞察という意味を考えていただくために，まず以下の文章を読んでいただきたい。日本精神分析協会のホームページに掲載されているものである。

　　　私たちは誰でも，ある種の無意識的なとらわれのなかで生きています。そのとらわれが大きすぎると，苦しくなり，ゆとりを失い，ときにはこころの病になります。精神分析は特別なやりかたで，分析を受ける方と精神分析家とが交流する実践です。分析を受ける方がしだいに自分自身を無意識的な部分も含めてこころの底から理解し，とらわれから自由になり，生き生きとしたこころのゆとりを回復させることをめざしています。（日本精神分析協会公式ホームページ「精神分析とは」の一節）

　ここでの「とらわれ」という言い方が大事なのは，特にこれを無意識的，と断っていない点である。自分でも気がつかないうちに繰り返してしまう行動や言動について，その正体を知ることが洞察である。それが無意識的かどうかについてこだわる必要はあまりない。無意識的，と断り書きを付けると，そこには抑圧された欲動やファンタジーを想定していることになる。しかしそれは無反省に浮かんでくる意識的な思考かもしれない。認知療法ではそれを「自動思考」と呼んでいるわけである。そしてここで重要なのは，その洞察の対象が，客観的な現実や真実であるという保証はないということだ。

　ここで改めて洞察とは何か？　先ほどは患者さんが「ああ，そうだったのか！」と納得できるような思考，ととりあえず表現した。これをもう少し正式に言い換えると，**ある思考やナラティブが，強いリアリティ（信憑性）を伴う形で得られること**と言える。そしてそれがとらわれの存在を浮き彫りにし，それへの対処法を示してくれるようなものである。そのような洞察が得られるプロセスとして，私は以下のものを考える。

① 脳科学的には，いくつかの思考のネットワーク間に新たな結びつきが成立すること

これまで慣れ親しんでいた2つの思考回路に一度連絡路が開かれるとそれは半ば永続的に強化される可能性がある。それは2つの湖の間に穿たれた水路のようなものであろう。

例）

治療者：「お父さんとの関係が上司との間でも繰り返されていますね。」

患者：「そうか，そういう見方をしたことはありませんが，両者はとても似ている気がします。」

② 患者の人生をよりよく説明するようなナラティブが提供されること

ある思考が他の思考や体験の意味を明確にしてくれるのであれば，それはそれを示された後は繰り返し頭に浮かび，新たな洞察として成立することになるだろう。

例）

治療者：「あなたの方がむしろ弟さんとの関係の犠牲者とは言えませんか？」

患者：「そうか，そういう見方もありますね。」

③ 治療者などの「別の主観」から思考が取り込まれること

自分がそのような発想を持っていなかったことでも，それが他者から与えられることで自分のそれまでの体験に新たな意味を与えられ，それが何度も繰り返し反芻されるうちに内在化されることがある。

例）

治療者：「あなたは自分のあるがままを受け入れていいのではないですか？」

患者：「あるがままでいいんだ，という考えそのものを持ったことがなかったんです。」

なお以上の①～③を読むと，互いにかなり類似したものであることに気が付かれよう。これらの3つは私がやや便宜的に分類したものであり，重複がかなりみられる可能性がある。

治療者ができることは「オブザベーション（コメントをすること）」である

ではこのような洞察に至るためには，治療者からのどのような介入が必要だろうか？　可能性のあるものをいくつか挙げてみる。
・解釈を通して
・直面化を通して
・明確化を通して
・「オブザベーション」を通して
・支持的介入を通して
・現実（仕事や学業上の失敗，上司，同僚からの忠告，アドバイスなど）に直面して

　このように列挙したのは，洞察に至る経路はさまざまであり，解釈を通してのみではないということを示したいからである。一つのシンプルな例として，「自分はあるがままを受け入れればいいのだ」という③で例示した洞察を考えてみよう。これは患者さん自身が無意識レベルで自分を否定していたことへの解釈がなされた結果として至った洞察かもしれない。しかし患者が治療者に受け入れられるという支持的な介入から，このような洞察を得られることもあるわけである。だから一つの洞察に対して，それに至る技法はたくさんあると考えるべきであろう。ここで私はギャバード Glen Gabbard のテキストからある図を紹介したい（Gabbard, 2010）。
　この図の中で左側の群が，これまで私たちが解釈に類する介入としてまとめていたものであるが，その中で私が代表としてあげたいのが，左から2番目にある「オブザベーション observation」である。ただし表に見られるように，これは日本語訳では「観察」と訳されている。しかし英語で observe とは，そこにいて観察し，それを伝えることまでも含む。実際英和辞典には observation の意味として，「3.〔気付いたことの〕所見，見解」とある。つまり気が付いたことをそのまま言葉で伝えるというニュアンスがあり，何かを説明しようとしたり，つなげようとしたりする努力をことさら含まないものである。その意味では observation の日本語訳としては「指摘」「コメン

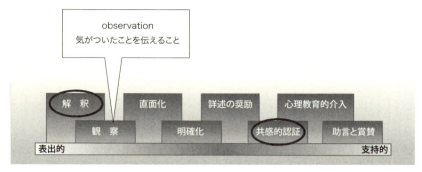

図 2-1 介入の表出的・支持的連続体
(Gabbard, 2010『精神力動的精神療法』より。ただし吹き出しは筆者が追加。)

ト」という表現が一番近いかもしれない。治療者が observe するとは，患者に見られる行動や発言や，感情や，治療内でのパターンを単に指摘することであって，動機や説明には触れなくていいのだ。

　ギャバードがこの observation の例として同著で挙げているものを以下に示そう。
　・「あなたのお姉さんについて尋ねたとき，あなたは涙を流されましたね」
　・「お帰りの際にあなたはいつも私と目を合わせるのを避けられますね」
　・「お父さんに見捨てられたことに私が話をつなげようとすると，あなたはいつも主題を変更なさいますね」

　これらはそれぞれがまったく異なる治療場面における治療者の介入だが，だいたい治療でどのようなことが起きていたかは想像できるであろう。そしてこれらのオブザベーションには，直面化や明確化も含まれている一方で，あまり解釈という感じではないことに気がつかれよう。解釈とは治療者が最初に答えを知っていて，それを患者に指摘する，というニュアンスを伴っているが，ここに挙げた例はいずれも，それよりはずっと控えめな，治療者の側が気がついたことを指摘しているだけであり，それを問題にするかどうかの一部は患者の側に委ねられているのである。

そもそも精神療法とは何をするものなのか？

　ここからは，本章の後半部分である。前半では，治療者の役割のうちの解釈部分は，患者が自分の無意識を知りたいという前提があって初めて意味を持つのであろうが，そこで主要な介入とはオブザベーション（指摘）であるという内容だった。しかし本章で問い続けている，「患者は何を求めて来談するか」という問題に関する答えには至っていない。そこで「そもそも精神療法とは何をするものなのか？」というテーマにまで戻りたい。きわめて原理的な問題だが，これまでの議論を前提にして改めて問い直すと，何か新しい見え方をするかもしれない。

　実は精神療法とは何をするものなのか，というテーマはとても奥が深い。おそらく誰もこれを明確に定義することはできないであろうし，それは精神療法ないしはカウンセリングの場で実にさまざまなことが生じているということを表している。治療者と患者が一定の時間言葉を交わし，料金が支払われる。そして患者が再び治療者を訪れる意欲や動機を持ち続ける限りは，そのプロセスは継続していく。そして非倫理的な事態（治療者による患者の搾取など）が生じない限りは，かなり広範囲のかかわりが精神療法として成立し得るであろう。

　そこでなぜ治療に通うだけのモティベーションが患者の中に維持されうるかを考える。ここでは普通は具体的な動機付けがまず考えられるのであるが，私は逆を行きたい。それは患者にもわからないような動機から考えるということである。たとえば私たちがヨガに通うとき，マッサージに通うとき，パソコン教室に通うとき，おそらく家を出る際には，それらの場所を訪れたときの雰囲気や，そこから帰った時の気分を思い浮かべるであろう。私たちは間違いなく，そこから帰宅する際の，**ある種の漠然とした心地よさを予想している**はずである。あるいはそれを継続すると決めたことによるある種の達成感ということもあるだろう。そしてその心地よさがどこから来るかは，本人にも詳細はわからないのである。

　治療のセッションに向かう時間になって「今日はどうしよう？　行こうかな？」と迷った末に決断する時，私たちは面接室の雰囲気，治療者との会話，

行き帰りの時間等における心地よさの度合いを先取りして体験している。そしてそこでの総合的な評価はおおむね無意識的になされているものである。

　ある患者さんは，「セッションに行くと，そのあと気分が持ち上がる，いい気持ちになる，達成感がわく，ということがあるんです」と言ったが，それは彼の治療がうまく行っていることの表れと言えるだろう。それが治療者に会いたい，そこでは居心地良く過ごすことができる，などの体験を生む。

　一つここで言及しておきたいのは，セッションに訪れる人は，ある種の心地よさを求めている，という私の主張は，そのセッション自体が快適であったり楽しかったりすることを必ずしも要請してはいないということだ。治療時間そのものは苦しく，痛みを伴ったものかもしれない。しかしそれでも患者がセッションに訪れるとしたら，その苦しみや痛みそのものがある種の心地よさを生み出しているはずなのだ。それはたとえば傍目には苦痛なだけのトレーニングや勉学に人を向かわせるものでもある。その苦しさを耐え忍んでその日のスケジュールを終えたことによる大きな喜びを味わうことなく，ただ進んで苦難に耐えるだけの人を私は考えられないのである。とすれば彼らもまたある種の心地よさを追っていると考えざるを得ない。

　しかしここではとりあえずはセッションそのものから何らかの心地よさを味わうという，比較的単純でわかりやすい状況に話を絞ろう。そこにはさまざまな要素が考えられよう。私は特に以下の3つを考える。

　1．自分の話を聞いてもらい，わかってもらえたという感覚を持つこと。
　2．自分の体験に関して誰か（治療者）に説明をしてもらうこと。
　3．治療者の存在に触れることで孤独感が癒されること。

　お気づきのように，私はここで「自分を知りたいから」を一般的な動機からすでに除外している。その根拠はすでに本章の前半で述べたからだ。ここではそれ以外の理由を考えていただきたい。もちろんこの3つ以外にもあるかもしれないが，これら3つはおそらく最も重要な位置を占めるだろう。

　1．に関しては，人が持つ，自分という存在を認めてもらいたいという強烈な自己愛的な欲求と結びついている。私たちはどうして自分たちの体験を人に話したいのか？　悩みを聞いてほしいのか？　何か面白い体験をした時に，なぜ人に話したくなるのか？　すべてがこの1．に関係している。時にはこれだけで精神療法が成立しているのではないかと思うこともある。しか

し多くの場合，それだけではないだろう。

2．については，ある意味ではこれが患者さんをより本格的な精神療法過程へと引き込むことになることが多い。これは要するに自分に起きていることを，言葉で表現することで頭におさめたいという私たちの願望に由来するのであろうが，それは物事の因果関係を明らかにするということでもある。それを自分自身ではできないと感じる時，他者の視点を必要とするのだ。他者が，「Aが原因でBが起きたんだよ」と単純に説明しただけで，その人は心に収めることができるかもしれない。自分自身ですでに説明されていたとしても，他者の口を通して語られることで初めて腑に落ちるということもあるのだ。そこではたとえば「起きたことはたいしたことないから，心配することないよ。単なる気のせいだよ。」という説明すら意味を持つかもしれない。

ここで例を一つ出したい。最近引退したフィギュアスケート選手のドキュメンタリー番組で，試合前のコーチとのやり取りの場面が流れていた。演技を前にしてコーチが何か選手に言っている。それに彼女は一生懸命うなずく。よく聞くと「メダルを取ることなんていいんだ。とにかく自分の演技をしなさい。これまでの自分を信じるんだ」という内容の言葉が聞こえる。選手はそれを真剣に聞き，大きくうなずいてリンクの中央に向かって滑り出していく。

あのコーチの言葉は何であったのだろう？　「自分の演技をしなさい」とはどのような意味を持っているのか。おそらくコーチにもスケート選手にも明確な説明はできないのではないか。ただそれでも大切な効果を担っていた言葉なのである。それによりそのスケート選手は，おそらく「そうか！」と思えたのである。

私たちの生きている世界はカオスである。将来何が起きるかわからない。本来はとても怖い世界であることを実は私たちは感覚的に知っている。その世界での出来事に，一つの理由や意味を見出すことで私たちは安心するのだ。それにより将来をある程度予知でき，危険を回避し，安全に生きることができるからである。

さて3．である。これも実に侮れないどころか，実は精神療法が継続される際の最大のモティベーションとなっているのではないかと考える。そして

これはもちろん 1. とも深く関係している。治療者が患者の話を聞いて理解することで，患者は治療者の存在を身近に感じ，その孤独感がある程度は癒されるのである。人間関係の中には，長年連れ添った夫婦や，成人後も生活を共にする親子関係などにおいて，身体的には互いに近い場所で生活をしていても，精神的にはきわめて希薄な関係性しか持てない場合がある。そればかりか，一緒にいることでもっと寂しくなる，という，いわば「在の不在」（日下, 2017）としての他者との関係であったりする。その中で治療者は常に患者の側に立って，「在の在」としての役割を発揮するのである。

それでは患者が心地よさを味わえばいいのか？

これは本章における最終的な問いのひとつである。治療が継続する大きな要因が，患者の心地よさであるとしたら，治療者はそれを提供することを第一に考えるべきであろうか？　それとも別のものを目指すべきか？

この問いは難しい。私は前者を否定しないが，治療者が向かうべき問題はより大きなものであるべきだろう。私はそれを，「患者の人生の質（QOL）の向上に最善を尽くすことである」と言いたい。治療場面で患者に安心感を与えたり，孤独感から救うことが QOL の向上になるのなら，その方針でいいだろう。しかしその時に患者が洞察を得ることが将来的な QOL の向上に役立つと治療者が判断するのであれば，治療はそちらの方向に舵を切られるべきであろう。そしてそのための治療は患者に心地よさを保障しない可能性もある。そこから治療者は，患者の治療に伴う心地よさをいかに大きく損なうことなく患者の QOL を高める援助をするかという，一種の綱渡りを始めるのである。そして最後に，「では患者の QOL を決めるのは何か？」という問いが残る。むろんこれにひとつの正解などない。そしてそれを患者との間で模索することが，おそらく治療の最大の課題の一つとなるのである。

解釈中心主義を問い直すというテーマで説き起こした本章が，最後にこのような形で閉じられることに，多くの読者は不全感を覚えるかもしれない。「患者の QOL の向上を目指す，という漠然とした目標よりは，『患者の無意識内容について解釈を与える』と言う方がわかりやすいではないか？」とい

う意見も聞こえてきそうである。しかしむしろ私の主張は，精神療法の目標は実は決して単純ではなく，結局は「患者さんのためになる」という漠然とした目標に全力でかかわるとしか言いようがないものだ，ということである。

　ただしこの患者のQOLの向上，というつかみどころのなさに対して一つの答えを用意していると私が考えるのが，いわゆる精神療法における「多元的アプローチ」(Cooper, McLeod, 2010) である。そこで目指されるのは，治療者と患者が，患者の治療目標について話し合い，それを明らかにしていくプロセスであり，それが精神療法の本質であると考える。私はこのプロセスが，患者の人生や治療の文脈において最善のもの，QOLを高めるものと同等のものと考えられると思う。そしてそこでは精神分析的な「解釈」もまた，その一つの構成要素としてカウントされる可能性もあるのである。

第3章　解釈中心主義を問い直す（2）
——共同注視の延長としての解釈

はじめに

　前章では，「解釈中心主義」という言葉に表されるような，精神分析の治癒機序をもっぱら解釈に頼む姿勢について論じた。この章は，「それでも解釈という概念を残し，それを治療手段の主たるものとしてとらえるのであれば……」，という立場での議論である。その場合には解釈は一種の「共同注視」ともいえる作業となるという主張である。

　最初に「ここで解釈という概念を残し……」という私自身の表現について，注釈をつけておこう。精神分析の世界では，解釈を治療の中心に据えるという立場を取るか否か，という議論は非常に大きなウェイトを占める。それは言い換えれば伝統的な精神分析理論を否定するのか否か，という問いのような，一種の踏み絵のようなニュアンスさえある。おそらく精神分析の伝統を守る立場（クライン派，自我心理学，対象関係論の一部など）では，解釈を中心に据えた治療を考え続けるであろう。これを第1の立場とする。一方，より革新的な立場（対人関係学派，関係精神分析など）では「解釈を超えた」（Boston Process Study Group, 2010）治癒機序を重んじるであろう。これが第2の立場だ。しかしここにはもうひとつの立場が存在する。それは解釈という概念を拡大し，「無意識にすでに存在する真実を伝える」という従来の考え方を抜け出し，治療的な要素を含んださまざまな介入に関して，それを解釈と呼ぶという立場だ。これを解釈に関する第3の立場と呼ぶのであれば，私はその立場にあると思う。よく考えればわかるとおり，第2の立場と第3の立場は，実は非常に近縁なものとなりうる。それは解釈をいかよう

に定義するかによりどちらにでも立つことができる，いわば両立しうる立場なのである。その解釈の定義の違いとは，以下のように表現することができるかもしれない。第1の立場においては，解釈とは患者の無意識内容を伝えることを意味した。より一般化して言えば「患者の言動の隠れた意味を明らかにする介入」（Laplanche, Pontalis, 1973）と定義されるだろう。第2の立場は解釈の定義をそのまま受け，それを中心にすえることを拒否し，たとえば対人関係ないしは関係性そのほかの治療機序を第一に考える立場といえるだろう。それに比べて第3の立場では，解釈は「患者がより洞察を得るために役立つような治療者の介入すべて」とでも定義できるようなものである。

以上を前提として，本題に入っていこう。

あらためて「解釈」とは？　技法の概要

第2章から検討している解釈という分析的な技法について，ここで改めてその定義について調べてみよう。『精神分析事典』（小此木他編，2002）には次のように記されている。

「［解釈とは］分析的手続きにより，被分析者がそれ以前には意識していなかった心の内容やあり方について了解し，それを意識させるために行う言語的な理解の提示あるいは説明である。つまり，以前はそれ以上の意味がないと被分析者に思われていた言動に，無意識の重要な意味を発見し，意識してもらおうとする，もっぱら分析家の側からなされる発言である」（北山修，2002）。ただし解釈をどの程度広く取るかについては分析家により種々の立場があると言えるだろう。直面化や明確化を含む場合もあれば，治療状況における分析家の発言をすべて解釈とする立場すらある（Sandler, et al., 1992）。

精神分析において，フロイトにより示された解釈の概念は，2つの意義を持っていた。一つは分析的な治療の最も本質的でかつ重要な治療的介入としての意義である。そしてもう一つは，解釈以外の介入，すなわちフロイトが「示唆（ないし暗示）suggestion」と言い表したさまざまな治療的要素からは，明確に区別されるものとしての意義である。ちなみにこの「示唆」に含まれるものとしては，人間としての治療者が患者に対して与える実にさまざまな影響が，その候補として挙げられる（Safran, 2009）。前章から継続してお読

みの方は，治療者が示す共感も，この「示唆」により近い介入といえることにお気づきだろう。ともかくフロイトは解釈以外のあらゆるものを，このように呼んだのである。私たちは分析的な治療を行う限りは，解釈的な介入をしっかり行っているのか，という思考を常に働かせているといえるのである。

解釈と示唆はそれほど区別できるのだろうか？

　技法としての解釈の意義については，上述の定義にすでに盛り込まれている。しかしそれを実際にどのように行うかについては，学派によっても臨床状況によってもさまざまに異なり，一律に論じることはできない。特に現代の精神分析において解釈の持つ意味を理解する際には，同時に示唆についてもその治療的な意義を考慮せざるを得ないであろう。
　そもそもなぜ示唆はフロイトによりこれほどまでに退けられたのか？　この点について振り返っておこう。本来精神分析においては，患者が治療者から直接手を借りることなく自らの真実を見出す態度を重んじる。フロイト (Freud, 1919) は「精神分析療法の道」で次のように指摘している。

　　　もし分析家として，その助けになりたいという溢れんばかりの気持ちから，人間が他人から望みうるものすべてを患者に与えようなら，（中略）可能な限り患者に快適になるよう努めるばかりで，それにより患者はそこを居心地よく感じ，喜んで人生の諸困難から逃れてそこを避難所にしてしまいます。そうなると，患者が人生に対してより強靭になる，患者の本来の課題に立派に取り組むようにするのを放棄することになります。（全集 16, p.99）

　治療者が患者に示唆を与えることを避けるべきであるとする根拠は，フロイトのこの禁欲原則の中に明確に組みこまれていたと考えるべきだろう。示唆を与えることは，無意識内容を明らかにするという方針から逸れるだけでなく，患者に余計な手を添えることであり，「人生の試練から退避すること」を促進してしまうというわけである。
　今日の日本の精神分析の世界では，解釈は分析的な精神療法において中心的な役割を担うと考えられている。しかしフロイトがそうしたように，示唆を排除する立場もそこに含めるとしたら，治療者の介入のあり方はかなり制

限を加えられることになるだろう。なぜなら実際の臨床場面では，解釈以外のかかわりを治療者が一切控えるということは現実的とはいえないからだ。治療開始時に対面した際に交わされる挨拶や，患者の自由連想中の治療者の頷き，治療構造の設定に関する話し合いや連絡等を含め，現実の治療者との関わりは常に生じ，そこにはフロイトが言った意味での解釈以外のあらゆる要素が入ってくる可能性がある。そしてそれが治療関係に及ぼす影響を排除することは事実上不可能なのだ。解釈は示唆的介入と連動させつつ施されるべきものであるという考えは時代の趨勢とも言えるだろう。

　同じく現代的な見地からは，解釈自体が不可避的に示唆的，教示的な性質を程度の差こそあれ含むという事実も認めざるを得ない。上に示した定義のように「分析家が，被分析者がそれ以前には意識していなかった心の内容」について行う「言語的な理解の提示あるいは説明」という定義そのものが示唆的，教示的な性質をあらわしているからだ。「解釈とはことごとく示唆の一種である」というホフマンの提言もその意味で頷ける（Hoffman, 1992）。

　もちろん無意識内容を伝えることと示唆，教示とは，少なくともフロイトの考えでは大きく異なっていた。前者は「患者がすでに（無意識レベルで）知っている」ことであり，後者は患者の心に思考内容を「外部から植えつける」という違いがあるのだ。前者は患者がある意味ですでに知っていることであるから，後者のように受け身的に与えられ，教示されることとは違う，という含みがある。しかし私たちが無意識レベルで知っていることと，無意識レベルにおいてもいまだ知らないこととは果たして臨床場面で明確に分けられるのだろうか？　そこが最大の問題と言えるだろう。

臨床的に役立つ「解釈」の在り方とその習得

　ここで私の考えを端的に述べたい。解釈という概念ないしは技法は，精神分析以外の精神療法にも広く役立てることができる可能性がある。ただしそれには，以下のような形で，その概念を拡張することが必要であり，また有用であると考える。それは解釈を，「患者が呈している，自らについての一種の暗点化 scotomization について治療的に取り扱う手法」と一般的にとらえるということだ。すなわち患者が自分自身について見えていないと思える

事柄について，それが意識内容か無意識内容かについて必要以上にとらわれることなく，患者と分析家が共同作業によってそれをよりよく理解することを促す試みである。ちなみにフロイトも「暗点化」について書いているが（Freud, 1926），ここではそれとは一応異なる文脈で論じることとする。

私の意図を伝えるために，一つ例え話を用意した。

> 目の前の患者の背中に文字が書いてあり，彼はそれを直接目にすることができないとする。そして治療者は患者の背後に回り，その文字を読むことができるとしよう。あるいは患者が部屋に入ってきて扉を閉める際に背中を見せた時点で，治療者はその字を目にしているかもしれない。さて治療者はその背中の文字をどのように扱うことが，患者さんにとって有益だろうか？　また精神分析的な思考に沿った場合，その文字を治療者が患者さんに伝えることは「解釈的」として推奨されるべきなのだろうか？　それともそれは「示唆的」なものとして回避すべきなのだろうか？

もちろんこの問いに唯一の正解などないことは明らかだろう。答えは重層的であり，またケースバイケースなのだ。そしてその答えが重層的であることが，解釈か示唆かという問題の複雑さをも意味しているのだろう。

ここでいう，答えがケースバイケースというのは，次のような意味である。患者は背中に何が書かれているか知っているかもしれないし，まったく知らないかもしれない。あるいは背中に文字が書かれていることを知らないかもしれない。

患者がもし何かの文字が書かれていることは知っているとした場合，それを独力で知りたいのかもしれないし，他者の助力を望んでいるのかもしれない。あるいはその内容が深刻なため，患者は心の準備のために時間をかけて治療者に伝えてほしいかもしれないし，すぐにでもありのままを知らせてほしいかもしれない。さらにはその文字が解読しづらく，患者との共同作業によってしか意味が通じないかもしれないだろう。このようにさまざまな状況により，その背中の文字の扱い方が異なってくるのである。

以上は他愛のないたとえ話ではあるが，この背中の文字が，患者本人よりは治療者のような周囲の人の方が気づきやすいような，患者自身の特徴や問

題点を比喩的に表しているとしよう。すなわちその背中の文字とは患者の仕草や感情表現，ないしは対人関係上のパターンであるかもしれず，あるいは患者の耳には直接入っていない噂話かもしれない。

　この場合にも治療者ができることに関しては，上記の「ケースバイケース」という事情がおおむね当てはまると考えられるだろう。しかしおそらく確かなことが一つある。それは治療者が患者自身には見えにくい事柄を認識できるように援助することが治療的となる可能性があるということだ。そしてこの比喩としての背中の文字を，「それ以前には意識していなかった心の内容やあり方」と言い換えるなら，これを治療的な配慮とともに伝えることは，ほとんど解釈の定義そのものと言っていいであろう。またその文字の意味するものが患者にとってまったくあずかり知らないことでも，つまりそれを伝える作業は，外から植えつける「示唆」的なものであっても，それが患者にとって有益である可能性は依然としてあるだろう。それは心理教育や認知行動療法の形をとり実際に臨床的に行われていることからも了解されるだろう。

具体例とその解説

　ここからはもう少し具体的な臨床例について考えたい。

　　　ある30代後半の独身女性Aさんは，両親と同居中である。Aさんはパート勤務で家計に貢献している。3歳下の妹はすでに結婚して家を出ている。Aさんはここ2年ほど抑うつ気分にとらわれ，精神療法を受けている。Aさんには結婚も考えている親しい男性がいるが，両親にはその存在については話せないでいる。
　　　あるセッションでAさんは治療者に次のように話した。
　　　「最近父親が会社を定年になって家にいることが多いので，母への言葉の暴力がすごいんです。何から何まで言いがかりをつけ，時には手も出ます。私が盾になって母を守ってあげないと，彼女はダメになってしまうんです。」治療者は「お母さんを心配なさる気持ちはわかります。お母さんはあなたがいつまでも家にいることでお父さんから守られるという安心感があるのですね。」治療者のその言葉に，Aさんは頷き，自分の話を理解してもらっていると感じて

いるようだ。
　治療者は続けて次のようなことを言う。「実にAさんのお話を聞いていて，一つだけよくわからないことがあります。Aさんは，結婚も含めてご自分の人生についてはどうお考えになっていますか？」そう問われると，Aさんは「私の人生はいいんです。私だけが頼りだと言う母を見捨てられない，それだけです」。治療者は少し考え込み，こう問いかける。「お話の意味がまだ十分つかめていない気もします。ご自分の人生はどうでもいい，とおっしゃっているようで……。」それに対してAさんはすこし憤慨したように言う。「自分を育ててくれた母親のことを思うのが，そんなにおかしいですか？」治療者はAさんの話を聞いていて依然として釈然としないと感じつつ，そのことを手掛かりに話を進めていこうと考えた。

　この例では，治療者はAさんが母親を心配して家を離れない理由については，ある程度は理解できた気がしたし，そのことをAさんに伝えた。しかしAさんが「私の人生はどうでもいい」ともとれる言い方をした時に，しっくりこないと感じ，彼女の話が急に見えにくくなったと感じたのである。
　私たちはある思考や行動を行う時，いくつかの考え方や事実を視野に入れないことがしばしばある。それは単なる失念かもしれないし，忘却かもしれない。さらにそこには力動的な背景，つまり抑制，抑圧，解離その他の機制が関与している可能性もあるだろう。しかしおそらく多くの場合，原因不明だ。治療者は患者の話を聞き，その思考に伴走していく際に，しばしばその患者にとって盲点となっているらしい事柄の存在に気が付く。上の例では「Aさんはこれからも母親の面倒を見続けることに疑問を抱いていないのではないか？」「結婚を考えるような恋人の存在さえ両親に伝えないことの不自然さが見えていないのではないだろうか？」「Aさんは私の問いかけに対して非難されたかのような口調で答えていることに，自分でも気が付いていないのではないか？」などである。
　もちろんこれらについて別の治療者だったらまったく気にならなかったり，これらとは別のことに気がつくかもしれない。何が暗点化されているかどうかに，正解も不正解もないのだ。それでもこの2人が治療にかかわっている以上，2人の共同注視から得られるこれらの暗点化された部分を治療者が指摘することには意味がある。私はそれを広義の解釈と考えるのであるが，そ

れは精神分析的な無意識内容の解釈より一般化され，そこに必ずしも力動的な背景を読み込まない場合も含まれるという点が特徴といえよう。

　患者さんの連想に伴走しながら暗点化に気が付く治療者は，言うまでもなく自分自身の主観に大きく影響を受けている。患者の連想の中に認めた暗点化も，治療者の側の勘違いや独特のイディオシンクラシー idiosyncrasy（その個人の思考や行動様式の特異性）が大きく関与しているであろう。それはたとえばある患者の見た一つの夢について，それを聞いた分析家の数だけ異なる解釈の可能性があるのと同じ事情である。また患者さんの夢についての治療者の指摘も，単なる明確化から解釈的なものまで含まれる可能性がある。先ほどの例で言えば，「あなただけお母さんの面倒を見る義務があるようなおっしゃり方をなさっていることにお気づきですか？」と言及したとしても，それは，特に患者の無意識内容に関するものではない。しかし「父親のことは別にしても，あなたご自身に母親のもとを離れがたいという気持ちはないのでしょうか？　お母さんを父親から守る，というのはあなたが家を離れない口実になっていませんか？」と言及することは，Ａさんの無意識内容への言及という本来の解釈ということになるだろう。ここで，患者の無意識のより深いレベルに触れる指摘は多分に仮説的にならざるを得ないことへの留意は重要である。それは治療者の側の思考にも独特の暗点化が存在するからだ。ただし治療者はまた「岡目八目」の立場にもあり，他人の思考の穴は見えやすい位置にあるというのもまぎれもない事実なのだ。そしてその分だけ患者は治療者の存在を必要としている部分があるのである。

　さてこのような解釈を仮に技法と考え，その「習得」を試みるとしたら，それにはどうしたらいいであろうか？　私の考えでは，上述の「暗点化を扱う」という意味での解釈は，技法というよりはむしろ治療者としての経験値と，その背後にある確かな治療指針にその成否がかかっているというべきだろう。患者の示す心の暗点化に気づくためには，多くの臨床例に当たり，患者の有するさまざまな生活史のパターンを認識する必要がある。しかしそのうえで虚心にかえり，すべてのケースが独自性を有し，個別であるということをわきまえる必要があるだろう。すなわち繰り返しと個別性の弁証法の中にケースを見る訓練が必要となる。そして治療者は自分自身の主観を用いる

という自覚や姿勢も重要となるのである。

共同注視の延長としての解釈

　ここからは，「心の暗点化を扱う」のが解釈であるという考えをもう少し膨らませて，共同注視としての分析的治療という考えについて述べたい。
　解釈的な技法は分析家と患者が共同で患者の連想について扱う営みであり，心理的な意味での共同注視 joint attention, joint gaze と考えることができるのではないだろうか？　ちなみにここで言う共同注視とは，一人の人が視線を向けた先のものに，もう一人も視線を向けることであるが，手っ取り早く言えば，2人が一緒に一つのものを見て注意を払っている状態のことである。
　まず患者が自分の過去の思い出について，あるいは現在の心模様について語る。それはたとえるならば，分析家と患者の前に広がる架空のスクリーンに映し出されるようなものだ。患者がその語りによりスクリーン上に心を描き，治療者はそれを見る。たとえば「公園の桜が満開で圧倒されました」と患者が伝えれば，分析家もそれを想像して2人の前のスクリーンにその景色が浮かぶだろう。しかし2人は同じものを見ているつもりかもしれないが，もちろんそうとは限らない。「どこの公園の桜かわからないと想像のしようがない」という分析家もいるかもしれないし，そもそも桜の景色に圧倒された体験がない分析家には，そのような景色を想像すること自体が難しいかもしれない。結局患者の連想内容から映し出される像は，分析家にはぼやけていたり虫食い状だったり，歪んでいたりモザイク加工を施されたものとして見える可能性がある。また患者の側の説明不足，あるいは分析家自身の視野のぼやけや狭小化や暗点化によるものである可能性もあろう。分析家は患者にその景色についてさらに注意深く質問や明確化を重ねていくことで，少しずつ両者の見ているものが重なっていくことを実感するだろう。分析家がそこに見えているものを描き出し，語ることで，患者はそれが自分の描き出しているものと少なくとも部分的には重なっていると認識し，そのことで共感され，わかってもらったという気持ちを抱くことだろう。それはおそらく分析家と患者の関係の中できわめて基礎的な部分を形成するのだ。
　ちなみに共同注視という概念は，精神分析の分野では言うまでもなく，北

山修の共視論により導入されているが（北山編，2005），joint attention そのものを分析プロセスになぞらえて論じる文献は海外ではあまり多くないという印象を持つ（PePWEB という精神分析の検索サイトで調べても，joint attention は主として乳幼児研究に関するものであり，joint gaze に関しては1本の論文しか見つけられない）。しかしフロイトが患者の自由連想について，車窓から広がる景色を描写するという行為になぞらえたことからもわかるとおり，そもそも自由連想という概念には，患者が自分の心に浮かんでくることを眺めているというニュアンスがある。その語りを聞いている分析家も車窓を一緒に眺めているというイメージを持つことはむしろ自然な発想とも言えそうだ。

また共同注視という発想は，関係精神分析的な立場の臨床家にとっては距離があるといわれるかもしれない。そこには治療場面で起きていることを客観視し，対象化しようという意図が感じられる一方では，両者の流動的な交流というイメージとは異なるという印象を与える可能性もある。しかし共同注視する対象としては，今交わされている言葉の内容も，そこで生じている感情の交流そのものも含まれるのであり，非常に動的で関係論的だと私は考えている。

ちなみに同様の発想に関して，私は平成26年の精神分析学会において，「共同の現実」という概念として提案したことがある。分析家と患者が構成するのは共同の現実であり，それは両者が一緒に作り上げたと一瞬錯覚する体験であり，しかしそれを検討していくうちに，両者の間にいやおうなしに生まれる差異が見出され，それを含みこむことで，つねに上書き overwrite，更新 revise されていく，という趣旨である。

共同注視というパラダイムにおいても，分析家と患者が同じものを注視しているという感覚は一時的であり，やがてそれぞれが見ているものの違いに気が付き，その内容はそれを含みこんで更新されていくことになるだろう。それは同じものを共同注視しているつもりになっていた患者と分析家が，見えているものを詳しく伝えていくうちに現れる齟齬なのである。いわば同床異夢であったことに両者が気が付くことである。また分析家がそこに彼自身の視点を注ぎ込むことで，藤山（2007）の巧みな表現を借りるならば，治療者がそこに「ヒュッと置くこと」により明らかになることかもしれない。

たとえば先ほどの事例では、「Aさんの母親は、Aさんが常に家にいて自分をサポートしてくれることに安心感を覚えている」ということまでは、治療者とAさんの間で共同注視できることになる。そこでAさんは治療者から理解されていると感じた。しかしそこから治療者が「Aさんが自分の人生のことを考えていない、あるいはそれよりも母親の人生を当然のように優先させていることに少し違和感を覚えますよ」（「すなわちその点についてAさんは暗転化を起こしているのではないか？」）と伝えることによって、治療者とAさんとの間で見えているものの食い違いが明らかになり、そのような治療者の見方をAさんの側からは共同注視できないという事実が浮かび上がってくるのだ。しかしやがてAさんと治療者との会話を通して、やがて治療者の側には「Aさんのそのような気持ちもわからないではない」という形で、Aさんの側からも「そのような治療者の見方もあり得るかもしれない」という形で歩み寄りが生じることで、2人は再び上書きされた形での共同注視および立体視ができるようになるのである。

　解釈的な作業を、患者の無意識の意識化という作業に必ずしも限定せずに、治療者と患者が行う共同注視の延長としてとらえることは有益であり、なおかつ精神分析的な理論の蓄積をそこに還元することが可能であると考える。北山はその共視論（前出）において、母子が第3項としての対象を共同で眺めることを通じて心が生成される様を描いている。分析家と患者が共同で何かを注視するという構図はまさに精神分析を母子関係との関係でとらえた際に役に立つであろう。

　以上私の本章における主張を最後にまとめるならば、解釈とは患者の心の視野において盲点化されていることへの働きかけであり、それは精神分析という営みを一種の精神的な意味での共同注視の延長である、という考え方を生むということである。そこでの分析家の役目は、無意識内容の解釈というよりは、その共同注視の内容に対するコメント、という程度のものといえるかもしれない。

　ところで本章をここまでお読みになった方は、前章「解釈中心主義を問い直す」の内容との類似性にお気づきになっているだろう。ここでいう共同注視、およびそこでの患者の暗点化された部分にコメントを行う治療者の活動

は，前章で述べたオブザベーション observation に非常に近い。

　最後に共同注視における非解釈的な関わりという考えを追加して本章を終わりたい。景色や事物を母子が共同注視しつつその関係性を深めるということは，おそらく分析家と患者の関係でも言えるであろう。2人が自分たちの心から離れた扱いやすい素材，たとえば天気のことでも診察室にかかっている絵のことでも，窓から見える景色でも，外で鳴る雷の音でも，世間をにぎわしている出来事でも，一見分析とは何ら関係のない素材についてもそれを共同注視して言葉を交わすという体験は，おそらく両者の関係を深める一つの重要な要素となっている可能性がある。私は分析においてもそのような余裕があっていいと思い，それが解釈の生じる背景 background を形成する可能性があるのではないかと思う。そしてそのような背景を持つことで，患者の心模様を共同注視するという作業にもより深みが生まれるものと考える。

第4章 転移解釈の特権的地位を問い直す

はじめに

　新時代の精神分析理論について論じる本書の第4章目に，このテーマを選ぶ。転移解釈の意味を問い直すということだ。前章に引き続き，私は本章でも「それでも解釈という概念を残し，それを治療手段の主たるものとしてとらえるのであれば……」という立場に立っている。
　転移の概念は紛れもなく，現代の精神分析においてきわめて重要視されている。精神分析の基本中の基本，として扱われていると言っていいだろう。そして他方では第2,3章で見てきたように，解釈が精神分析にとっての基本であるとしたら，転移解釈は基本中の基本として扱われている。さまざまな解釈的な技法の中で，ひときわ高くその治療効果が期待されてきているのがこの転移解釈である。本章では改めてその意義について問い直したい。
　まず述べておきたいのは，私自身は転移の問題について，かねてからかなり深い思い入れを持っているということである。少しうがった表現をするならば，私は「転移という問題に対する強い転移感情を持っている」と言えるだろう。フロイトが精神分析の理論を構築する過程で転移の概念を論じたことによって，それ以後の精神分析理論において，これが治療的な意義として一歩抜きん出た位置づけを与えられたのは確かなことであると思う。
　しかし私は転移解釈が他の介入に比べて，抜きん出た特権的な価値を有すると考えてはいない。私自身は米国でトレーニングを受けたということもあり，はじめは自我心理学に大きな影響を受けていた。そこでは転移の解釈はとても重要視されていた。しかしトレーニングを続けているうちに，見え方はだいぶ変わっていった。後になっていわゆる「関係精神分析 relational

psychoanalysis」の枠組みから転移の問題をとらえる際には，治療的な介入としては転移解釈を特権的なものとは考えない（あるいは解釈そのものが従来の精神分析とは異なる意味を与えられている）ことを知り，私自身の考え方と一致することを確認したのである。ただしここで急いで断っておかなくてはならないのは，私自身も，関係精神分析の立場も，これまで転移として扱われてきた現象を重んじていないというわけではないということである。それどころか転移という概念で表される患者から治療者への心の向かい方はきわめて重要な，分析的療法における核心部分を占めているという点は間違いないと考える。しかし転移は大きな意味を持つことを認識する（私，そして関係精神分析の立場）ということとそれを解釈する（治療者のその理解を患者に伝える，という従来の精神分析の立場）ということは違うのだ。つまり関係精神分析では，転移が臨床的にあまり意味を成さないから無視するという立場とは異なり，むしろいかに転移がパワフルなものなのか，いかなるときにそれが治療的に用いられ，いかなるときにそれが破壊的なパワーを持ってしまうのかについて判断する治療者の柔軟性が要求されるのである。「転移を解釈すればいい」というわけでは決してなく，それを場合によってはあえて扱わなかったりすることも必要になる。それに治療においては，転移以外の重要な要素もたくさん含まれ，それぞれが扱う意義を有しているのである。

　しかしラカン Jacques Lacan のような天才までが「精神分析の始めにあるのは，転移である」と言ったりすると，もうそれは間違いのないこと，証明終わり，と言ったニュアンスを帯びるのである。そして日本人は権威にとても弱いのだ。

あるエピソード

　繰り返すが，私は精神分析における転移を軽視しているつもりはない。むしろ非常に大きなパワーがあり，治療者も患者もそれをうまく取り扱えない可能性があるために，慎重にならざるを得ないということを言いたいのである。転移の問題は，治療場面で顔を合わせている当事者同士の関係性の問題と言い換えることができるが，それを扱うことには強い緊張や不安が伴うの

である。

　この転移の持つパワーに関しては，私には一つの原体験というべきものがある。それはもう20年近く前，私が精神分析のトレーニングを開始したごく初期に，私自身の教育分析で起きたことである。ある日私は自分の分析家に，こんなことを話した。「先生と私は似ていると思います。先生はいつも何か手でいじっていて落ち着かないですね。この間は私たちの分析協会での授業をしながら，発泡スチロールのコップにペンでいたずら書きをしているのを見ましたよ。私も退屈になるといつも似たようなことをするんです。」これは私の彼に向けた転移感情の表現といえただろう。すると私の分析家は急に黙ってしまったのだ。それまで私の話にテンポよく相槌を打っていた分析家が急に無口になってしまったのであるから，私は非常にわかりやすいメッセージを受け取った気持ちになった。私は彼から「頼むから私の話はしないでくれ……」という呟きを聴いた気がしたのである。思えば彼はシャイな老齢の分析家だった。もちろんそのような言葉は実際には彼の口からは出てこなかった。しかしそれ以降も，私はこの分析家との間で同様のことを何度か体験した。私が彼について何かを言うと，彼はあまり相槌を打たなくなったり黙ってしまったりするのである。

　ちなみにこれを書いていて，守秘義務のことを一切考えなくてもいいことをありがたいと思う。何しろ彼は私の分析家であり，私の患者ではなかった。患者に，主治医の秘密を守る義務はないのである。そして第2にこれは遠いアメリカで，はるか昔に起きたことだ。第3に，私の分析家は当時すでに高齢で，10年ほど前に他界している。

　もちろん普段の日常会話であるならば，話し相手の癖や振る舞いについて話すことは失礼なことだ。しかし精神分析に対する理想化が強かった私は，老練な私の分析家がそんな世俗的な反応をするはずはないと思い込んでいたので，この突然の変化をどう理解したらいいかわからなかった。それから5年にわたる分析の中で，私と分析家との間ではさまざまなことが生じたが，その時の私には理不尽に感じられた彼の反応についての話し合いもかなり重要な部分を占めていた。

　それから何年かして私は帰国し，日々臨床を行っているわけだが，今度は私が逆の立場を体験することがある。私の患者さんで私が書いたものを読ん

でいる方がいらして，その内容に関する話が出ることがあるのだ。「先生の著書に書いてあったお宅のワンちゃんは最近どうしてますか？」とか，「先生の若い頃の対人恐怖の傾向はどうなっていますか？」などと尋ねられる。そのたびに私は少し複雑な思いをし，時には顔がこわばったり，また時にはうれしく感じたりするのだ。そして患者さんが転移感情について語り，私自身について言及するのを落ち着いて聞くことは決して容易ではないことを身をもって体験することになった。

転移がパワフルなのは，それが患者の口から語られた際に，その内容が否応なしに治療者自身にかかわってくるために他人事ではいられなくなるからなのであろう。そこで引き起こされる恥の感情や気まずさのために，治療者自身が非常に防衛的になってしまい，場合によっては投影や否認等のさまざまな機制を用いてしまう可能性があるのだ。

転移の理論の発展

転移に関する理論的な背景について少し述べよう。転移の概念を提出したフロイトは，それをいくつかに分類している（Freud, 1916）。それらは「陰性転移」，「抵抗となることのない陽性転移」，「悪性の陽性転移（性愛化された転移）」などである。この中でフロイト自身は，「抵抗となることのない陽性転移」を，治療が進展する上での鍵であるとさえ言っている。ただしフロイト自身は転移を直接扱うことには比較的消極的であったという印象がある。彼にとっての中心的なテーマは，リビドー論に従った患者の無意識内容の解釈であり続けたからだ。

その後1934年にストレイチー Strachey の「変容性の解釈 mutative interpretation」という概念が提出された。これは精神分析の歴史の中できわめてインパクトのある論文だった。転移を治療者が解釈することは，この頃から精神分析治療の王道と考えられるようになった。「分析家の技量は，転移の解釈をいかに的確に行うかにかかっている」という前提が分析家たちの頭に刻まれ，また大きなプレッシャーとなったのである。そしてその後の半世紀の精神分析の歴史は，分析家たちがこのプレッシャーに支配されながら，ある意味では徐々にそこから解放されていくプロセスであったということがで

きるだろう。

　私自身の治療観を振り返っても，同様の「解放」のプロセスが生じたわけであるが，そこには私が精神分析のトレーニングを受けたアメリカの自我心理学的な環境が色濃く影響していた。そして自我心理学の論客の中でも私が一番同一化できたのは，ギル Merton Gill のたどった道筋であった。ギルは名著『転移の解釈』(1982) で広く知られているが，その主張は「分析的な治療においてはヒア・アンド・ナウの転移の扱いに最も力が注がれるべきだ」ということであった。よく言われる「ヒア・アンド・ナウ＝今，ここで」という表現はギルが繰り返し用いることで，広く知られるようになったのである。

　ギルは，1941 年より米国カンザス州のメニンガー・クリニックで伝統的な自我心理学派のトレーニングを開始した。しかしその後マサチューセッツ州のリッグスセンターでの臨床研究を経て 70 年代にシカゴ精神分析協会に移ってからは，大きな方向転換を遂げた。自我心理学的なメタサイコロジーに潜む過剰に科学的，客観主義的な姿勢を批判し，治療を生きた人間同士の関わりとしてとらえることへと向かったのである。それが 1980 年代にギルの提案した「二者心理学」の概念やヒア・アンド・ナウの転移分析の提唱 (Gill, 1994) に端的に表れていたのであった。

　ギルの主張は当時のアメリカの精神分析界に大きなインパクトを与えたわけだが，そこには古典的な精神分析の治療スタイルに限界を感じる治療者が，その当時多くなってきたことが関係していた。外科医のような冷静さと客観性を備えた分析家が患者の問題の起源を過去にたどり，それが治療関係に反映されたものとして転移をとらえてその解釈を行うことは，必ずしも功を奏さないと多くの臨床家が考えたのだろう。そして彼らは患者との生きた関わりに精神分析の新たな可能性を追究するようになったのだ。

　ギルの主張はそのような時流を背景とし，その後のストロロウ Robert Stolorow らによる間主観性の議論 (1992) や，ミッチェル Stephen Mitchell やグリーンバーグ Jay Greenberg らによる，いわゆる「関係論 relational theory」(1983) ないしは「関係精神分析」の立場へと合流して行ったが，私自身もこの関係論的な枠組みから転移の問題をとらえるようになった。その関係論においては，転移についてその解釈の治療的な意義を強調する立場

から，転移が治療場面における関係性において持つ意味を重視する立場への移行がみられたことは先述したとおりである。

ところでギルの主張が大きな影響力を持った一つの理由は，彼が転移という，精神分析において最も要(かなめ)となる概念を取り扱ったことだ。それは精神分析理論の基本に立ち戻るという保守的な側面と，二者関係の中で精神分析をとらえ直すという革新的な面の両方を持っていたのだった。精神分析の伝統を重んじる人にも，精神分析の未来を模索する人にも，それは一種の福音となった。きわめてオーソドックスな自我心理学の立場から出発したギルが至った境地からのメッセージだからこそ説得力を持っていたのだろう。

ちなみにギルの主張の中でも特に評価されているものの一つに，転移の解釈を「転移に気が付くことへの抵抗についての解釈」と，「転移を解消することへの抵抗についての解釈」とに分類した点があげられる。特に前者は，「転移現象は常に起きているのであり，その存在を認めることへの抵抗こそまず扱うべきものである」というギルの立場を表していた。この主張は当時としては画期的であったと同時に，後述するように転移解釈の重要性をやや過剰なまでに重んじる傾向を生んだ可能性がある。

このギルの主張は現在もアメリカでは尊重され続けている。ただしより革新的な立場からは異なる声も聞かれ，ギルの共同研究者であったホフマン Irwin Hoffman もその一人だ。ホフマンは自著で自分とギルの立場との相違について，「転移解釈が非常に威力を持つ可能性がある点については賛成するものの，それにあまりに重点を置いてしまうと，同時に生じているような意図しない対人間の影響に比べて，それが超越した力を持っていると過大評価してしまう」と述べている（1998）。

私自身の立場

以上の理論的な背景をもとに，私自身の立場について述べるならば，それは上に述べたホフマンの姿勢にほぼ一致する。転移の中には，特に触れないでおくことで自然と温存され，治療同盟のきわめて重要な要素であり続けるものも多いのである。また患者を変えるポテンシャルを持つものは転移の解釈以外にも多種多様なものがある。精神分析の外部で起きていることに耳を

閉ざさない限りは，たとえば森田療法，クライエント中心療法，認知行動療法的なアプローチも同じように有効な治療法となりうる点は認めざるを得ない。転移解釈の成果に関する「実証的」な研究結果も多くの考察の材料を与えてくれる。ギルの慧眼を持ってすれば，実証主義的な風潮の著しいアメリカの環境であと10年生きながらえたなら，ホフマンと同様の相対的な立場に至った可能性もあったであろう。

　そのような前提で転移に関して私が主張したいことは，やはり転移・逆転移関係に注意を払うことは，力動的な治療者が常に心がけるべきであるということである。精神分析のトレーニングの最大の特徴は，まさにギルのいう「転移を意識化することへの抵抗」を克服することに向けられることに相違ないのだ。治療者はおよそあらゆる可能な転移・逆転移関係を常に見出し，心の中で解釈し続けることが期待される。しかしここで同様に大切なのは，それは解釈を治療状況で実際に口にすることとは別であるということだ。ひとつの治療場面において考えられる転移・逆転移は決してひとつではない。患者は治療者を母親のように見ていると同時に父親のように感じていることもありえる。また父親のような治療者イメージも，優しいそれであったり，怖いそれであったりというふうに，互いに矛盾しながら存在するものなのだ。多くの場合，臨床家はそれらの可能な転移解釈の海に患者と共に身を委ねた状態でそれらを感じているだけで，すでにその役割の重要な部分を全うしているのである。それは共感と呼ばれるものとも遠くはないであろう。可能な転移解釈のうちのいずれかがおのずと言葉として浮き彫りになってこない限りは，それらをことさらに言語化することは，それが「鋭利なメス」として作用しないまでも，共感の維持にとっての障害となりかねないのである。

自分でも「気恥ずかしい」と感じられるような解釈には用心せよ

　転移解釈の議論でしばしば見過ごされる点がある。それは転移が本来感覚的，情緒的な性質を有するということだ。転移は治療者が何かを感じ取ることでその存在を知るのであり，論理的な想定に基づいたり，知的に作り上げられたりするべきではない。転移をめぐる議論はしばしば知性化の対象となり，精神分析の歴史においても弊害をもたらしてきた。しかし転移を感じ取

る治療者の感受性は，通常の対人関係を営む中で自然に育まれ，かつ維持されていくものなのである。それは精神分析のトレーニングにより作り上げられるものというよりは，そのトレーニングが有効となるような前提というべきものなのである。それがあってこそ転移の存在により気が付くようになるための職業的な訓練にも意味がある。そもそも治療者が感じ取ってもいない転移について論じることは，それを治療者の防衛や知性化，ないしは作為の産物にしかねない。転移解釈が「鋭利なメス」以上の「凶器」となってしまうのはそのような場合であろう。

　しかしそうは言っても実は転移の解釈が知性化や防衛の要素をまったく欠くことも事実上不可能であると思う。治療者が技能や知識を身につけた専門家としての期待から完全に自由であるわけにはいかないからである。

　そこで私は臨床場面で次のような考えを念頭においている。それはそれを行うことに「気恥ずかしさを感じさせるような解釈は，心の中にとどめておくだけにした方がいい」ということだ。その気恥ずかしさは，最初から感じ取ってもいなかったものを知的に創り上げてしまったという「まがいもの」の感じ，あるいは自由に漂わせておけば生き生きとしていたものを無理やり掬い上げて固定してしまう治療者のエゴイズムと深く関係しているのである。

　以上の立場を例証するものとして，次に症例を挙げる。

臨床例　Bさん

　Bさんは20代後半の独身男性で，現在は無職で両親に借りてもらっているアパートで独居している。私がかつて2年ほど，週1度50分の構造で精神療法を行っていた。主訴としては「自分の苦しさをわかってほしい」「どうやって生きていったらいいかわからないのでアドバイスがほしい」「うつ病の治療をしてほしい」等が問診表に書かれていた。

生育歴

　Bさんは中流家庭に一人っ子として育ち，父親は運送系の会社勤務，母親は専業主婦という家庭環境であった。彼は幼少時からぜんそくを持ち病弱で，また運動も得意でなく引っ込み思案で友達も少なかった。帰国子女の母親はそんなBさんに幼少時は英語で語りかけることもあったそうで，それ

以後Bさんにとっては英会話が特技となり，現在彼の大きな支えになっている。

　Bさんの両親は勉強を強いることはなかったようだが，彼自身は非常に強い無言のプレッシャーを感じ続けていたそうである。Bさんは小，中学時代は成績は優秀だったが，人付き合いがうまくいかず，一人でコツコツと強迫的に受験勉強に励むために友達からは敬遠されていたとのことだった。

　Bさんは中学2年のころ健康を害し，数カ月間の入院治療を必要としたために成績もあまり振るわなくなり，一時は自暴自棄になったという。B大学の付属高校に入学したものの，友人ができず孤独な3年間をすごした。その後B大学に進むが，孤立傾向は続き，友達もできず鬱屈した毎日を過ごしていたそうだ。

　Bさんは大学を卒業後，官庁に就職したが，持ち前の強迫的なこだわりや，対人恐怖的な傾向のため，同僚や上司との関係がうまく行かずに職場不適応となり，3年間勤務した時点で抑うつ症状的となり精神科を受診し，数カ月の外来治療を受けた後に翌年には退職を余儀なくされた。このときBさんは腰痛，頭痛などのさまざまな身体症状をも併発し，そのうえ喘息の発作も再燃し，仕事には到底いける状態ではなくなってしまったということだ。それ以来彼は数多くのアルバイトや派遣社員の仕事を経て，時には通訳の仕事にも挑戦してみたが，結局は続けられず，そのうち社会人としてひとり立ちをすることに自信をなくし，両親の元で暮らすという形で現在に至っている。

　Bさんはその間，何箇所か精神科を受診したが，担当のどの精神科医ともあまり相性がよくなかったという。Bさんは「これまでの精神科医は自分の話を聞いてくれず，本当の自分の苦しみをわかってくれなかった」と訴えた。精神科医はいつも自分を哀れみや見下しの目で見ていて，決して自分の苦しみをわかってくれない，というのだ。

初診時の現症
　Bさんの初診時の様子は非常に印象的であった。Bさんは長身で端正な顔立ちで，きちんとネクタイを締めて濃紺のジャケットを身に付けたリクルートスタイルで私のもとに現れた。Bさんはまず，私のもとを訪れる前にかかっていた精神科医について次のように言った。「私は実は数年前からテレビ

でも有名なC医師の診療を受けていたんです。でもやはりC先生も私の苦しみを理解してくれませんでした。でも先生ならわかってくれるんじゃないかと思ってきたんです」。

そしてセッションの終わりにBさんは「自分史」というラベルの貼ってある分厚い2冊のノートを私に手渡し、「先生はほかの患者さんもいてお忙しいですから、私のことをお伝えする時間はありませんが、この2冊のノートに詳しく記録してあります。目を通しておいていただけますか？」と言った。私はそれを無碍に断ることもできずに受け取り、次回の予約をした。後でそのノートを開いてみると、「私の人生計画」、「私の治療歴」など、自分に関する事細かな情報が整然と収められていたが、私は時間の余裕がなく、その2冊のノートは机の引出しに入れっぱなしになっていた。

次の回に現れたBさんは、真っ先に「ノートはお読みいただけましたか？」と問うてきた。私は少なくとも数週間は余裕があるものと思っていたので、まだノートは引出しにしまったままで内容には目を通していなかった。そこでなんと答えていいかわからずにいると、Bさんは「あ、いいんです。先生はお忙しいですしね。僕の自分史なんて、あんなもの、関心はないですよね……。これまでの精神科医も皆そうだった……」と言った。そこには自分を理解してほしいという気持ちと、そうしてくれない相手への失望、しかしそれを避けるためにも他人に期待してはいけないんだという自戒の念、そしてさらに自分を卑下する傾向といういくつかの気持ちの間を揺れ動く様子が感じられた。それを聞いて私のほうでは若干の負担を感じるとともに、「このような気持ちを過去の治療者にも持っていたのかな？」という、一種の同情の気持ちがわいた。

治療経過

このように開始した治療過程で、私はBさんの目に、さまざまなイメージで映っていることを感じた。ある時はBさんを「いい年をして仕事もしないで何をやっているんだ！」としかりつける父親のような存在として、ある時はすべてを受け入れて包み込み、全面的に肯定するような理想的な母親として、また別の時は英語を勉強する仲間やライバルとして、とらえているようであった。そしてそれらの別々のイメージはくるくる入れ替わり、それ

が彼の独特の「ぼやき」に表されていた。

　たとえば「今度また地球環境に関する公開市民講座を受けるつもりです」といい，私が「そうですか，いろいろなことに知識欲をお持ちですね」と答えると「いまこんなテキストを買って勉強しているんですよ」と嬉しそうに参考図書に指定された専門書を見せようとしが，急に顔を曇らせて，「でも先生は，こんな本を読むくらいなら，仕事をしろと思ってらっしゃるかもしれませんね……」とつぶやく。さらにはBさんは「先生は心では仕事もできずにこんなことをやっている私を哀れんでいるんでしょう？」と言うこともあった。あたかもBさんが一言私に何か言ったあと，すぐに心のページがめくられ，そこには私の別のイメージが描かれているという印象を持った。そして先述のとおり，私のBさんに対する気持ちもまたこのようにめまぐるしく動いていたのである。

　そのようなBさんに対して，私は当初からできるだけ受容的な態度で接することを心がけた。Bさんは「これまでに多くの治療者から誤解を受けていた」，「誰も自分のことを受け入れてくれなかった」というメッセージを伝えてきた。だから少なくとも彼を積極的に受け入れることで治療同盟を築くことなしには，私は治療は先に進めることができないであろうと考えたのだ。しかし治療初期の頃のBさんの態度は疑い深く，斜に構え，時には挑戦的になったり，卑屈になったりした。

　ところで私はBさんと会っていて若干苛立つことがあった。彼は時々入室時の挨拶からずっと英語で通そうとすることがあったのだ。私はそれがなぜか無性に腹が立ち，それに一切応じず，たとえば彼が自分の病気の「ダイアグノーシス」（diagnosis，診断）についてたずねても，それを「診断」と言い直した。そういうとき，Bさんは少し寂しそうな様子であった。後に思えば，Bさんのネイティブばりの発音を聞いて私は気おくれがし，引け目を感じていた可能性がある。

　そんなある日，こんなエピソードがあった。Bさんは「私は障害者年金をもらえるでしょうか？」と真剣に問うてきた。「以前にC先生にも頼んでみたことがあるんですよ。でも彼は書類を手にとってさえくれませんでした。」私にはこれは，「先生は僕の病気を本当のものと考えていますか？　それともこれまでの医者のようにまともに取り合ってくれないんですか？」という

問いかけのように思えた。私は「私が書類を書き入れたからといって障害者年金が認められる保障はありませんが，書類を書くこと自体は構いませんよ」と言った。

それから数週間して，Ｂさんとの間でその後の治療関係の性質が変わるような出来事が起きた。そこで私は真剣にＢさんに腹を立ててしまったのだ。ある日Ｂさんは，「先生に書類を書いていただいて，障害者年金がおりました。そしてそのことを両親に話しました」と語った。私には自分の書いた書類により障害者年金が下りたことが多少なりとも意外だったが，「そうでしたか，それは良かったですね」と応じた。するとＢさんは「そこでさっそく次の日には区役所にいって年金の受給を断ってきましたよ」。

私はそのＢさんの言葉を聞いて，一瞬彼が何を言おうとしているのかわからなかった。Ｂさんに説明を求めると，「やはり障害者年金などを受給していると，いかにも自分が劣った人間のように思えるからです」と答えた。これに対して私は「でもＢさん，そうなることがわかっていて，私に書類を書くことを頼んだのですか？　それにそれを取り下げるにしても，どうして私に相談してくれなかったんですか？」と言った。Ｂさんは私の勢いに少し驚いたようだった。「でも……私はあれを見せることで，両親にどれだけ自分の状態が悪いかをわかってもらいたかったんです。そして，彼らもわかってくれました。だからもういらなくなったんです。」私は非常に混乱した中で，次のようなことを言ったことを記憶している。

「でもＢさん，その手紙を書いた私の credibility はどうなるんですか？　それをお考えになったことはあるんですか……。」自分の気持ちや感情を表現する上で，ことさら使うのを避けていたはずの英単語がこのとき私の口を突いて出てきた。それが credibility，つまり「信頼性」という言葉だが，このことは私自身にも意外な感じがした。しかしそのときは確かに credibility という言葉しか出て来なかったし，それを用いて私の気持ちを訴えることしか頭に浮かばなかったのだ。

私がはじめて彼に強い口調で語りかけたのが意外だったようで，Ｂさんは唖然とした表情で私を見ていた。そしてその後は「先生がそんなに怒ると思わなかった……」とか「そうか，credibility か……」と何度か独り言のように繰り返していた。結局私もＢさんと会話を続けるエネルギーが消えそう

になるのを自覚しながらセッションを終えた。それからの2回のセッションで，私の気持ちも徐々に治まっていったが，Bさんはこの「credibility」という言葉を何度かかみしめるように言い，許しを求めた。そしてそのセッションを期にBさんの私への態度は明らかに変わったように思われた。彼は斜に構えるところがなくなり，普通に，疑い深い様子を見せずに，ずいぶんリラックスして話すようになったのである。

　問題となったセッションから3週間後，私のほうも冷静さを取り戻すことができた時点で，私はBさんに，3セッション前に何が起きたのかを話し合うことを提案した。Bさんは「僕は先生は怒るはずはない，と勝手に思っていたんですね。それまでのドクターは，何を言っても昔C先生がしたように刎ねつけるだけだったんです。だから先生の反応は意外でした」と語った。私は言った。「私もね，あなたに対して怒ってからずいぶん考えたんですよ。あの時自分が言ったcredibilityって，どう意味だったんだろうって。でも私はあの時他の患者さんに成り代わって怒ったというところもあるんですよ。区役所が私が書く障害者年金の書類を信用してくれなくなったとしたら，あなただけの問題じゃなくなるんだよ，と言いたかったのです（と今回は，私はcredibilityを用いず日本語で通した）。言い訳っぽく聞こえますが，その意味では私が自分のことだけを考えているわけではないんですよ，と言いたかったんです。」するとBさんは「わかっていますよ。私もそれで先生があれだけ怒ったんだと思いました」と言った。私は「面白いですね。Bさんは私のことを怒るはずがないと思ってらしたのに，私が実際に怒ったらかえって話しやすくなったんですね」と言った。それにBさんは笑って頷いた。

考　察

　本章でこのBさんとの関わりを提示したのは，これまで述べたような，私が転移を扱う際に心がけていることをこの治療プロセスがある程度表現していると考えたからである。治療関係の中でBさんはさまざまな転移を私に向け，私もそれに一部反応する形で種々の逆転移感情を体験した。Bさんが私に向けたそれらの転移は，最初のころはおおむねネガティブなものだったが，ある関わりをきっかけに，よりポジティブなものに変化していったこ

とが伺える。そしてその関わりとは，私がBさんから向けられた転移について解釈を行うことでは必ずしもなく，むしろ私がBさんの振る舞いに反応した形で，はからずも素の自分を出したというエピソードだったことは興味深いことだったと思う。

　この私とBさんとの関わりで生じたことは，現代の精神分析では「エナクトメント enactment」として理解されるだろう。エナクトメントは1950年代くらいから，私たちが持つ無意識的なファンタジーを象徴的に行動に表す一般的な傾向を意味する概念として使われ出した。識者によればこれは臨床状況におけるアクティングアウトと同等のものであるとされる（Auchincloss and Samberg, 2012）。それが治療的に働くのは，そのエナクトメントの意味を治療者と患者がともに探ることで，相互の心の働きの理解が深まり，それが患者の自己認識を変えるからだろう。その詳しいメカニズムはわからない。ただそれは転移的な関係性についての言語的な言及やそれによる認知レベルでの理解を超えた何かであることは確かであると思われる。

　本章で最後に改めて述べたいのは，転移・逆転移関係はあらゆる瞬間に存在していて，私たち治療者は常にできるだけそれに自覚的でなくてはならないということである。しかし転移はまた患者さんとの生きたかかわりの中で常にめまぐるしく動いていくものなのだ。そしてそれを自覚したり扱ったりする時間的な余裕は，実際の治療場面ではきわめて乏しいばかりでなく，そうすることで転移のダイナミズムは停止しかねないものとも考える。Bさんとの治療的なかかわりは，そのことを改めて考える機会となった。

第5章 「匿名性の原則」を問い直す

はじめに

「匿名性の原則」。精神分析的な治療を行っている人たちにとってはなじみ深い言葉かもしれない。いや，精神分析に限ったことではない。「心理療法」や「カウンセリング」という名のもとに心理士が構造を決めて行うセッションにおいても，治療者が自分のことについての話を控えることは一つの常識であり，お作法となっているという印象を持つ。あたかも治療構造という考えのなかに，治療者の個人的な情報とそれ以外のものとの境界を守ることも含まれているようだ。「匿名性の原則」などと言う大仰な言葉を使わなくても，心理療法を行うものとして，専門家がわきまえておくべき常識，マナーという形で教え継がれているのだ。おそらく心理療法家の卵たちは，その理由については明確に考える機会を持つことなく，「〜すべきもの」や「〜してはならないもの」の一つとしてこの原則を教え込まれる。それが証拠に，臨床心理の大学院に入りたての，まだ面接経験のない院生にも，治療者として個人的なことについて語ることは，無条件で勧められないこと，控えるべきことという考えが入り込んでいることが多い。

　私は心理療法家がとりあえずは自分を語らない，という姿勢にはおそらく害よりは益が多い気がする。というのもこの種のマナーが特に教えられないようなあらゆるサービス業（といっても心理療法をサービス業，と呼ぶつもりはないことはことわっておかなくてはならないが）で，サービスを提供する側が自分の問題を持ち込んでしまうことによる不利益が蔓延していると感じるからである。医学領域においても，治療者側が気さくでフレンドリーであることは望ましいのであろうが，治療者が自分のパーソナルな部分が時に

は患者側が望まない形で治療関係に侵入してしまう瞬間に，注意を払っていない場合が少なくないとの印象を抱く。

　私は精神分析の「匿名性の原則」に対して批判的な立場から論考を発表したことがあるが（岡野, 1999, 2002），それはこの原則が過剰に守られることの弊害についての考察であった。私が論じた「自己開示」の概念は，その意味では「匿名性の原則」の逆，対極にあるもの，という意味では決してなかったつもりである。「自己開示」はできるだけすべし，という主張を，私は一度もしていないつもりである。「自己開示」は治療的な意味合いがある場合がある，というのがその骨子であるにすぎない。その意味では「匿名性の原則」は柔軟に，必要に応じて遵守すべし，という主張と同じである。しかしそれにもかかわらず，「自己開示」について論じると，「先生は『自己開示派』ですね」と色付けされてしまい，何でも自己開示をすればいい，という程度に扱われてしまいかねない。私はたとえばホフマン Hoffman が主張するような，「治療者はなるべく患者からは見えにくい存在であることで治療者としての力を出せることが多い」という主張にはまったく同感という気がする。なんでも自己開示，という立場とははるかな隔たりがある。

　そこで本章では，この匿名性の原則と自己開示について，最近の考えも含めて書いてみたい。

自己開示ってナンボのものだろう？

　私が自己開示について精神分析の専門誌に発表した最初の論文は1990年代のものであるが，その頃は日本の学会ではほとんど問題にされないテーマであった。しかしそれから時代が移り，最近では自己開示のテーマが臨床家の間で議論の対象になることが多くなってきた。それでもこれを正面から扱った本は皆無と言ってよい。実際インターネットで「自己開示」を検索してみれば，そのことが確かめられる。文献としては私たちが書いたもの（岡野その他, 2016）以外にはまったくと言っていいほど検索にかかるものはないのだ。

　「自己開示」は精神分析家たちにとっては古くて新しい問題だ。フロイトの「匿名性の原則」以来，分析家たちにとって一つの論争の種であり続けて

いる。最近某大学に客員教授でいらしたある海外の分析家は，非常にざっくばらんで柔軟な臨床スタイルを披露してくれた。しかし私が何かの話の中で「自己開示が臨床的な意味を持つかどうかは時と場合による」という趣旨のことを言った際に，キラリと目が光った。そして明確に釘をさすようにおっしゃった。「ケン（私のことである），自己開示はいけませんよ。それは精神分析ではありません。」精神分析のB先生は私が非常に尊敬している方だが，彼も自己開示は無条件で戒める立場だ。

　私は当惑を禁じえない。どうしてここまで自己開示は精神分析の本流の，しかも私が敬愛している先生方からでさえ否定されるのだろうか。繰り返すが，私は別に「治療者は自己開示を進んでいたしましょう」という立場を取っているわけでもなく，「適切な場合ならする，不適切な場合はしない」という，私にとってはきわめて妥当なことを言っているだけだが，自己開示反対派にとっては，同じことらしい。しかし彼らはそれでも「自己開示はしばしば自然に起きてしまっている」ということについては特に異論はなさそうである。それはそうであろう。治療者のオフィスのデスクには普通は所持品が無造作に置かれ，患者はそれらを眼にすることも多いはずだ。治療者が発表した書籍や論文は，少なくとも一部は患者がアクセス可能であり，それらには自己開示が満載であるはずだ。治療者の服装にはその好みの傾向が反映されているであろうし，治療者として発した言葉の一つ一つが，彼の個人的な在り方や考えを図らずも開示しているはずである。そしてそれが現代的な精神分析の考え方でもある。

　ここで一つ言えることは，伝統的な精神分析の本流にとっては，自己開示は奨められない，認められないであろうことは確かなことだということだ。これほど有名な先生方の見解なのだから間違いがない。しかしおそらく彼らはこともなげにこう言うはずだ。「精神分析的な治療でなければ，自己開示はあり得るでしょう。」

　つまりは自己開示を認めるかどうかは，患者にとっての利益か否か，というよりは，それが精神分析的かどうかを決定しているといえる。そして自己開示の真の価値があるとしたら，それは「正統派」の精神分析を外れたところにあるということであろう。

臨床家の自己愛問題

　私が最近になって特に思うのは，自己開示の問題には臨床家の自己愛が深く関係しているということである。『臨床場面での自己開示と倫理』（岡野，2016）でも述べたことだが，私自身はむしろ「多くの臨床家は自己開示をし過ぎる危険がある」と考えているくらいだ。フロイト自身が，晩年に治療した43例すべての患者に対して自己開示をしていたという有名な研究もある（Lynn, et al., 1998）。分析家の「自己開示はしてはいけない」という主張は，自己開示をしたい分析家のいわば反動形成ではないかとさえ思う。そこには分析家自身が自分の考えに対して過剰に自信や思い入れを持つ傾向も関係しているであろう。

　そこで「自己開示ってナンボのものだろう？」という問題に立ち戻る。かなりくだけた表現だが，これは「臨床家は，自分の自己開示にいったいどれだけの価値があると思っているのだろう？　一度よく考えてみてはどうか？」という提案のつもりである。治療者が自己開示を回避する姿勢は，その見かけ上の価値やインパクトを必要以上に釣り上げることになりはしないか？

　自己開示をめぐる問題を深く掘り下げて考えていくと，自己愛というもう一つの問題に到達する。自己開示を回避することは治療者にとって自分自身のプライドや権威を保つことを助けるという面がある。要するに「自己開示拒否」には治療者側にとって好都合な要素がたくさんあるわけだ。それがどうしても「最終的に患者の利益につながるかどうか」という議論に優先する傾向がありはしないだろうか。

　ここで論点を整理しておこう。分析家の自己愛問題は「自己開示をする」という方向にも，「自己開示をしない」方向にも働くのだ。これは興味深い事実である。要するに自己愛的であるということは，「自分が披瀝したいことを語り，本当に恥ずかしいことや都合の悪いことについては語らない」ということである。かつてコフート Heinz Kohut は聴衆の前で自分の知識を延々と披露する一方では，個人的なことを聞かれることを好まなかったと言う。自分のことを話したがる治療者でも，患者から個人的なことを一方的に

尋ねられたり，自分の気持ちを表明することを請われるとそれを侵入的と感じ，ムッとするというのはよくあることだ。そこで私はしばしば治療者の卵たちに以下のメッセージを伝えることとなる。

「治療者は自分の体験を話すことが役に立つのであればいくらでも披露する用意を持ちつつ，しかし自分の余計な話を極力するべきでない」。

この私の立場は実は私のもう一つの考えである「ヒア・アンド・ナウを簡単に扱えると思うな」にも通じる。これも一見矛盾した言い方に聞こえるだろう。私がヒア・アンド・ナウの転移解釈を安易に用いるべきではないと思うのは，治療者がそれを扱う用意がしばしば不足しているからだ。繰り返しセッションに遅刻する患者に対して，治療者が「あなたが時間に遅れてくるのは，治療に対する抵抗ですね」と解釈を与えたとしよう。そのような介入は，治療者が本当に冷静な気分でないと逆効果なのだ。さもないと患者は治療者から攻撃されたように感じるであろう。

患者が遅刻するという例なら治療者はさほど苛立たないかもしれない。しかし患者の行動を治療者が挑発的なものと感じ，苛立ちを覚えたなら，それだけ彼が適切な「解釈」を行うことへのハードルは高くなり，逆に攻撃や意趣返しとして用いられる可能性は高まる。それよりは治療者が自らの感情をことさら押し隠すことなく，より本物の genuine 関わりを持つ方がより治療的である可能性が高い。

臨床家が自分の自己愛をチェックする

ここで臨床家が深い自己愛に陥っているかどうかをチェックする方法を考えた。こんなことを患者から問われたことを想像するのである。

「先生も人間としての悩みをお持ちですか？」

もちろん突然これを実際に患者から尋ねられたら治療者は驚くだろうし，侵入されたように感じるだろう。「この質問の背後にあるものは何か？」と考えたくもなるし，そのような返し方をしてしまいかねない。だから想像上の患者から真剣に，あるいは恐る恐る尋ねられた場合を想定するのだ。自分が患者を援助する立場にある，というだけでなく無意識的に自分は患者より優れている，上の立場にいる，という気持ちを持ちやすい治療者なら，この

状況を頭に描いただけでも反発を感じるだろう。「この患者は自分の問題を扱われることを回避して，私を同じようなレベルに引き摺り下ろそうとしているのではないか？」「この患者は明らかに治療に対する抵抗を示している。」でも患者は目の前の治療者が自分とは異なる特別な人間であり，自分のような人間的な悩みは持っていないというファンタジーと一生懸命戦っていて，ふとこのような疑問が出ただけかもしれない。そう，この種の自己開示にどれだけ抵抗を示すかが，その治療者がいかに自己愛的なスタンスをもっているかの明確な指標となるのである。他方で「ああ，私自身も，昔自分の治療者に同じようなことを感じたなあ」と自分のトレーニング時代の体験を思い出せる治療者は，おそらく自己開示を本当の意味で臨床的に用いることができる立場に一歩近いのであろう。

第6章　無意識を問い直す
　　　——自己心理学の立場から

はじめに

　「精神分析は無意識を扱う学問である」ということは，あまりに自明なことだろう。しかし私が日ごろ感じるのは，分析家たちは，無意識をやや気軽に扱い過ぎてはいないだろうか，ということだ。特に分析的な教育やトレーニングを受けていない治療者でも，無意識の存在を無批判的に受け入れているという印象を持つ。

　ただし私は無意識という概念が軽視されているのではないか，と言っているわけではない。無意識は多くの分析家にとても丁重に扱われているのは確かだ。しかしその無意識という概念の持つ意味を，分析家たちは果たして常に問い直しているのだろうか？　フロイトが述べたような無意識，すなわち抑圧された心の内容がそこに押し込められているような場としての無意識の存在を前提とすることに，分析家たちはあまりに無反省ではないか，と問うているのである。

　精神分析には，無意識の重要性を否定はしないものの，そこから関心を逸らせる傾向にある理論も存在する。広い意味では自我心理学がそうであろう。自我心理学は無意識的な欲動そのものから，その欲動に対して自我により動員される抵抗や防衛に焦点を移したのである。そうしてもうひとつがコフート Heinz Kohut の創始した自己心理学である。自己心理学においては共感という概念の重要性が唱えられる一方で，そこに無意識がどのようにかかわるのかについての議論は少ない。本章ではこの自己心理学において扱われる無意識を通して，その概念の意味について考え直したい。

「内省・共感」は無意識に向けられるのか？

　コフートの出現は，米国の精神分析界でも特異な出来事であった。彼は無意識の存在を真っ向から否定しているわけではなかった。しかしその概念にほとんど触れることなく，むしろ自己と他者との関係性にその関心を向けたのである。

　コフートが1971年に『自己の分析』(Kohut, 1971) により，独自の精神分析理論を打ち出した時，その理論的な構成が従来の精神分析とは大きく異なることは明白であった。特に自我 ego に代わる自己 self の概念や，共感の概念はきわめて革新的といえた。コフートはそれを従来の精神分析に対する補足であるとしたが，当時の精神分析界からはそのような受け止められ方をされなかったのも無理はなかったのである。

　コフートの実質的なデビューは『自己の分析』に10年以上先立つ1959年の論文であった。「内省，共感，そして精神分析」(Kohut, 1959) というその論文は，その後に展開する基本的な概念のいくつかを旗幟鮮明に打ち出している。それはそれまで「ミスター・サイコアナリシス」とまで呼ばれ，古典的な分析理論に基づいていたコフートが示した，まったく新しい路線だったのである。そこでこの論文をもとに，コフートにとっての無意識の概念について探ってみよう。

　この論文でコフートは，内省と共感が精神分析にとっていかに重要かを繰り返し強調している。彼は共感とは「身代わりの内省 vicarious introspection」であり，人の心に入り込んで我がことのように内省をすることだと説明する。それ以後これら両概念がほとんどペアのように登場するため，本章でもこれ以降は「内省・共感」と表記することにしたい。

　実は古典的な意味での無意識の概念とコフート理論とは，この内省・共感を強調した時点で折り合いがつかなくなっていると言ってよいだろう。そもそもフロイトにより始まった精神分析とは，つきつめて言えば，無意識を理解する営みである。他方内省とは，自分の心の中を見つめることであり，その対象は理論的には意識内容ということになろう。

　内省を，心といううす暗い部屋の中をサーチライトで照らす行為にたとえ

てみよう。そこで照らされる内容は今，この瞬間に意識化されていること，意識内容ということになる。そして照らし出そうとしても見えないものが無意識であり，それはその部屋にある特別な箱に入っていて，蓋が閉まっており，サーチライトで照らしても見えないのだ。

　ところがこの論文でコフートが主張しているのはそれとは異なる。彼は内省・共感により，無意識や前意識における見えないものも推論できると主張しているのだ。それをコフートは彗星の動きに例えている。彗星が見えているうちに観察していれば，それが見えなくなってもその動きを推察できるようなものだ，と彼は述べている。「私たちは思考とかファンタジーを内省により観察し，それが消えたり再び現れたりする条件を知ることで，抑圧という概念に到達する。」(p. 463)

　このようにコフートは無意識的な心的内容についても内省・共感できるかのような書き方をしている。今この瞬間には直接見えていなくても，「見え隠れする様子」からその存在を伺える，というわけだ。これはこの彗星のような動きを人の心の内容についても見出すことができる限りは正しい議論だろう。心の部屋の特別の箱（無意識）に入っているものが，時々出入りするならば，今は見えなくてもそこに入っていることが推察できることになる。

　しかしコフートが次に例としてあげているものはその種のものとは異なる。彼はある人が山の上から石を落して，それが下の人に当たって死んでしまったという例を挙げて述べる。「もしそこに私たちが共感することのできる意識的，無意識的な意図があったとすると，それは心理学的な行為であったということになる」(p. 463) と彼は説明するが，このそっけない記載は一種の肩透かしのようである。その人が意図的に，たとえば心の中で「この石をあの人に当ててやろう」とつぶやきながら石を落すことは想像ができよう。しかし「無意識的な意図」にどのように「共感」することができるのだろうか？　もしこの人の心の中で，人を殺そうという意図が「見え隠れ」しているとしても，私たちはそれを彗星の動きのように明確に知ることなどおよそできないであろう。少なくともコフートがさりげなく「意識的，無意識的な意図」という表現で「意識的」に並列させている「無意識的」な意図は，前者とは比較にならないほどに自明性を欠いている。端的にいえば，先に述べたように「無意識内容を内省すること」自体が矛盾をはらんでいると言わな

ければならない。

　結局この論文では，コフートは「人は自分の，ないしは他人の心の無意識をはたして内省・共感できるのか」という根本的な問題には触れずに議論を進めている。しかしこの問いに含まれる矛盾をコフートが意識していなかったとは考えられないのではないか。とすれば彼の意図は，多少無理を承知で，内省・共感という概念を，従来の精神分析理論と継ぎ目なく結び付けようとすることにあったのだろう。そしてそれと同時に彼は，フロイト的な意味での無意識の探求の手を事実上止めたのである。そこに彼の論文からくる肩透かし感の理由がある。

　同様の「肩透かし」の例はコフートのこの論文のほかの箇所にもみられる。たとえば彼は，「内省・共感を科学的に洗練させたものが自由連想と抵抗の分析である」(p. 465) と述べている。自由連想が特殊な内省の方法，というのはそれなりにわかる気がする。しかし「抵抗の分析も内省である」となると，また先ほどの，石を落とす人の議論に戻ってしまう。抵抗そのものは見えても，それを起こすような無意識的な意図は依然として内省によっては見えないからである。

　ともかくもコフートは，その自由連想という特殊な「内省・共感」により得られたのが「無意識の発見」であったと記している。こうして内省・共感が従来の精神分析と概念的な関連性を有すると形の上では表明されているが，結局「どうして無意識内容を共感できるのか」という根本的な疑問には触れられることはない。

　ところでこの論文によりはじまるコフート理論は，その後精神分析の世界ではさまざまな議論を生んだが，少なくともコフート派の内部でこの内省と無意識をめぐって大きな論争が起きたという話は聞かない。「内省により無意識を知ることができる」という議論はそもそも矛盾を抱えているため，コフートのその他の概念による貢献に比べれば議論に値しないというニュアンスがあるようだ。

　実際にコフート理論には体面上は伝統的な精神分析理論との齟齬を回避するための工夫が施されている部分が多く，それらについては脇においておき，むしろ彼の理論が実質的に切り開いた部分に注目するべきであるという見方がある。それがストロロウ R. Stolorow，アトウッド G. Atwood，オレン

ジ D. Orange といった本来コフートの弟子であった分析家たちに共通する意見である（Reis, 2011）。内省・共感を強調することで，コフートは治療者が患者の心に共感し，それを伝えるという相互交流のモデルを作ったのだ。その功績に比べたら内省・共感が無意識を理解できるか，というのは，本来あまり重要な問題ではなかったのだろう。

最近の自己心理学における無意識——愛着理論とのかかわり

さて以上にコフートにとっての無意識の概念が基本的に持つ論点について示したが，最近になり自己心理学派のショア Alan Schore（2002, 2003）がこれまでとはまったく異なる観点から自己心理学と無意識に関する論述を行っているので，これを紹介したい。こちらの方はまったく新しい無意識概念を含んでいる（詳しくは本書第19章を参照されたい）。

ショアの基本的な主張は以下のとおりである。コフート理論の登場は精神分析の歴史の中できわめて革新的なものであり，その真価はそれが結果的に愛着や母子関係等への研究を含む発達理論への着目を促したことにある。このことによりコフートはその視点をフロイトの無意識から発達論的な無意識へ移したと考えられるのだ。そして発達理論に従った心の理論は，それを裏打ちする脳科学によりそれだけ充実したものになる。その上でショアは自己心理学的な無意識は，その実質的な生物学的な基盤として大脳の右半球を想定することができると主張するのである。

ショアはコフートの『自己の分析』（1971）は，実質的に発達理論と精神構造理論と自己の障害の治療論にまたがる，きわめて包括的なものであったとする。そしてコフートの理論の中でも特に自己対象 selfobject の概念を重視する。それはこの概念が発達心理学的な意義を内包しているからだ。成熟した親は，自己対象機能を発揮することで，未発達で不完全な心理的な構造を持った幼児に対する調節機能を提供する。こうして早期の発達の基礎となる非言語的かつ情緒的な相互交流を無意識，ととらえることで，無意識は精神内界を表すものというよりは，精神内界 - 関係性の中でとらえられるようになったのである。

ここで自己対象の調節の機能に特に注目したい。コフート自身も自己対象

関係を，それが内的な恒常的安定性 internal homeostatic equilibrium を与え，自己の維持に必要なものだと述べた。ただし彼は子どもが自己対象との関係で発達する上での正確なタイムテーブルは描いていなかった。ショアはそれをコフートに代わって試みているわけだが，そこで彼が強調するのは，自己対象は，心理的のみならず生理的にも乳幼児の成長に貢献しているということである。つまりそれは欲動のコントロール，統合，適応能力の提供であり，成長とはそれを子どもが自分自身で引き受けていく過程なのである。そしてショアが提言するのは「自己の心理学」というよりはむしろ，「自己の心理生物学 psychobiology of self」であるという。ここで彼が同時に強調するのは，身体と精神を切り分けることの危険性である。そうすることでいわゆる心身二元論という「デカルトの過ち」を犯すことになると彼は主張する。

さらに発達理論との関連で重要なのがミラーリング mirroring の概念であるとショアは言う。発達理論によれば，生後2カ月の母子が対面することによる感情の調節，特に感情の同期化は乳児の認知的，社会的な発達に重要であるという。そしてこれがコフートの案出したミラーリングの概念に他ならない。そしてこれをトレバーセン C. Trevarthen（1974）は第一次間主観性 primary intersubjectivity と呼んだのであった。

このようにコフートが概念化した母子の自己対象関係と，その破綻による自己の障害は，発達理論ときわめて密接に照合可能であることがわかる。後者においては母子との関係における情動の調節の失敗としてのトラウマやネグレクトが，さまざまな発達上の問題を引き起こすことがわかってきている。その意味ではコフートはトラウマ理論の重要性を予見していたと言えるだろう。

無意識＝右脳という考え方

ショアのもう一つの重要な主張は，無意識の生物学的な基盤を右脳とみなすことができるというものだ。ここで少し脳の構造について振り返ってみる。最近の脳科学の進歩により左脳と右脳の情報処理の機能がかなり分化していることが知られている。言語野は90％以上の人において左半球にあり，左半球が損傷されると言語やほか多くの精神機能の異常をきたす。そのために

かつては精神の主たる機能が左半球にあると考えられ，左半球を優位半球，右半球を劣位半球と呼ぶことが多かった。しかし最近の研究で，右半球にもさまざまな重要な機能が備わっていることがわかってきている。

　現在の脳科学の理解では，左脳は言語，論理的，分析的，系列的な能力，右脳は空間的，形態的，表象的，同時並行的な能力を担当するとされる。わかりやすく表現するならば，右脳の能力は物事の全体をつかみ，その中で事柄のおかれた文脈を知るということである。右脳が障害されると，言葉の字義的な意味はわかるものの，その比喩的な意味や行間の意味などについての理解が不可能になる。そのために右脳はよりグローバルな理解を行うという，人間としてきわめて重要な精神の機能を営むことがわかってきている。

　ショアは脳梁という，左右脳を結ぶ組織についても注目する。脳梁はおよそ3億本の神経回路の束からなる構造であり，それが左右の脳の交通路となっているが，それらはお互いを抑制したり，活性化したりしていると考えられている（Bloom and Hynd, 2005）。たとえば左脳が活性化されているときには右脳を抑制することが知られる。それが精神分析でいう抑圧に相当するであろう。また感情的に高ぶると言語野が抑制されるという現象もよく知られている。これは私たちの日常体験とも一致する。

　さて以上は従来の脳科学的な理解であるが，発達理論や乳幼児観察の発展に関しても右脳についてのさらなる理解がなされている。発達論者が最近ますます注目しているのが，発達初期の乳幼児と母親の関係，特にその情緒的な交流の重要さである。早期の母子関係においては，きわめて活発な情緒的な交流が行われ，母子間の情動的な同調が起きる。そしてそこで体験された音や匂いや感情などの記憶が，右脳に極端に偏る形で貯蔵されているという事実がある。愛着が生じる生後の2年間は，脳の量が特に大きくなる時期であるが，右の脳の容積は左より優位に大きいという事実もその証左となっている（Matsuzawa, et al., 2001）。このように言語を獲得する以前に発達する右脳は，幼児の思考や情動の基本的なあり方を提供することになり，いわば人の心の基底をなすものといえる。その意味で，ショアは人間の右脳が精神分析的な無意識を事実上つかさどっているのだという発想を得た。

　右脳はそれ以外にも重要な役割を果たす。それは共感を体験することである。その共感の機能を中心的につかさどるのが，右脳の眼窩前頭皮質である。

この部分は倫理的,道徳的な行動にも関連し,他人がどのような感情を持ち,どのように痛みを感じているかについての査定を行う部位であるという。わかりやすく言えば,脳のこの部分が破壊されると,人は反社会的な行動を平気でするようになるということだ。その意味で眼窩前頭皮質は超自我的な要素を持っているというのがショアの考えである。

さらには眼窩前頭皮質は心に生じていることと現実との照合を行う上でも決定的な役割を持つ。これは自分が今考えていることが,現実にマッチしているのかという能力であるが,これと道徳的な関心という超自我的な要素は実は深く関連している。自分の言動が,今現在周囲の人々や出来事とどうかかわり,それにどのような影響を及ぼすのか。この外界からの入力と内的な空想とのすり合わせという非常に高次な自我,超自我機能を担っているのも眼窩前頭部なのである。

読者はここで,無意識を担当する右脳が,自我や超自我の機能を有するというのは矛盾していると感じるかもしれない。そこで少し説明が必要であろう。意識,前意識,無意識というのはフロイトの局所論的モデルの概念であり,自我,超自我,エスとは構造論的モデルの概念である。両方は別々のモデルとして心を説明し,しかも互いにオーバーラップしている部分がある。たとえば自我の働きの中には意識的なものも無意識的なものもある,というふうにである。ショアが提出しているモデルは,右脳が左脳の支配下で無意識的に,つまりバックグラウンドで実にさまざまな情報処理を行っているという事情を反映しているのである。

ここでショアの提唱する無意識＝右脳,という意味についてもう一度考えてみよう。1世紀前に精神分析的な心についてのフロイトの理論が注意を促したのは,私たちが意識できない部分,すなわち無意識の役割の大きさである。フロイトは無意識をそこでさまざまな法則が働くような秩序を備えた構造とみなしたり,欲動の渦巻く一種のカオスととらえたりした。これはフロイトにとっても無意識はつかみどころがなかったことを示している。夢分析などを考案することで,彼は無意識の心の動きに関する法則を発見したかのように考えたのだろうが,決してそうではなかった。それが証拠に夢分析はフロイト以降決して「進歩」したとはいいがたい。つまりフロイトの時代から1世紀の間,無意識の理論は特に大きな進展を見せなかった一方で,心を

扱うそれ以外の領域が急速に進歩した。その代表が脳科学であり発達理論なのである。

ところで読者は脳科学と発達理論がこのように頻繁にペアで言及されることに当然気付かれるだろう。なぜ発達理論がこうも注目を浴びているのだろうか？　そこにはおそらく人間の乳幼児がある種の観察材料になることでさまざまな心身の機能の発達が科学的に調べられるようになってきているという現状がある。乳幼児というのは，言葉は悪いが格好の観察対象なのである。その結果としてますます重視されるようになってきているのが，乳幼児の脳の発達における母親とのかかわりである。

自己心理学的な無意識の治療への応用

すでに述べたように，コフートがその重要性を強調した内省や共感は，その定義からも，古典的な精神分析理論における無意識の内容に向けられたものとは言えなかった。そして自己心理学的な治療が目指すものが，そもそも古典的な精神分析とは大きく異なったものであった。古典的な精神分析においては，無意識的なファンタジーや願望等の，解釈による理解が重視された。その考え自体がかなり主知主義的で，人は自分自身についての知的な理解によりその人格を変革できるという考えに立ったものであった。それに限界を感じたコフートは患者への共感を重んじ，治療者と患者の間に展開される自己対象転移に注目し，治療者のミラーリングや理想化された両親像としての役割を重視することを提唱したのだ。そのようなかかわりは，当然ながら患者との非言語的な二者関係の構築を重視することになる。そしてそれは患者の自己を，その背景となる無意識とともに支えることを意味するのだ。

この事情を思い切った単純化を用いて表現するなら，フロイトの精神分析は無意識への（主として）左脳を介してのアプローチであったのに対して，コフートの精神分析は無意識への（主として）右脳を介するアプローチであったということができよう。そもそも無意識自体が非言語的な部分を含む以上，左脳のみを介するアプローチ自体は初めからおのずと限界を含むことになる。従来の精神分析に関するこのような問題点が指摘され，現代の精神分析の流れは左脳的な関わりから右脳的なかかわりに移っているということが

できる。それは発達論的な理解に基づいたアプローチや関係論的なアプローチである。それらの流れに学問的な根拠を提供しているのが，自らもコフート派を自認するショアなのである。

コフート以降の自己心理学，特にショアの貢献が示したのは，コフートが描いた自己対象関係の平衡状態は，結局は幼少時に成立する脳の神経ネットワークそのものでもあるということだ。彼はそれを無意識と理解してもいいのではないかという主張を行う。それに従うならば，コフートが強調した共感と自己対象転移を介した二者関係性，そしてそれが幼児期の自己対象の成立により形成されるという理解そのものが，無意識についての考え方を大幅に変えたということになる。それは意識的な活動のバックグラウンドとして動いている組織，構造と言えるのである。コフートの自己とは，右脳＝無意識を背後に備えたものということになり，自己の病理とは，まさにその意味での無意識に発達過程で深刻な障害を抱えていることを意味する。

こうして自己心理学的なアプローチは，無意識的なファンタジーや願望を明らかにするという方向には働かず，しかし自己対象関係を扱うことで，結果的に右脳的な無意識を扱うと考えられるだろう。それは患者を言葉の上での解釈ではなく，より深いレベルで，無意識レベルも含めて抱えるという作業を意味するのである。

のちに私は第19章で「新無意識」という最近の概念について述べるが，ショアの提唱する無意識は，この「新無意識」と非常に近い関係にあることがご理解いただけるだろう。

第7章　攻撃性を問い直す

はじめに——暴力や攻撃性は本能なのか？

　本章は，精神分析においてしばしば問題とされる，攻撃性や破壊性についての考察である。

　攻撃性の発露としての暴力。これが私たちの社会から消えてなくなる日が訪れることは夢でしかないようだ。地球上のあちらこちらで紛争や殺戮が生じている。東西の冷戦が終焉したかと思えば，局地的な紛争はむしろ多くなっている。テロ行為も頻繁だ。米国では発砲事件が，銃のない日本でも殺傷事件が頻繁にメディアをにぎわしている。

　しかし人が人を殺める，暴行を加えるというニュースが絶え間ない一方では，その頻度や程度はおそらく時代と共に確実に減少しつつある。人類の歴史でも，古代人の遺骨を見る限り，男性の多くが他殺により世を去っていたことがうかがえるという（Harris, 1991）。国家の統治機構が成立し，民主的な政治体制が整う前には，人が人を害するという行為はその多くが見過ごされ，黙認されてきた。江戸時代の「斬り捨て御免」（武士が無礼を働いた平民を斬る特権）を考えてみよう。また非民主的な政治体制では国家による人民の殺害こそより深刻だろう。現代社会においてすら，それがまかり通っている国は枚挙にいとまがない。加害行為の頻度の減少は，文明が進み人間の精神が洗練されたというよりは，むしろ個々の犯罪が公正に取り締まられ，DNA鑑定や防犯カメラなどの配備により犯人が特定される可能性が高まったのが一番の原因であるとも言われる。

　私が以上のように述べれば，「人間にとって暴力や攻撃性は根源的なものであり，本能の一部である」と主張していると思われかねない。しかし私自

身は，暴力や攻撃性は人間の本能と考える必然性はないという立場をとる。暴力行為が一部の人間に心地よさや高揚感をもたらし，そのために繰り返されるという事実は認めざるを得ない。ところがそれは暴力が生まれつき人間に備わったものであることを必ずしも意味しない。**一部の人の脳の報酬系は，暴力行為により興奮する**という性質を有するために，それらの行動を断ち切ることが難しいという不幸な事実が示されているにすぎないのだ。

　暴力にはさまざまな形態があるが，このうち一部の暴力は，その根拠が明確であり，納得もしやすい。たとえば他者からの攻撃を受けた際に発揮される身体的な暴力などだ。普段は冷静な人でも，道を歩いていていきなり自転車に突っ込まれそうになったら「危ないだろう！」と声を荒げ，怒りを表現するだろう。これは防衛本能の一部として理解されるべきであろうし，そこには正当性も見出せる。しかし暴力は時には正当な防衛を超えて過剰に発揮されたり，触発されることなく暴発して，罪のない人々を犠牲にしたりする。私たちが心を痛めるのは，この過剰な，あるいは見境のない暴力行為なのである。「なぜこのような残虐な行為をするのだろうか？」「原因は何なのか？」「再発を防ぐ方法はあるのだろうか？」などの疑問に明確な答えが得られることは少なく，そのたびに私たちは途方に暮れる。そして同時に心の中で次のような疑問を抱くかもしれない。「もしかして私の中にもこのような怒りや暴力が潜んでいて，いつかは爆発するのだろうか……」。この恐れもまた決して侮れないのだ。

　本章は精神分析においてしばしば問題となる暴力や攻撃性の理解に一つの方向性を示すことを目的にしている。私は精神科医であるから，その視点や方向性も精神分析的であると同時に「精神医学的」となる。暴力への理解はいまだに錯綜し，未整理のままに多くの理論が提唱されているとの印象を受ける。それは暴力をいかに封じ込めるか，あるいはそのようなことが可能なのか，という議論についても言える。そこで私の立場を最初に示すならば，それは暴力を一次的な本能としてとらえず，もう少し広い視野から考えるというものである。この点について，以下にまず説明したい。

すべての源泉としての「活動性」と「動き」

　暴力や攻撃性が本能か否かは，心の深層に分け入ることを専門とする精神分析の世界でさえ見解が大きく分かれている。フロイトが破壊性や攻撃性をその本能論の中で説明したことはよく知られるが，必ずしもそれを支持しない人は分析家の中にも多い。攻撃性や暴力を本能と見なす根拠はないというのが私の立場であることはすでに述べたが，実は心の世界では「存在しない」ということの証明は難しい。私は数々の凶悪犯罪を犯した人々がこの世に存在することを十分に知っているが，それらの人たちの中には，生まれつき血に飢えたかのような特異な行動を，人生の早期から示す人も多い。それらの人たちには，生まれつき攻撃的な衝動が備わっていた可能性も否定できないと思っている。しかし一部の人にしか備わっていないものが「本能」なのかというと，もちろんそのようなことは言い切れない。一部の人が殺人を犯すからと言って，すべての人に殺人本能が潜んでいるとは言えないのと同じだ。

　そこで私が本章で述べたいのは，幼児期に見られる攻撃性や暴力の大部分は，本能以外で説明されてしまうということである。そしてそれに関しては私の立場は精神分析家ウィニコット D. W. Winnicott のそれに近い。ウィニコットは攻撃性を本能としてはとらえず，その由来は，子宮の中で始まる活動性 activity と動き motility であるという（Abram, 2007）。

　ウィニコットはクライン Melanie Klein の同時代人ということもあり，また一時はクライン派の一員と目されていたこともあり，攻撃性や死の本能という問題については人一倍関心を寄せていた。しかし最終的にはそれをクラインのように人間に本来備わった本能と考えることは拒否した。その代りに彼が重視したのは，攻撃性とは注意深く区別された概念である破壊性 destructiveness ということである。これは赤ん坊が手足を動かし，時には結果的にものを破壊するという形をとるものの，それは乳児が対象を全体対象としてとらえる前の現象であるとウィニコットはとらえた。彼はこれを前慈悲 pre-mercy とし，それを母親などの対象が攻撃としてとらえることなく，怒りや報復などを向けないことで（「生き残る」ことで），子どもはその

対象を外界に存在する自分とは独立した良い対象として認識していくと論じた。このロジックは非常に美しく，また現実の乳児の心の在り方とも見事に対応していると私は考える。

　乳児が体を動かし，声を上げることで，それが周囲を変える。たとえば手にあたった物が倒れ，また声を聞きつけた母親がとんでくる。ウィニコットはその体験が真の自己の始まりであるという。これらはあくまでも外界からの侵襲による子どもの側の反応としての活動ではないことに注目するべきであろう。自分が動き，世界にある種の「効果」を与えることが，自分が自分であるという感覚，すなわち真の自己の感覚を生むのである。この「効果」に伴う充実感は，たとえばホワイト Robert White（1959）の言うエフェスタンス（動機づけ）の議論につながる。彼は生体は自己の活動により環境に「効果」を生み出すことで，そこに効能感や能動感を味わうと考えたのである。

　　　以前プレイセラピーをしていた時のことである。2歳の男児が積み木で遊んでいるところにちょっかいを出してみた。彼がまだうまく積み木を積めない様子を横目で見ながら，私は隣で悠々と5つ，6つと積み上げてみる。それに気が付いた子どもは憤慨したように，手を延ばして私の積み木をガラガラと崩してしまった。私は頭を抱えて大げさに嘆いて，再び積み始める。子どもが再びそれをガラガラ崩し，私は悲鳴を上げる。そのうちそれが一種の遊びのようになって2人の間で繰り返された。

　私の積み上げた積み木に対するこの子どもの行為は一種の暴力であろうか？　彼は私を攻撃したかったのだろうか？　そうではなかったと断定もできないであろう。しかし積み上げられた積み木がガラガラ音をたてて崩れることそれ自体が心地よい刺激になって，子どもはそれを繰り返すことを私に期待し，私たちは延々とそれを続けたのでもある。

　この子どもが体験したのは何だろうか？　自分が積み木に少しだけ手を触れることで大きな音を立てて世界に変化が生じる。それがごく単純に楽しかったのであろう。これは彼にとっての自らの能動性の確立の役に立ち，そこでは彼の神経系の発達，ニューロンの間の必要なシナプス形成と，それに遅れて生じ始めるシナプスの剪定 pruning とを促進したに違いない。もしこの

人間の脳の成熟にとって必要なプロセスに本能が密接に結びついているとしたら，自分がある行為に及び世界にある種の「効果」が生じる，というその因果関係の習得はまさに優先されるべき課題であろう。ウィニコットは活動性と動きの概念を提示した時，まさにそれを論じていたのである。

「動き」と攻撃性，そしてそれに対する抑止

　ここから一番誤解を招きやすい点の説明に入らなくてはならない。子どもの側の「動き」による「効果」の最も顕著なものは，たとえば器物の破壊であり，人の感情表現，たとえば怒りや悲しみなどの苦痛や，喜びなのである。器物だったらそれは形が目に見えて崩れたり，ガラガラと大きな音を立てたりする。また人は怒りや喜びの表情を表す。それらの変化が子どもを刺激するのだ。

　上に示したプレイセラピーでは，子どもは私が数個積んだ積み木を崩して音を立て，その「効果」を楽しんだ。ではもし8個だったら？　あるいは塔のように高く積み上げられた数十個の積み木なら？　それを崩した時はより大きな音がし，それだけ「効果」もそれによる興奮も大きいだろう。そして同様に，あるいはそれ以上に子どもがその「効果」に一番反応するのは，実は人の表情であり，感情なのだ。自分が微笑みかけることで母親に笑顔が生まれる。自分が泣き叫ぶと，母親が心配顔で駆けつける。積み木を崩すことで治療者が多少なりとも演技的に発した悲鳴も，それに加えていいかもしれない。

　人が世界に変化を与え，それにより能動性の感覚を味わうとしたら，他人の感情状態の変化は最もよい候補と言えるというのが私の主張だが，そのことを，子どもはどのようにして習得するのだろうか？　それはあくまでも自分の感情体験を通してであろう。自分自身が突然味わう喜びや悲しみや恐怖や痛みの大きな感覚がその「効果」の証拠になる。そして同一化や投影の機制を通じて同様のことが人の心に起こることをモニターするだけで，その「効果」を推し量り，その大きさを感じ取ることができる。

　私たちはみな，しばしばこのような「効果」を人の心に起こそうと試みる。贈りものをしたり，サプライズパーティを仕掛けることで人が喜んだり驚い

たりする姿を見ることは単純に楽しいものだ。しかし他人を攻撃し破壊することで引き起こす苦痛も，それに負けずとも劣らない「効果」となり得る。苦痛や恐怖を与えられた人間は，もがき，苦しみ，のた打ち回るといった反応を見せるだろう。そしてそこには破壊の極致としての殺人が含まれる。これほど劇的な「効果」はないはずだ。

　幼いころに地面にアリの巣を見つけ，さまざまなことを試みて無数のアリたちの反応を見た記憶のある方もいるだろう。人によっては砂糖粒を落として数匹のアリが喜び群がるのを楽しんだかもしれない。しかし私たちの一部は，アリの巣の入り口をふさいだり，水を注ぎこんだりして，慌てふためくアリを眺めたに違いない。少数のアリを喜ばせるよりは，大勢のアリを苦しませる方が興奮を誘ったはずだ。

　しかし幸いにも，人間社会にいる私たちは，他者に苦痛という「効果」を及ぼすことには強烈な抑制がかかる。それは罪悪感には留まらない。他人を害することは実は私たちにとって最大の恐怖ともなりうる。これはおそらく道徳心や倫理観などをバイパスした，それよりもはるかに原始的な心のメカニズムが関係している。道徳心に無縁のはずの動物の社会，たとえばゴリラの社会でも，通常はそこに同種の個体に対する攻撃性への強い抑制が見られることを，霊長類の研究者も伝えている（山極, 2007）。

　一般に集団を構成する動物には，相手に対する配慮，あるいはウィニコットの言葉で言えば慈悲 mercy と呼べるような心性が本能の一部として組み込まれていて，発達のかなり早期から発動し始める。トラの子どもたちが爪を立てることなくじゃれ合う時，母トラが子トラの首をそっとくわえて運ぶ時，相手の身体はおそらく事実上自分の身体の延長として体験されているのであろう。そして相手への加害行為には，自らを傷つけることと同等の強烈な抑制が加えられているに違いない。

　ところで最大の「効果」を生む加害行為は，想像上の，バーチャルな世界ではごく自然に生き残っている。ストーリーやゲームの世界で，攻撃や殺戮がいかに私たちを興奮させ，私たちの精神生活の一部にさえなっているかを考えてみよう。たとえば私たちが親しむ推理小説はどうか？　必ずと言っていいほど殺人がテーマになる。人が死なないとスリルが味わえず，面白みが半減するのだ。「○○殺人事件」というタイトルの代わりに，「○○捻挫事

件」「××全治1カ月事件」などと題された本を想像してみよう。人は店頭で手に取ってもすぐに棚に返してしまうだろう。あるいは囲碁や将棋を考えよう。相手の大石を仕取めたり，王将を追い詰めることは，無上の快感を与えるにちがいない。さらにはビデオゲームを例にとってもよい。ファイティングゲームでは敵を倒したり，ダメージを与えたりするさまざまなシーンが必ず登場する。これらの例は，私たちがいかにイメージの世界では他人に苦しみを与えたり，破壊したり殺したりすることに喜びを見出しているかを示している。

　私は今でも時々，2008年6月に起きた秋葉原連続殺傷事件のことを思い出す。事件が報道された翌日の私の精神科外来では，患者さんたちと事件のことがしばしば話題になった。そして驚いたのは，彼らの反応の多くが「自分は実行はしないが，犯人の気持ちがわかる」というものだったのだ。ちなみに私の外来の患者さんたちは特別暴力的な傾向を持つことのない，主として抑うつや不安に悩まされている人々であった。それだけに私には彼らの反応が意外だったのである。私はこの時は非常に驚いたが，今から考えれば少しは合点がいく。ファンタジーや遊びの世界で他者や物にダメージを与えることは，むしろ普通のことであり，むしろそれを現実の世界で抑えている理性が正常に働いていることを示しているのである。

攻撃性への抑止が外れるとき

　加害行動が現実の他者に向かうことに対しては，強烈な抑止が働いていると述べた。ファンタジーでの加害行動が頻繁になるほど，この抑止のメカニズムは強固でなくてはならない。そして私たちがニュースなどで目にして戦慄するおぞましい事件は，その抑止が何らかの原因で外れた結果なのだ。
　では攻撃性の抑止はどのような原因で外れるのだろうか？　私はその状況を以下に4つ示してみる。それらは1. 怨恨，復讐による場合，2. 相手の痛みを感じることができない場合，3. 現実の攻撃が性的な快感を伴う場合，4. 突然「キレる」場合である。

1. 怨恨，復讐による場合

　特定の人に深い恨みを抱いていたり，復讐の念に燃えていたりした場合，私たちはその人をいとも簡単に殺傷しおおせる可能性がある。家族を惨殺された遺族は，たとえ善良な市民でも，犯人への無期懲役や死刑求刑の判決を喜ぶだろう。復讐は昔は道徳的な行為であるとすら見なされていた。自分の愛する人を殺した人に，刃物を向けることは，精神的に健康な人であっても，おそらくたやすいことになってしまうのである。しかし考えれば，これは実に恐ろしいことではないか？

　私が特に注意を喚起したいのは，怨恨や被害者意識は純粋に主観的なものでありうるという事実だ。自分が他人から被害を受けたという体験を持つ場合，周囲の人にはそれがいかに筋違いで身勝手な考えのように思えても，本人にとっては暴力への抑止装置は外れてしまう可能性があるのである。この怨恨が統合失調症などによる被害妄想に基づいている際には，より顕著となるかもしれない。しかしそれ以外にも偶発的な，ないしは理不尽な怨恨は人生の中で数多く生じる可能性がある。幼少時に子どもが虐待を受け続けたと感じても，当の親は子どもの主観的な体験にまったく気づかないことも多い。しかしその結果として自分はこの世から求められていない存在であると感じ，自分は被害者であるという感覚が高まり，世界に対して恨みや憎しみを抱くようになってしまう可能性があるのだ。それは神社仏閣に油を撒くというような愉快犯的な犯罪から始まり，無差別的な殺戮やテロ事件に至る場合さえある。すでに述べた秋葉原の事件などは，まさにそのようなことが起きていたと私は理解している。人はこれらの事件を耳にした時，「いったい何が起きたのか」と不思議に感じるかもしれない。原因不明の暴力の突出であり，人間の持つ攻撃性が生の形で露出したものと理解するかもしれない。しかし当事者にとっては世界への復讐として十分に正当化されるものかもしれないのだ。

2. 相手の痛みを感じることができない場合

　私は先に，加害殺傷のファンタジーには，それを実際に行動に移すことへの恐怖と罪悪感が強力なストッパーになっていると述べた。すると恐怖や罪悪感がそもそも生まれつき希薄だったり欠如していたりする人の場合にはど

うだろうか，ということが問題になる。それらの人はあたかもゲームで人を殺すように，実際の殺害行為に及ぶことになりはしないか？　自分の体の「動き」により大きな「効果」をもたらしたいという強い願望，そのためのファンタジーにおける殺戮に浸る傾向，そしてそれに罪悪感の希薄さや欠如が加われば，それが実際の他人に向けられても不思議はないとも考えられる。注目していただきたいのは，彼らが特別高い「攻撃性」を備えている必要すらないということだ。彼らの胸に生じる可能性のあるのは「どうしてテレビゲームで敵を倒すようにして人を殺してはいけないの？」という，彼らにとっては素朴な疑問であろう。

　「人を殺してみたかった」という犯罪者の言葉を，私たちはこれまでに少なくとも2度聞いている。一人は2000年5月の豊川主婦殺害事件の加害者。もう一人は2014年7月の佐世保での女子高生殺害事件の加害者である。後者の事件の加害少女は，小学校のときに給食に農薬を混入させ，中学のときには猫を虐待死させて解剖するという事件を起こしている。さらには2014年の事件の前には父親を金属バットで殴り重傷を負わせている。そこにはそれらの行為による「効果」に明らかに興味を持ち，楽しんでいるというニュアンスが伺えるのである。

　ではどのような場合にこの「人の痛みを感じられない」という事態が生じるのだろうか？

　他人の感情を感じ取りにくい病理として，私たちはまずはサイコパス，ないしはソシオパスと呼ばれる人々を思い浮かべるであろう。いわゆる犯罪者性格である。また自閉症やアスペルガー障害などの発達障害を考える人もいるかもしれない。確かに残虐な事件の背景に，犯人の発達障害的な問題が垣間見られることはしばしばある。

　まずはコアなサイコパス群についてである。彼らの多くは一見通常の言語的なコミュニケーション能力や社会性を有し，そのために他人を欺きやすい。2001年の大阪池田小事件の犯人などは，典型的なサイコパスでありながらも，何度も結婚までしている。なぜ他人の痛みがわからない人がかりそめにも社会性を身につけるのかについては不明だが，おそらくある種の知性は，かなりの程度まで社会性を偽装することに用いることができるのであろう。あるいは彼らの他人の痛みを感じる能力には，「オン，オフ」があるの

かもしれない。

　最近わが国でも評判となった著書『サイコパス・インサイド——ある神経科学者の脳の謎への旅』で，ファロン James Fallon は大脳の前頭前皮質の腹側部と背側部における機能の違いを説明する（Fallon, 2014）。前者はいわば「熱い認知」に関係し，情動記憶や社会的，倫理的な認知に対応し，後者は「冷たい認知」，すなわち理性的な認知を意味する。そしてサイコパスにおいては特に前者の機能不全が観察されているとする。それに比べてむしろ後者の「冷たい認知」に障害を有するのが自閉症であるとするのだ。

　そこでこの自閉症を含む発達障害に目を転じてみよう。実は過去20年の間に起きた殺人事件で加害者にアスペルガー障害が疑われたケースはかなりある。そのためにこの障害自体が攻撃性や加害性と関連付けて見られやすい傾向にある。しかし当事者のために一言述べておかなくてはならないことがある。それは自閉症やアスペルガー障害を持つ人々が人の心を読みにくいために加害的な行動をとりやすいということは，一般論としては決して言えないということだ。それどころか彼らの多くは高い知能を有し，人から信頼され，研究者や大学教員となって活躍している。

　ここで他者の心を理解しにくいということは，道徳心や超自我が育たないということを必ずしも意味しないという点についても強調しておきたい。むしろ彼らの持つ秩序へのこだわりは，加害行為に対する強い抑制ともなっている可能性がある。彼らの多くは，法律や規則や倫理則を犯すことを生理的に受け付けない。私の知るアスペルガー傾向を持つ人々の中には，車の運転をする際に法定速度を絶対に超えない人がいる。あるいは決められたアポイントメントの時間に一分たりとも遅れることができないという人もいる。その種の「決まり」を守らないことは，彼らにとっては感覚的に耐えられないようだ。

　しかし「決まり」を守る道徳性と「他人に痛みを及ぼすこと」を抑止する道徳性は次元が異なるのもたしかであろう。前者による罪悪感や羞恥心や耐えがたさは，いわば自分の側の不快や痛みである。他人の痛みを感じる力が希薄でも，それらの感情は体験されうるのだ。しかし後者は自分がどうであれ，他人の痛みがそのまま問題となる。方向性としてはまったく逆なのである。ただしもちろん「人を害してはならない」は「決まり」でもある。他人

の苦痛を感じにくい人でも,「決まり」を破るという意味で加害行為はそれなりに耐えがたくもあるだろう。しかし他人の痛みを感じることによる決定的な抑止を欠いている場合には,加害行為はゲーム感覚で,あたかも仮想上の敵に対する攻撃と同じレベルで生じてしまう可能性がある。つまり発達障害傾向にサイコパス性が重なっている場合には,事情は大きく異なる可能性があるのだ。

3. 現実の攻撃が性的な快感を伴う場合

相手を蹂躙し,殺害することに快感が伴う場合,攻撃性の発揮は執拗で,反復的となる。2015年の『文芸春秋』5月号に,「酒鬼薔薇」事件(1997年)の少年Aの家裁審判の判決の全文が載せられている(佐々木, 2015)。これを読むと,一見ごく普通の少年時代を送った少年Aが猟奇的殺人を起こす人間へと変貌していく過程を克明に見ることができる。思春期を迎えると,悪魔に魅入られたように残虐な行為に興奮し,性的な快感を味わうようになる。少年Aの場合は,性的エクスタシーは常に人を残虐に殺すという空想と結びついていたという。

米国ではジェフリー・ダーマーという殺人鬼が1970～80年代に起こしたおぞましい事件が知られているが,彼の父親の手記も同様の感想を抱かせる(Dahmer, 1995)。ダーマーは主にオハイオ州やウィスコンシン州で合計17人の青少年を殺害し,その後に屍姦や死体の切断,さらには肉食行為を行った。母親はきわめて精神的に不安定であったが,父親はそれなりの愛情を注いでいたようである。しかし父から昆虫採集用の科学薬品のセットをもらってからは,生物の死体をいじることに夢中になり,その対象も昆虫から小動物に移行する。彼のネクロフィリア(死体に性的興奮を覚える傾向)の追求にだれも歯止めをかけることはできなかったのだ。そして取り返しのつかない惨事が起こってしまう。

私たち人間にとって性的ファンタジーほど始末におえないものはない。私たちの多くは一生これに縛られて生きていくようなものだ。私たちの性的な空想は,その大半は同世代の異性に向けられ,また一部は同性に向けられる。ここまではそれ自体は問題はない。しかし私たちの一部はそれを小児に向け,またごく一部はその対象をいたぶることでその興奮を倍加させ,そしてその

ごく一部が，殺害することでエクスタシーを得る。少年Aやジェフリー・ダーマーの場合のように。そしてその少なくとも一部は遺伝や生物学的な条件により規定されるようである。もし私たちがそのような運命を担ってしまったら，どうやって生きていけばいいのだろうか？

おそらく全人類の一定の割合の人々は，ネクロフィリアを有し，猟奇的な空想をもてあそぶ運命にあろう。彼らはみな少年Aのような事件を起こすのだろうか？　ここからは純粋に私の想像でしかないが，連続殺人事件の希少さを考えると，否と言わざるを得ない。彼らはおそらくそれ以外の面で普通の市民であろうし，自らの性癖を深く恥じ，一生秘密として心にしまいこみ続けるのではないだろうか？　そしてごく一部が不幸にしてそれを実行に移してしまうのであろう。

4. 突然「キレる」場合

殺傷事件の犯人のプロフィールにしばしば現れる，この「キレやすい」という傾向。普段は穏やかな人がふとしたきっかけで突然攻撃的な行動を見せる。犯罪者の更生がいかに進み，行動上の改善がみられても，それを一度で帳消しにしてしまうような，この「キレる」という現象。秋葉原事件の犯人は，人にサービス精神を発揮するような側面がありながら，中学時代から突然友人を殴ったり，ガラスを素手で叩き割ったりするという側面があった。池田小事件の犯人などは，精神病を装ったうえでの精神病院での生活が嫌で，病棟の5階から飛び降り，腰やあごの骨折をしたという。これは自傷行為でありながらも「キレた」結果というニュアンスがある。一体キレるというこの現象は何か。米国の精神科診断基準であるDSM-5では，この病的にキレやすい傾向について「間欠性爆発性障害」という名前がついているが，この障害は，おそらくあらゆる傷害事件の背景に潜んでいる可能性がある。

以上攻撃性への抑止が外れる4つの状況を示したが，現実にはこれらはおそらく複合して存在している可能性がある。殺人空想により性的快感を得る人間が，人の痛みを感じ取る能力にある程度欠け，同時にキレやすい傾向を有し，また幼少時に多少なりとも虐めや情緒的な剥奪を受け，そのことで世界に恨みを抱いた状態。それが凶悪事件を犯す人々のプロフィールをかなり

よく描写しているのである。

　ちなみにこれらの4つのうち，2番目と4番目に関しては，そこにサイコパスたちの持つ脳の器質的な問題が影響している可能性があると私は考える。殺人者の半数以上に脳の形態異常や異常脳波が見られるということが指摘されてもいる。近年のロンドンキングスカレッジのブラックウッドらの研究によると，暴力的な犯罪者は脳の内側前頭皮質と側頭極の灰白質（つまり脳細胞の密集している部分）の容積が少ないという。これらの部位は，他人に対する共感に関連し，倫理的な行動について考えるときに活動する場所といわれる（http://www.reuters.com/article/2012/05/07/us-brains-psychopaths-idUSBRE8460ZQ20120507 "Study finds psychopaths have distinct brain structure".）。前出のファロンの著書も同様の結果を報告しているのだ。

治療的介入の新理論

　暴力はどのように防ぐことができるのであろうか？　暴力をふるい，人を傷つけた人のなかには，それを深く反省し，服役後は再犯を犯すことなく市民生活を送っている人もいる。しかし犯罪を繰り返す反社会的パーソナリティ障害，サイコパス，犯罪者性格などといわれる人々に対する治療は難しく，原則として治療法は存在しないというのが専門家の一般常識であった。ただしかつては彼らを治療しようというヒロイックな試みもあった（Barker et al., 1977）。1960年代にアメリカの精神科医バーカー Elliott Barker 氏が，ある治療的な実験を行ったという。彼が唱えたのは，「サイコパスたちは表層の正常さの下に狂気を抱えているのであり，それを表面に出すことで治療が可能である」という説だった。彼は「トータルエンカウンターカプセル」と称する小部屋に，若く知性を備えたサイコパスたちを入れて，服をすべて脱がせ，大量のLDS（幻覚剤）を投与し，お互いを革バンドで括り付けたという。そしてエンカウンターグループと同様の試み，すなわち心の中を洗い出し，互いの結びつきを確認しあい，心の奥底を話し合うといったプロセスを行った。そして後になりそのグループに参加したサイコパスたちの再犯率を調べると，さらにひどく（80％）になっていたという。つまり彼らはこの実験的な治療により悪化していたわけだ。結局この治療的な試みで彼らが学

んだのは，どのように他人に共感しているふりを演じるか，ということだけだったという。

　以下に『入門　犯罪心理学』（原田隆之，2015）を参考にして記述してみたい。このような悲観論を代表するものとしては，1970年代に有名なアメリカのマーチンソン Robert Martinson の研究があったという。それが犯罪者の治療は何をやっても効果がないという研究結果を伝え，それによりアメリカは犯罪の厳罰化の方向に動いたという経緯があった。いわゆる「何をやってもダメ nothing works」理論を提唱したのだ。そしてさらに脳の画像技術が進み，暴力的な犯罪者は，すでに述べたような脳の器質的な変化を伴っている可能性があることが明らかになり，それが治療的なペシミズムを推し進めたのである。

　しかし後にマーチンソンの見解は誤りであるということがわかったという。彼が治療と見なしていたものの中には，保護観察，刑罰，刑務所収容の対象者までも含まれていて，改めて治療的なものだけを選んで調査をした結果，約半数に治療効果がみられていることがわかったのだ。そしてその後マーチンソンは自説を撤回し，1979年に52歳の若さで飛び降り自殺をしてしまったという。その後リプセイ Mark Lipsey という研究者により，犯罪者の治療についての研究がまとめられたが，それはそれまでの悲観論を大きく変えるものであった。

　リプセイの研究によれば，その主張は以下の3点にまとめられるという。1. 処罰は再犯リスクを抑制しない。2. 治療は確実に再犯率を低下させる。3. 治療の種類によって効果が異なる。

　1. については，拘禁や保護観察は逆にわずかだが再犯率を上げてしまうという。これは一見常識的な考え方が通用しないという点で驚きでもあるし，また興味深い。2. はこれまでの治療悲観論への反論とも言える。適切な治療を行った場合の再犯率が35％，行わなかった場合が65％であるというのだ。これは劇的な効果ともいえる。そして3. 適切な治療とは，認知行動療法，行動療法であり，それ以外の療法，たとえば精神分析やパーソンセンタード・セラピーなどでは再犯率にほとんど影響はなかったという。また治療を行うなら拘禁下よりも社会で行う方がいいとも述べられている。

アンドリューズAndrewsとホンダHondaという研究者はこれらの理論を踏まえて「RNRの3原則」というものを導いている。それらはリスク原則，ニーズ原則，反応性原則だということだが，これらが守られないと，犯罪者に対する効果は台無しになるどころか，再犯率は少し増えるという。

まずはリスク原則について。これは要するに，再犯リスクが低い人に高強度の治療をすべきではない，ということである。そうすることで費用もかさむし，再犯率も上がると伝えている。ウィスコンシン矯正局の研究では，低リスクの人に低強度の治療をしたところ再犯率は3％だったが，高強度の治療にしたところ，それが10％に跳ね上がったという。ちなみにここで高強度とは1対1の面接などであり，低強度の治療とは，自習とか視聴覚教材を用いたものである。刑務所などでは模範囚には手厚い「治療」の場が提供される一方では，反抗的な囚人は放っておかれるということが起きているという。その逆を行かなくてはならないというわけである。

ニーズ原則については，これを説明するためには犯罪にまつわる「セントラルエイト」の記述が必要だ。犯罪にはいくつものリスクファクターがあるが，アンドリューズらはそれを8つに絞ったのだ。それらは，①反社会的認知，②敵意帰属バイアス，③性犯罪者の認知のゆがみ，④反社会的交友関係，⑤家庭内の問題，⑥教育，職業上の問題，⑦物質濫用，⑧余暇使用であるという。そのうちたとえば⑦の問題しかない人には，それに集中した治療，つまり物質濫用への対処を行い，同じように，④，つまり悪い連中とつるんでいることが問題となっていた人には，それに対する治療を行うというのがニーズ原則だ。

反応性原則とは要するに，効果があることをせよ，効果がないことをしても仕方がない，というもので，そこには効果がないものとして，アニマルセラピーや精神分析が挙げられている。受刑者が動物に触れるのは確かに情操教育に効果的と直感的に感じるが，再犯率には関係がないという。しかしそのような直観に従った「治療」を私たちはしがちであり，アンドリューズらは真に効果的な治療，すなわち認知行動療法を行うべきだ，と述べている。

具体的な治療的介入の試み

　さて以上は原田氏の著作の治療に関する項目を紹介した形になるが，そこでのエッセンスとなる部分について述べたい。それは，上述の「セントラルエイト」のうちの①反社会的認知に集約される。②敵意帰属バイアス，③性犯罪者の認知のゆがみも，認知的な問題ということでは①にまとめていいであろう。そしてその認知の問題に注目して認知行動療法を行うことには明らかな効果があり，再犯防止につながると述べられているのだ。これは確かに重要な提言であり，「サイコパスには治療は不可能である」という私たち臨床家が慣れ親しんだペシミズムへの反省を促してもくれる。もちろん犯罪者に対してその考え方を根本から変え，まっとうな人間に生まれ変わらせることは不可能に近いのかもしれない。人間の「育て直し」などは本来不可能なことなのである。その意味では治療の成果として目覚ましいものは期待できず，せいぜい再犯率がたとえば6割から4割に減る，という程度のものでしかないだろう。しかしそれならそれ以外の精神疾患，うつとか境界性パーソナリティ障害とか解離性障害の治療が，それに比べてはるかに高い治療効果が上げられているかといえば，そういうわけではない。精神科医療は多くの場合，「少しだけ改善」に役立つだけなのである。いずれにせよ「サイコパスは救いようがない」は，実は私たちが持っている偏見かもしれないのだ。

　ではこの反社会的認知とは一体何か？　それはたとえば「ドラッグはかっこいい」とか「戦場で人を殺して初めて一人前になる」とか「やつらを『ポア』するのは人類を救済するためだ」というような思考であり，それに従うことで，現実の他者への攻撃性の抑止が外れてしまうというようなものだ。②の「敵意帰属バイアス」として分類されているものは，本来恨みを持つべきでない相手を恨むことであり，私のこれまでの自己愛の議論（1998，2014）では，コフート Heinz Kohut の自己愛憤怒に深く関連している。居酒屋で隣のグループの一人が「馬鹿じゃないの」と言ったことを，自分のことだととらえて，ナイフでその人を刺し殺してしまったりするという極端に理不尽な例（それを原田氏は「馬鹿じゃないの殺人」と命名している）も挙げられる。私がこれまで述べた4タイプについても，独特の反社会的な認知がみられる

のであろう。そのことを踏まえつつ，それぞれの４タイプの治療についての私の考えに触れたい。

1. 怨恨，復讐による場合

このタイプでの典型的な反社会的認知は，「私は相手により深く傷つけられた」，「私は相手により人生を台無しにされた」というものであろう。ただしこの認知は彼らのそれまでの人生経験そのものから醸成されている可能性があり，彼らにとってのアイデンティティにすらなっているかもしれない。生育環境から生じた親への恨みや極端な自己価値観の低さは，一時的な治療的介入で癒せるものではないことは，経験ある臨床家であれば十分承知しているはずだ。だから私たちはこの種の認知に介入することは決して容易な作業ではないことを覚悟しなくてはならない。

しかし私は彼らの認知を是正することとは違った視点から，これらの人々の暴力の暴発を抑止できる可能性は残されていると思う。すでに例として出している秋葉原事件の犯人の場合には，彼が事件の実行の直前に体験したのは，インターネットで誰も彼のスレッドに書き込みをしてくれない，という激しい失望だった。それが彼の世間に対する恨みを急激に高めたわけだが，もし彼の人生において，コフートの言う自己対象的な機能を果たす人がいたなら，彼の孤立無援さや絶望感を少しでも和らげ，後の暴発を防ぐことになったかもしれない。もちろんそれは一時しのぎでしかないかもしれないが。

そのような自己対象的な存在は，結果的に犯人の「認知」を是正する可能性があったことも理解すべきであろう。他人に理解されることで「自分は生きていく価値があるのだ」という「認知」が生まれる可能性もあるのである。

なお被害妄想が統合失調症や妄想症によるものである場合には，抗精神病薬が功を奏する可能性は十分にあろう。ただし当人が服薬を断固拒否する可能性もまた高いために，この手段も無効となりかねないのである。

2. 相手の痛みを感じることができない場合

いわゆるサイコパスや情性欠如と呼ばれる人々や，自閉症スペクトラムを有する人のごく一部においては，加害殺傷の際に，相手を単なる「もの」と見なすような思考が典型的な形で見られる。「人間だって食用の牛や豚と同

じ動物ではないか」という類の思考である。すでに解説したとおり，相手の痛みは知的なプロセスを経ることなく，それこそ動物でも直感的に感じ取れるものである。その能力の欠如を認知の是正により根本的に解決することは不可能に近いであろう。それは先天的な色覚異常の人が天然色を体験することが不可能なのと同様である。おそらくコアなサイコパスは，認知療法的な治療に最後まで抵抗するのではないか，という悲観論を私は持っている。

3. 現実の攻撃が性的な快感を伴う場合

このケースに関しては，彼らの認知的な歪みを是正する可能性はさらに小さいと考えざるを得ない。いかなる理性的な思考を持たせようとしても，自らが得る快感がそれにはるかに勝っているとしたら，認知療法の効果も限られてしまうであろう。その意味ではこのタイプの加害者の治療は，薬物依存の患者に対する心理療法的なアプローチと同様の困難さを伴うであろう。

このタイプの加害者に対しては，むしろ生物学的なアプローチがより有効かもしれない。実際の去勢はさすがに倫理的な問題があるにしても，科学的な去勢，すなわち薬物により男性ホルモンを低減させることで，若干の効果がみられることがある。ただしむろん万能ではない。私も米国時代に経験があるが，人を縛って快感を得るという思春期の男性患者に，黄体ホルモンの注射を毎週施した結果，テストステロンは限りなくゼロに近付いた。しかしそれでも病棟でこっそりと他の患者を縛っていたということが発覚してガッカリしたという思い出がある。

もう一つこれは精神医学の教科書にはあまり書いていないが，抗うつ剤の使用が有効である場合もある。特にSSRI，SNRIといった抗うつ剤には，性欲減退という副作用がある。これも米国での体験であるが，ある露出癖の中年患者に，プロザック（米国では一昔は代表的だったSSRI，日本では認可されなかった）を飲んでもらった。しばらくするとあまり露出に興味を示さなくなり，「もうあまり面白くなくなりました」と，頼もしい証言を聞いた。少しは彼の役に立ったのかもしれない。幸いなことに性的快感を伴う他害行為は，加齢とともに男性ホルモンが落ちてくるにつれて，明らかにその勢いがおさまっていくということは観察されている。

4. 突然「キレる」場合

　高い衝動性を有する患者には，脳の器質的な問題が考えられ，精神科領域では主として抗てんかん薬や炭酸リチウム，抗精神病薬などが用いられてきた。そのほか，オキシトシンでも効果が期待できる可能性があろう（オキシトシンは扁桃核を抑制する働きが知られている）。しかしその効果は決して高くはない。そのほか怒りのコントロールについての行動療法的なアプローチもある程度は有効であろう。

最後に

　本稿では攻撃性や暴力について精神分析的，かつ精神医学的な考察を行った。暴力的な人々に対して，治療的なペシミズムに陥らずに，彼らのさまざまな「反社会的認知」を理解し，可能な限り対処していくという姿勢が求められているのだろう。しかしそれでも彼らに対してなすべきことには限界がある。おそらく1〜4のすべてを兼ね備えてしまった人間に対して私たちができることは限られているのであろう。そのような人を想像してみよう。まず発達障害的な素地を持ち，内側前頭皮質の容積が小さく，そしてオキシトシンの受容体が人一倍少なく，しかも幼少時に虐待を受けていて世界に対する恨みを抱いているというものだろう。しかしそれだけでは足りない。同時に生まれつき知的能力に優れ，または何らかの才能に恵まれていて，あるいは権力者の血縁であるというだけで人に影響を与えたり支配する地位についてしまったりした場合はどうだろうか。真に私たちが対処しなくてはならないのは，社会適応をそれなりに遂げ，権力にまで結びついた攻撃性や暴力かもしれないのだ。

第8章 社交恐怖への精神分析的アプローチを問い直す

はじめに——そもそも対人恐怖とは

　わが国において従来頻繁に論じられてきた対人恐怖（現在では社交不安障害と呼ばれているものがおおむねこれに相当する）は，精神分析的にはどのように扱われているのかというのが本章のテーマである。対人恐怖と精神分析というテーマについて考える際は，わが国における精神分析の草創期に，森田正馬が分析に示した姿勢を思い出す。対人恐怖についてもフロイト的なリビドー論に従った理解を示す精神分析の論客たちに対して，森田は果敢に論戦を挑んだと言われる。それから約1世紀が経とうとしているが，果たして精神分析は対人恐怖を扱う理論的な素地や治療方針を提供するに至ったのだろうか？

　まず精神分析ということをいったん頭から取り去り，対人恐怖とは何かについて論じることからはじめたい。しかし最終的に示したいのは，社交恐怖についてもしっかりとした精神分析的な理論が存在するということである。

　私個人は，対人恐怖とは「対人間（たいじんかん）における時間をめぐる闘いの病」と表現することができると考える。対人恐怖は自分と他者との間に生じる相克であるが，そこに時間の要素が決定的な形で関与しているということだ。

　一般に自己表現には無時間的なものと時間的なものがある。無時間的とは，すでに表現されるべき内容は完成されていて，後は聴衆に対して公開されるだけのものである。絵画や小説などを考えればいいであろう。動画や映画のようなものも含まれる。表現者が表現する行為は事実上終わっていて，その

内容自体は基本的には変更されない。それが展示されたり出版されたりする瞬間に，作者は完全にどこかに消え去っていてもいい。それらが人々からどのような反応を得たかについて，作者はまったく知らないでもすむのである。

それに比べて時間的な表現とは，今，刻一刻と表現されるという体験が伴う。人前で歌う時，演説する時，それは一瞬ごとに展開していくのであり，これこそが対人恐怖的な不安を招きやすい自己表現である。その事情をさらに詳しく見てみよう。

私たちは社会生活を営む際，自分の中で他者に積極的に見せたい部分と，なるべく隠しておきたい部分とを分け持っているものだ。そして社会生活とは前者を表現しつつ，後者を内側に秘めて他人とのかかわりを持つことにより成り立っていくものだ。このうち無時間的な表現は，上述のとおり，それが人目にさらされる際に，表現者は葛藤を体験する必要はない。しかしそれが時間的なものであり，時間軸上でリアルタイムに展開していくような「パフォーマンス状況」（岡野，1997）では事情が大きく異なる。

もしパフォーマンスが順調に繰り広げられるのであれば，さしあたり問題はない。人は自己表現に心地よさを感じ，それがますます自然でスムーズなパフォーマンスの継続を促す。しかし時には何らかの切っかけで，表現すべき自己がうまく表わされず，逆に隠すべき部分が漏れ出してしまうという現象が起きうる。歌手が音を外し，役者がセリフを忘れた時などがそうだ。そこで時間を止めることができればいいのであるが，大抵はそうはいかない。対人恐怖とは時間との闘いであるというのは，そのような意味においてである。

さて，対人恐怖の症状に苦しむ人は，通常はある逆説的な現象に陥っている。それは自分の中の表現されてしかるべき部分と同時に，隠蔽すべき部分も漏れ出してしまうという現象である。

このようなパフォーマンス状況の典型例として人前でのスピーチを考える。誰でも自分が言いたいことを饒舌に話したいものである。自分が表現すべき内容を，弁舌軽やかに話せているときは気持ちがいいものだ。しかし途中で言葉がつかえたりどもったりして，内心の動揺も一緒に表現され始めたらどうだろう。しかも一度口ごもった言葉は，もうすでに目の前の人の耳に届いていて，決して取り戻すことができないのである。人前で話すことが苦手で，

それに恐れを抱いたり，そのような機会を回避したいと願ったりしている人たちは多いが，彼らはこのような悪夢のような瞬間を味わった結果として，それに対する恐怖症反応を起こしているのである。

以上は症状として見た対人恐怖に関する議論であるが，対人恐怖にはこれにとどまらない要素が関与していることが多い。それは本来他人の目にさらされると萎縮しやすく緊張しやすいという性格的な素地があり，他人に対する恥や負い目を持ち，人との接触に際して相手を過剰に意識してしまうというパーソナリティ傾向である。それが基礎にあり，そこから顕著な対人緊張症状（赤面，声の震え，どもりなど）を生じて対人恐怖の全体像を形作っていることが多い。このことを私は対人恐怖の持つ二重性としてとらえている。ここでの二重性とは，対人恐怖が症状を有する症状神経症という側面と，一種のパーソナリティ上の特徴および障害という側面のことである。

対人恐怖に伴う性格的な基盤については，森田正馬（1960）が「ヒポコンドリー性基調」と呼んで論じている。それは DSM の疾病分類に従うならば，多くの社交恐怖の患者が，回避性パーソナリティ傾向，ないしは回避性パーソナリティ障害を有するという事情と同様である。

精神分析の文脈から見た恥の病理

従来精神分析においては，社交恐怖を扱う試みは少なかったが，皆無ではなかった。比較的近いところでは（と言ってももう 40 年ほど前になるが）「舞台恐怖 stage fright」（いわゆる「あがり症」）についてのギャバード Glen Gabbard の論文（Gabbard, 1979）がある。これはかなりリビドー論的な対人恐怖理論で，興味深い。そこには展望文献としてバーグラー Edmund Bergler（1949），フェレンツィ Sandor Ferenczi（1950），フェニヘル Otto Fenichel（1954）らの論文が挙げられている。

バーグラーは「舞台恐怖」を覗き見恐怖 voyeuristic terror を原因とするものと考えた。すなわち幼少時に原光景を覗き見たことへの罪悪感への防衛として，覗きを行った主体を聴衆へと転化した結果，それに対する恐れが生じていると説明するのだ。フェレンツィ（1950）は，舞台恐怖にある人は極度の自己注視の状態にあり，一種の自己陶酔状態にあるとした。フェニヘルは

「舞台恐怖」は無意識的な露出願望，およびそれが引き起こす去勢不安が原因になって生じるものとして説明した．彼によれば対人恐怖的な心性の背後にあるのは，抑圧された露出的衝動であり，患者はそのような衝動を持つことにより懲罰されることを選ぶ．その場合聴衆は超自我ないし去勢者として機能し，そこに聴衆を前にした恐怖感が生まれる，と説明する．これなどはいかにもリビドー的，エネルギー経済論的だ．

　これらの説によれば，対人恐怖症的な症状は幼児期のリビドー論的な葛藤の再現ないしはそれに対する防衛として理解されることになるが，臨床的な実用性は乏しいように思われる．ただしフェニヘルのいう露出願望というのは，患者の持つ自己愛的な側面，自分をよく見せようという願望をとらえるならば，私が先にパフォーマンス状況に関する説明の際に触れた，「他者への表現を積極的に行う部分」と同じ文脈にあると言えなくもない．

　このような古典的な解釈に比べてギャバードの提案は，より対象関係論的であり，私たちの常識的な理解の範疇にあるといえる．彼はあがり症が一種の分離個体化にまつわる不安に由来すると説明する．ステージに立つということは，「ここからはすべて自分でやらなくてはならない．誰も助けてくれない」という再接近期の不安の再燃につながり，それがあがり症の本質として説明されている．ただその説明だけでは一面的で物足りなく，より心の中の力動に一歩踏み込んでいないという印象も受ける．

　ちなみにこのギャバードの論文は，当時の時代背景を反映したものであった．それまで対人恐怖的な議論は欧米では少なかったが，その流れを変えたのが1980年の米国の新しい精神科診断基準であるDSM-IIIであり，そこに収められた社交恐怖 social phobia という新たな概念であった．この社交恐怖は「ひとつないしは複数のパフォーマンス状況に対する顕著で持続した恐れであり，そこで人は見慣れない人の目に晒されたり，他人からの批判の目に晒されたりする．人はそこで恥をかいたり humiliating, 恥ずかしかったりする embarrassing ような振る舞いをすることを恐れる」とされている（American Psychiatric Association, 2000）．ここに見られる社交恐怖ないしは社交不安障害は細かい点においては異なるものの，多くの点で対人恐怖と類似し，いわば対人恐怖の米国版といった観があった（岡野, 1997）．

　この時期に同時に見られたのは，対人恐怖様の心性について，自己愛パ

ーソナリティ障害の一型として記載しようとする動きであった。ブルーチェック Frances Broucek はその恥についての精神分析的な考察のモノグラフ（Broucek, 1991）の中で，自己愛パーソナリティ障害をこのような趣旨に従って2つに分けている。それらは「自己中心型 self-centered」と「解離型 dissociative」と呼ばれている。このうち「自己中心型」の方は誇大的で傍若無人な性格で，従来の自己愛パーソナリティが相当するのに対し，「解離型」では，むしろ引きこもりがちで恥の感覚が強く，対人恐怖的なパーソナリティということになる。これらの理論の背景にあったのは，1970年代より米国の精神分析界において大きな潜在的な力を持つことになったコフート理論であり，そこで事実上取り上げられることになった恥の感情およびその病理であると考えられる。

モリソンの恥の理論

コフート理論の影響下で対人恐怖に類する病理を論じた代表が，モリソン Andrew Morrison である。彼は恥が自己愛との関連で論じられるという方針を明快な形で示したのだ。彼が1989年に著した "Shame: The underside of Narcissism（恥——自己愛の裏の面）" は精神分析における恥の理論に大きな影響を与えた。その主張は次のように非常にシンプルで明快である。「恥とは自己愛の傷つきである。コフートははっきりとは言っていないが，彼の理論は恥の理論である（恥の言語で綴られている）。」つまりモリソンは恥の体験はコフート的な意味での自己の病理としてとらえられるとしたのだ。

ここでモリソンに倣い，コフートの自己愛の理論にそって対人恐怖心性について考えてみよう。コフートの中心概念（Kohut, 1971）は，平易な言葉では次のように説明されよう。人は敬愛している他者から認められ，敬意を表されるという体験を，「あたかも人が生存のためには空中の酸素を必要とするように」（コフート自身の表現）必要としている。それが自己対象 selfobject の持つ「理想的な両親像であるということ idealized parental imago」と，「ミラーリング mirroring」の機能である。人は精神的な意味で生き続けるためには，それらの自己対象機能を果たすことのできる他者を周囲に必要とする。幼少時は主として親がその役割を果たすであろう。そして

成長してからは，友人や先輩や同僚や配偶者との間で，同様の関係を持つことになる。しかし最初の段階で親により自己対象機能を果たされなかった場合には，子どもは健全な自己の感覚を養われずに，コフートの言う意味での「自己愛的な病理」を持つようになるとモリソンは論じた。彼によればそれは恥体験および恥の病理として言い換えられることになる。そしてそのような患者との治療関係においては自己対象転移が見られ，それに基づき治療が進展していくことになる。

モリソンの説にこのまま従えば，治療論についてもコフート理論に沿って展開されることになるが，これを対人恐怖に対する精神分析的なアプローチとして用いることには一つの問題がある。それは対人恐怖ないしは米国における社交不安という病態が，コフート - モリソン流の恥の病理と微妙にずれるということである。これはモリソンが「恥の体験＝自己愛の傷つき」という単純化を行っていることから来る問題ともいえる。対人恐怖は，自己愛の病理のみにより説明できるかといえば，必ずしもそうではないであろう。単純に考えれば，**自己愛的ではない人も，対人恐怖的となりうる**のだ。

ただしモリソンの治療論を読むと，対人恐怖や恥を感じやすい人々にその対象を限定して論じるのではなく，自己愛の病理一般を恥という視点から見直すというニュアンスを持っており，これはこれで明快で説得力がある。彼は恥の防衛として生じるさまざまな病理，特に他人に対する憤りや軽蔑といった問題も，自己愛が満たされないことから来る怒り（「自己愛憤怒」）という視点から扱っている。これはパーソナリティ障害に広く見られる問題を扱う手段としては非常に有効であろう。ただしそこに現れる患者像は，対人恐怖というよりは DSM 的な自己愛パーソナリティ，すなわち自己中心的であり，他人を自分の自己愛の満足のために利用するといったタイプにより当てはまるという印象を受ける。

岡野の対人恐怖理論の図式

私が対人恐怖に対する精神分析的な考察を行った際に導入したのが，2つの自己イメージの葛藤という図式である（図 8-1．岡野，1998）。それをここで改めて紹介したい。これは冒頭で記述した対人恐怖の心性を力動的に説明

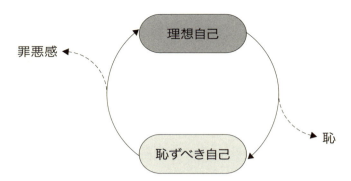

図 8-1　分極化された「自己」と恥との関係

しようとした試みであり，また先に述べた自己愛の病理の理論を基盤としたものとも異なるものであった。

　人は自分を理想化したイメージと，恥ずべき自分というイメージの２つを合わせ持つことが多い。そしてそれぞれは別個に体験される傾向にある。冒頭のスピーチの例では，スムーズにスピーチをしている自分のイメージが理想自己に相当するが，いったん言いよどみ，冷や汗をかき，「ああ自分は駄目だ！」という思いとともに，今度は「恥ずべき自己」のイメージに支配されるようになる。いわば自己イメージの「転落」が生じるわけだが，それが著しい恥の感情を生み，それが対人恐怖の病理の中核部分を形成すると考えられるのである。

　この両「自己像」のあいだの分極に関して重要なのは，この分極の上下の幅がその人の恥の病理の深刻さにつながるということだ。なぜなら恥多き人ほど，「自分は人前で自由に心置きなく自分を表現したい」と夢見ることが多く，それは現実とかなりかけ離れたものとなってしまう傾向にあるからだ。また恥多き人ほど「自分はなんて駄目なんだ！」と思う時の落ち込み幅も尋常ではない。彼らはほんのちょっとした失態で「こんな駄目な人間は生きている資格がない」，とまで思ってしまうのだ。だからこそ対人恐怖傾向のある人においては，「理想自己」はより高く位置し，恥ずべき自分はとことん低く位置する傾向にあり，両者の懸隔は大きくなる。

　逆に対人恐怖的な傾向が少ない人の場合は，両者の距離はあまり開いておらず，時には両者は融合して中心付近により現実的な自己として存在してい

る可能性がある。パフォーマンスを職業として選択し，すでに場馴れしている人にとっては，両者の分極する程度はより限定されたものとなるだろう。たとえばプロの司会者であれば，「自分の技量はこんなところだろう」という妥当なレベルを思い描くことができ，日常の業務ではそれを大きく超えていることに驚くことも，それが極端に裏切られることも多くはないはずだ。彼らは自分に対する期待値も過度に大きくはなく，したがってそれだけ失望も少ないということになる。プロのパフォーマーなら自分の姿のビデオ再生を見ても，自分がイメージしていた姿と極端に異なるものを見ることはない。つまり「理想自己」から「恥ずべき自己」への転落もその逆も起きにくいのだ。ところが対人恐怖傾向のある人間は，自分のパフォーマンスの姿を写真で見ることですら強烈な恥の感情が沸き起こるものである。それは自分がこうあってほしい，こうであればよかったというイメージが肥大し，そのために現実とのギャップに大きく失望するという悪循環が成立してしまっているからだ。

「対人恐怖」の治療状況における転移関係について

　ところで図8-1を見る限りでは，2つの自己像の反転現象はあたかも自分という内的世界で生じているというイメージを与えるかもしれない。しかしたとえば一人自室で文章を音読していても，よほど臨場感を伴わない限り，対人恐怖症状としての声の震えは生じないだろう。ところが目の前にたった一人の他者が存在しているだけで動揺し，声の震えやどもりを引き起こされることがある。その意味では両「自己」の分極や反転現象は他者との関係やその文脈に大きく依存することになる。

　このことは対人恐怖症状について扱う治療環境を考える上でも重要である。通常は転移関係は治療関係の深まりとともに発展し，そこに患者の病理も反映され，それが治療的に扱われるわけであるが，対人恐怖症状についてはそれが必ずしも当てはまらない。むしろ治療者がまだ見知らぬ，あるいは出会ったばかりの時期に最も華々しくなり，それから徐々に軽減していく傾向にある。しかも対人恐怖の力動的な治療に必要とされる患者治療者関係は，あからさまな対人恐怖症状が患者の側に誘発されないような安全な環境が保障

されていることが前提となる。そのような環境で初めて，治療関係によりさまざまに動く患者の心境に焦点を当てた治療が行われる。それは基本的には支持的で，古典的な分析状況とはかなり異なるものとなるはずだ。

私がかねてから治療実践に生かしているのは，そのような安全な環境を提供した上での，認知行動療法的な枠組みの導入である。分析的な枠組みと認知行動療法的な枠組みの共存は伝統的な分析的療法の立場からはなじみにくいかもしれないが，今後はさらに試みられるべきものであろう。精神分析的な枠組みは，認知行動療法的なプロセスにおいて生じたさまざまな心の動きについて語る場も提供できるという点で，後者の効果をより高めるというのが私の考えである。そのような例として後に症例を提示したい。

対人恐怖における謙虚さや謙譲の美徳という意義について

次に対人恐怖における謙虚さや謙譲の美徳という側面についても触れておきたい。これまで述べたように，対人恐怖は1980年に発刊されたDSM-IIIにおいて社交恐怖という形で欧米の精神医学界において市民権を得る形となった。それ以来社交恐怖についての理解と治療を扱った出版物が英語圏でも非常に多くなっている。そこには一種のブームが生じているといっていいが，それらは恥の感情や社交恐怖をなくすべきもの，克服すべきもの，という論調におおむね終始している。それは最近の米国に「恥ずかしがりを克服しよう」という類のタイトルを冠した数多くの著作を目にしてつくづく感じることだ。

もちろんそのような風潮はある意味ではやむをえないことなのかもしれない。欧米社会において社交嫌いで引っ込み思案であることは，社会生活においてきわめて不利であることを意味する。それと同様に欧米人に控えめさ，謙虚さの意味を説くことにも限界がある。他方わが国には内沼の業績（内沼，1977）に見られるような，恥の持つ倫理的な側面や，それがいわば「滅びの美学」とでもいうべき謙譲の精神につながるとみる立場が存在する。そして対人恐怖症状を持つ人が同時に，他人を優先し，譲歩する傾向を持つことにも注目すべきであろう。

私は対人恐怖の根幹にある力動は，この人に譲りたいという気持ちと裏腹

の自分を主張したい願望との葛藤，内沼（1977）が表現するところの没我性と我執性の葛藤にあると思う。それはすでに示した図式（図 8-1）における理想自己と恥ずべき自己の葛藤と結局は同義であることに気づかれよう。この没我性と我執性の葛藤という問題を全体として扱ってこそ力動的なアプローチと言える。

　対人恐怖症状の深刻さはこの両自己像の隔たりに反映されていると説明したが，その隔たりが継続しているひとつの理由は，当人が特に恥ずべき自己の姿を極端に脱価値化するために直視できないことにある。彼らは手が震えたり言いよどんだり，赤面している自分は，それを見たら誰もが軽蔑したりあまりの悲惨さに言葉を失ったりするような姿であると感じている。それらの人々に欠けているのは，おそらく人前で緊張をしたり，パフォーマンスを前にしてしり込みをしたりするのは普通の人にもある程度は起きることであり，その姿を他人に見せたからといって二度と人前に出られなくなったり社会的な生命が奪われたりするわけではないという視点である。そしてそればかりではなく人前での緊張や引っ込み思案は，他人に自己主張や発言のチャンスを与えるという積極的な意味も担っているということを彼らが知ることは，両自己像の懸隔を近づける意味を持つと考える。

　治療関係において恥ずべき自分に対する肯定的なまなざしを向けることを促進した例として，以下に事例 C さんを掲げたので参照されたい。

事例　Cさん

　この症例は精神分析的アプローチに認知行動療法的な側面が取り入れられたものである。このいわば「はめ込み」式のアプローチに関しては，拙書（岡野, 2008）を参照されたい。なお事例は個人情報に関する配慮のために，実際の症例に多くの加工が施してある。

　C さんは人前で手が震えるという訴えを持つ 40 代前半の女性である。夫を数年前に病気で亡くしてからは，中学生の一人息子を育てながら，パートで給食関係の仕事をしつつ生計を立てていた。

主 訴

「同僚の前で手が震え，給食室で用いる大型の容器を落とすのではないかと心配になり，仕事に行きたくなくなる」などであった。

現病歴

　Cさんはかつてある心理士から半年間カウンセリングを受けていたが，あまり効果を感じられずに中断してしまったという。そのカウンセリングではCさんの極端に低い自己価値観が主たるテーマとして扱われていたということだった。Cさんは特に震えの症状については治療者に語ることを促されることはなく，むしろ母親との葛藤に満ちた過去について話すことが多かったという。Cさんは幼い頃から母親から否定され，無視されることが多く，それが自分自身の引っ込み思案な性格や自信のなさに関係していると感じていた。そのカウンセラーとの治療により，Cさんの自己理解はたしかに深まり，自分が母親に抱いていた強いネガティブな感情についてある程度は洞察を得ることができたが，それが手の震えの改善にはつながらなかった。

　Cさんとの治療を開始した治療者は，特に通常の治療構造（1回50分，1週〜2週に1度のセッション）から外れることなく，そこに認知行動療法的な要素を取り入れようと試みた。それはCさんと話しつつ，同時に治療状況で「手が震えやすい環境」を作り出すということであった。治療者はCさんに説明した。「ここではどんなことを話してもいい，という状況は同じですが，ここであなたの手の震えそのものについても目を向けてみませんか。治療室で治療者といることに慣れることで，対人恐怖の症状は起きにくくなっていく可能性があります。そしてそれは手の震えをなくすための練習に最適な場にもなっているのです。」

　そして治療者はまずCさんに，治療室で練習できるような課題を考えてもらった。Cさんはそのようなことを提案されたことがなかったので，少し当惑した様子であった。そこで治療者は手助けをして一緒にその課題を考えた。そしてCさんは面接中にコーヒーカップに入れた水を飲みながら話す，という課題を提案した。治療者はそれに合意し，ちょうどそれに使えるようなコーヒーカップをクリニックのキッチンから借りて来ることができた。セッションは面接室にあるデスクをはさんで行うことにした。こうすることで

Cさんも治療者もカップを目の前に置いて話すことができたからである。

　セッションの始まりに治療者は伝えた。「おそらくこんな状況をCさんは体験したことがないと思いますよ。」それに対してCさんは言った。「でも先生，これが結構あるから困るんです。最近では気の置けない友達と喫茶店でお茶を飲むこともできないんですよ。仕事に関係するミーティングなどで飲み物が出てもほとんど手をつけることができません。」それに対して治療者は説明した。「そこが違うんですよ。Cさんはご自分が手が震えるのが怖いということを，友達にさえもおっしゃっていないんでしょう？　仕事の関係のミーティングではなおさらですよね。でもここでは治療者である私はそれを知っています。私の前では，手の震えを隠す必要はないわけです。むしろどのように震えるか，自分の手の震えを『真似して』みていただいてもいいんですよ。」

　このようにして治療者はCさんとの治療を進め，彼女の日常的な悩みや生育歴について話を進めつつ，同時にこの練習を続けた。練習のハードルは次第に高くなり，カップに注ぐ水の量を増やす，そこにスプーンいっぱいの砂糖をこぼさずに入れる練習をする，同じような機会を一人で喫茶店で試す，親しい友人との間で試す，というふうに順番に進めていき，Cさんはそれを次々とクリアーしていった。その間Cさんとの治療関係においては，彼女の葛藤に満ちた母親との関係についてのより深い理解が得られた。その結果としてCさんは母親との関係を修復し改善しようとするよりは，母親からは距離をおくことにし，それによる後ろめたさや罪悪感について考えていくことにした。結果的にCさんと母親との関係が好転したというわけではなかったが，症状の軽減という確かな成果は治療関係によい影響を与えたようである。

　本章では社交恐怖について精神分析的な立場から論述した。しかしCさんの治療例からもわかるとおり，精神分析的な理論を主軸として治療をするというよりは，それを加味しつつ実際の症状軽減に役立つような治療手段を合わせて用いた例を示したと言うことができる。それは具体的には，広義の分析的な枠組みは特に変えず，そこに認知行動療法的なアプローチをはめ込むという形であった。

近年の精神療法に関する考え方は，どのような理論に従うかというよりは，どのような目的を定め，そのために必要な手段をいかに複合的に用いるかという，いわゆる多元的な視点（Lazarus, 1981）に移りつつある。特に社交恐怖のような特定の症状に悩む患者の場合には，精神分析もその他の理論と複合的に用いられる必要があるであろう。

第9章　治療の終結について問い直す
——「自然消滅」としての終結

　本章では治療の終結について論じる。終結をいかに迎え，処理するかは精神分析ではかなり重要な問題として論じられる。それは分析治療が首尾よく行われたかどうかの一つの大きな指標とも考えられるからだ。私は本章でそれが本当かどうかをもう一度問い直すことにする。

はじめに——臨床経験はドロップアウト体験から始まる

　そもそも治療はなぜ終了するのか。その答え自体はシンプルである。患者の側に治療に来るだけの動機付けがもはやなくなるからである。ちなみにここで私は「終了」と言った。単に終わること，という意味で，ここにはもちろんさまざまな終わり方が含まれる。目標をある程度達成した上で，しかるべき手順を踏む形で生じれば，それは通常は「終結 termination」と呼ばれる。そしてそれが患者の側から一方的に，しかも本格的な治療が始まる前にもたらされる場合には，「中断 interruption」ということになる。ただし私には後者は「ドロップアウト」という表現の方がなじみがある。「ドロップアウト」はする側にもされるに側も，失敗，望ましくない形で生じた終了，というニュアンスがある。治療者の側には，一度は担当することになったはずのケースが手からすり抜ける（「ドロップ」する）無念さという印象を伝える。場合によっては胸が痛み，トラウマにさえなる「ドロップアウト」の体験は，実は初心の治療者が経験を積む上での出発点でもあるのだ。
　ところで，そもそもケースがドロップすることなく，きちんとした終結が迎えられるケースは，どの程度存在するのだろうか？　もちろん治療者により異なるであろうが，米国の少し古いメタアナリシスは，心理療法のドロッ

プアウト率として47%という数字を伝える（Wierzbicki, 1993）。もしそうであれば、ビギナーの場合には、一旦治療が開始された患者がドロップアウトの末に三分の一残れば、それで上出来ではないか。

　最近の研究はドロップアウト率として20%前後という少し安心する数字を挙げている（Swift, 2012）が、臨床現場にいると、心理療法の初回面接に訪れた人の半分以上は、やはりドロップアウトしてしまうという印象を持つ。特にほかの臨床家から紹介されたのではなく、広告などを見て直接カウンセリングを求めてやってきた人のドロップアウトはかなり高率で生じる。彼らは「カウンセリングとはこういうものだろう」と想像していたものと実際の雰囲気とがあまりにかけ離れているために失望してしまうのだ。

　ドロップアウトが一番起きやすいのが初回面接の後であろう。場合によっては治療者と対面してものの5分も経たないうちに、患者側はもう二度と来ないことを決めている。「ありえない。想像していたのとまったく違っていた……。」しかしそれを少しも口にせず、最後まで面接の場に居続け、多くの場合は次回の約束まできちんとしておいて、そしてその「次回」に……訪れないのである。

　初回面接を乗り越えた患者に次に訪れるドロップアウトの危機は、治療が始まって2，3カ月後の、ラポール（治療関係）ができかけたころである。それは予定していたセッションの何度かのキャンセルの後に起きるというパターンを取りやすい。まず第1回目は、「風邪をひいた」などの特定の理由でキャンセルの電話が入る。これ自体はどの治療関係にも普通起きることであり、治療者は特に気に留めないだろう。ところが次の週は理由もなく、ただキャンセルの連絡のみが受付に入る。治療者はある覚悟を持ち始めなくてはならない。そしていよいよ3回目は無断キャンセル。何の連絡もなく、ただスケジュールされた時間になっても現れない。そしてその後はこちらからの連絡にさえも応じなくなることもある。

　この種のドロップアウトの場合、それが生じる以前には、治療をやめるような話は患者からは具体的には出ないのが普通である。少なくとも治療者の側は今後も治療が続いていくつもりでいる。しかし患者の側では、動機づけがすでにかなり減ってきている。ただ治療者に対して申し訳ない、などの理由でそれをセッション中に言い出せない。そして最初は風邪を理由にキャン

セルするが，少し胸が痛む．2回目のキャンセルで患者は，もう治療を続けたくないという暗黙のメッセージを，治療者に受け取ってほしいと願っている．最後の無断キャンセルは明らかな意思表示であり，それを行う側の患者にもそれなりの勇気と覚悟がいる．

このような場合，治療者の側はドロップアウトの「理由」を知りたがるが，通常それは明かされない．患者自身も明確な理由を特定できない場合が多い．ただどうしても足が向かないのである．しかし時には治療過程で生じたある出来事がきっかけとなり，ドロップアウトに至ることもある．治療者の側の過剰な頷きへの不信感．治療者の不用意なひとことやふと出たため息．あるいは治療者の見せた謎の涙．治療者が沈黙し，患者が自分だけ話をさせられている感じ，などなど．多くは治療者側にはそれがドロップアウトを招いたという認識はない．同じ治療者の共感の涙がラポールの強化に貢献することもあることを考えると，このドロップアウトは不可避的な運命のようなものである場合も少なくない．結局は両者に出会いがなかったとしか言いようがないのだ．

ケースのドロップアウトほど，初心の治療者にとって自己愛を傷つけることはない．私はスーパーバイジーや学生に対しても，ドロップアウトが生じそうになっていたら，それがわかった時点でとにかく一度は患者に来てもらい，率直にその経緯について話し合うことを勧めるし，また自分自身でもそうしているつもりである．しかしそれでもよほど治療者の側に心の余裕がない限り，この件を患者と冷静に話し合うことは難しい．それに患者の側はすでにもう治療を継続しないことを決めている場合が多いのだ．「もう来ないと決めている以上，何を話すことがあるのか？」という患者側の事情もまた十分納得できるものだ．結局この「最後の話し合い」で患者が治療の中断を撤回する可能性は半分にも満たないのではないだろうか．

これを書いていると，私は初心の頃患者にドロップされた記憶のいくつかがよみがえる．20年以上前，米国の精神科医になるためのトレーニングで，精神療法の臨床実習があった．週1度のセッションに通ってくるケースをいくつか持たない限り，トレーニングが先に進まず，卒業さえ危ぶまれる．ところがつたない英語を話す自信なさげな外国人レジデント（私のことである）のところに来てくれる患者がなかなか見つからない．それでも「このケ

ースこそは」と思える患者とようやく巡り合う。その人との何回目かの約束の時間が迫ってくる。時計とにらめっこをする。定刻になっても現れない。5分経過。まだ現れるかもしれない。10分。もう無理か。やっぱり自分は治療者として選んでもらえなかった……。こうして失望が心に広がっていく。第2回目からいきなりドロップアウトなら，まだ救われるというところがある。「もともと縁がなかったんだ……。」しかし数セッションが経過し，そろそろラポールができ始めていると感じ，自分のケースとしてカウントし始めるころになると，そこで突然患者が現れなくなった時には，自尊心がズタズタにされる思いがあった。

　心理療法の場数をこなし，ケースの中断という事態をある程度客観視できるようになると，また反応も違ってくるものだ。しかし治療者にとってイニシャルに近いケースだと，ケースに関して起きる不都合なことはすべて，自分に責任があると考えてしまう。しかも「何が悪かったのか？」の決め手が通常は得られない。患者はその理由をわざわざ説明しに来てはくれないからだ（先にあげた例はどれも，主治医の私が治療者に紹介した患者たちがドロップアウトした後に語ってくれた内容である）。すると，何もかも，すべて自分が悪かったのだ，ということになる。初心の治療者は，こうしてますます自信を失っていく。

　私はそのような「手負い」の治療者が救われる唯一の方法は，自分を選んでくれる患者の登場であると思う。そう，患者のドロップアウトによる傷心の治療者を救い出し，育て上げてくれるのもまた，患者の存在なのである。おそらく，心優しく，時には厳しいスーパーバイザーの存在よりも。逆に言えば，そのような患者にいつまでたっても出会えないとしたら，その治療者は仕事を変えることを真剣に考えなくてはならないだろう。

　心理療法家がこのドロップアウトとそれからの立ち直りをその生業の初めに体験することの意味は大きい。それはある重要な現実の体験である。患者は支払うお金と費やす時間に見合ったものを受け取ることができないセッションには来ない，ということだ。患者はその点に関してはあまり偽らないし，そこには遠慮も気遣いも少ない。あったとしても，通常の人間関係に比較すればかなり少ないだろう。心理療法は実力社会であり，患者はこちらの力量を推し量り，来る価値がないと判断したセッションには現れないのである。

これほど正直なフィードバックはあるだろうか？　心理療法家はそのような厳しい体験を通して，自分の仕事を確立していくのである。

治療は本当に終わるのか？

　そもそもラポールを形成する段階まで進んだことのない初心の治療者にとっては，その先の治療過程を経て，終結や別れの作業に至るプロセスは，遠い苦難の道の末の出来事と想像されるかもしれない。しかしある患者に選んでもらえた治療者は，あたかも患者と一緒にストーリーを読み進めるようにして歩を進めていく。時には患者が先導してくれたりもする。それは苦難とはほど遠く，興味をそそりワクワクするようなプロセスともなりうる。しかしそれでも終結は偶発的に，思いがけない事情で訪れることもある。私は終結とは，そのストーリーの結末，結論，集大成，とは考えない。むしろそのストーリーに附属するもの，たまたま訪れる一区切り，というニュアンスの方が近いのではないかと思う。
　少し極端な問いかけをしたい。「治療関係に終わりはあるのだろうか？」もちろん精神療法に終わりはつきものだ。開始された心理療法と同じ数の終結や中断がいずれは生じるはずである。しかし終結や中断は，定期的で継続的なセッションの終了を意味してはいても，それで治療者と患者の関係が切れるわけではない。こう考えることは，終結を重んじ，それに向かってワークするという分析的な立場とは異なることも確かであろう。しかしこう言ってはなんだが，終結をきちんとしたいというのは，実は治療者の側の理屈であり，ニーズであったりする。
　治療関係はいったん始まったら永久に終わらない，というのは暴言であろうか？　しかし私たちはなぜ，一度治療関係に入った患者とは，治療終結後も私的な関係に入ることを非倫理的と考えるのだろうか？　終結した患者は，いつ何時また問題を抱えて舞い戻ってくるかもしれない。それを二度と受け入れないという十分な理屈を治療者は持っていないはずだ。もしそうだとしたら終結自体が一区切りという意味での仮のもの，ということになりはしないだろうか？　少なくとも患者の側は，「また何かあったらおいでください」と治療者から送り出してもらうことを望んでいないだろうか？

精神分析において治療関係に入るということは，その瞬間が，通常の人間関係の終わりであるとすら言える。私は昔精神科の外来で出会い，人間的にも惹かれると感じた相手（患者とはあえて呼ばず）と，今こうして治療者患者関係に入ることで，決して私的な関係には入れない関係になってしまっていることに思い至り，不条理さを感じたことが時々ある。初診面接とはその人とのパーソナルな関係の可能性の終わりであり，いつ終わるともない治療者患者関係の始まりでもあるのだ。

　終結した患者が舞い戻ってくることに治療者が心の準備をしておくという立場は，「一度終結したらもう会わない」という，多くの分析家が持っている立場とはかなり異なる。しかし精神科医として臨床に携わる際には，前者の方が普通であり，医師も患者もそれを前提としている。臨床心理士やカウンセラーも同様であろう。そのようなケース，いわば常連さんが心理士の生計を支えていることすらありうる。そしてこのことは，たとえば弁護士にしても税理士にしても，おそらくあらゆるサービス業について言えることだ。彼らにとっては終結や中断は，一区切りであり，関係自体は永続的なのである。

一番多い「自然消滅」のパターン

　通常の，特に精神分析的な構造を持つことのない，上述のような明確な終わりを持たない心理療法は，実際どのような「終わり方」をすることが多いのだろうか？　私の体験を少し書いてみたい。

　私はこれまでに，数多くの心理職の方々の心理療法を担当する機会を持ったが，彼女たち（女性の方が多いのでこのように呼ばせていただく）が無断で治療を休んだり，ドロップアウトしたりするということは，非常に考えにくい。彼女たちはきちんと終結の予定を立て，そのためのワークを行い，そして去っていく。ドロップアウトしないことにはそれなりの理由があるのであろう。彼女たちが臨床心理職として心についての経験を重ね，治療のプロセスについてもその意味を自覚し，その心理的な起承転結をわきまえている可能性がある。またドロップアウトの持つ破壊性を身をもって承知している彼女たちが，それを自らが行うことには大きな抵抗を感じるということもあ

ろう。さらには狭い業界であるために，いずれは治療者と別の機会で顔を合わせることも多く，あまり失礼な終わり方はできない，という思考が働くかもしれない。

　それに比べると一般の患者の終結の仕方はずっとそっけなく，また自分本位（いい意味を含む）であることが多い。彼らはそれほど，あるいはまったく「きれいな終結」を意識しないであろう。そこにはむしろ現実的な事情が働き，偶発的でより自然な形での終結，私がここで「自然消滅」と呼ぶプロセスがかなり多く見られる。

　「自然消滅」それ自体はシンプルな理由で生じる。冒頭で「治療の終結は，患者の側に治療継続の動機付けがなくなるから」という言い方をしたが，それがここに当てはまる。患者は治療の継続する一定の期間を通じて，治療者から「何か」を受け取るのだ。それは人生の難しい局面に差し掛かっている患者への，洞察を促すような介入かもしれないし，治療者のある種の情熱かもしれない。「安全基地」や「抱える環境」の提供でもありうる。治療が継続する限り，患者は治療者からの「何か」にそれなりの満足を得るだろう。しかしそれと同時に患者は幾分かの不満をも持つはずである。「こんなものだろうか？」「別の治療者ならもっとしっかり話を聞いてくれるのではないか？」「少しもよくなっていないではないか。」そのうち「この治療者との関係では，これ以上は望めない。もちろん精一杯やってくれたことはわかるが」などの気持ちを抱くはずだ。これは程度の差こそあれ，必然的に起きる。いかなる治療も理想化された関係性の不完全なる代償に過ぎないからだ。そして治療者の側も，「自分はもうすでに力を尽くした」や「もう伝えるべきものは伝えた」という感覚，あるいは「自分は力不足だった」という思いが起きるようになるだろう。あるいは「そもそも患者が安くない料金と貴重な時間を費やして通ってくるのに見合うだけのものを自分が提供できていないのではないか？」などと考えるかもしれない。

　この治療者と患者の思いは，通常はある程度通じ合うものなのだ。両者はおおむね歩調を合わせて治療の終了に向かう。そしてここが「自然消滅」の特徴なのだが，このプロセスでは通常は，それについての話し合いや言語化などがあまり行われないのである。あるいはたとえ言語化が行われたとしても，終了へのプロセスの主体は非言語的に進行して行く。

そのようなドロップアウトでもない「自然消滅」の実際の起こり方も，すでにみたドロップアウトのプロセスと少し似たような過程を経る。徐々にキャンセルが増えていく。毎週から隔週へと，セッションの間隔があいていくという形をとることもある。1セッションごとの料金が高く設定されている場合には，この頻度の変化はかなり明確な形で，治療動機が低下していることを反映しているであろう。ただしこれには患者の仕事やスケジュールの変化や，治療者の側の都合が絡んでいたりする。そしてふと気がつくと，時々1，2カ月ほど，セッションの間隔があいたりするということが起きてくる。お互いに「自然消滅」が起きかけていることを意識しているのだが，それについての口は重い。それを言語化することはなぜかシンドいのである。

さて心理療法において終結は大切であるという意見を持ちつつも，私はこの言葉にならない終了プロセスもまた味があると思っている。それは何よりも治療者と患者の両者が，それを体感し，味わっているからである。私は別れは言葉を交わすことではなく，味わい，感じ合うものであると思う。それは時には言葉にすることで，その重要な性質が損なわれるものであるかもしれないのだ。あえて言えば，すべて言葉にするのは，日本の文化に必ずしもそぐわないという気もする。取り立てて口にせず，しかし別れが近づくのを味わう。ここで口にしないのは相手への気遣いでもある。

大切な人との別れの日に，一言も言葉を交わさずにいつもの道を歩いた，という体験を，読者はお持ちではないだろうか？　言葉にしないことで耐えられる別れがある。あるいは別れそのものがはるか先に進行してしまっていて，言葉では追い付かないのだ。それはもちろんフロイトに言わせれば，「別れの辛さを否認している」ことにもなるかもしれない。しかし言葉にしないことで味わう別れもあるのではないだろうか？　それが精神療法において生じることも自然なことだと私は考える。

この「自然消滅」のもう一つの特徴としては，患者の側に，あるいは治療者の側に，「いざとなったらまた会える，多分」という気持が残されているという点が挙げられる。そこら辺をあいまいにする意味でも，別れをあまり口にしないというところがあり，この側面はまさに否認であり防衛かもしれない。でもそれさえ奪い去る根拠が治療者側にあるかについては，私には自信がない。

私はこの種の自然消滅的な終結と親子関係を二重写しにして考えているところがある。あれほど濃密な時間のなかで，あれほど親を必要とし，親の側も自分の存在がこれほど求められるのだと感じていた子どもとの関係が，ある時期からどんどん遠ざかっていく。気がつくと子どもは自分たちを必要としていないどころか，言葉を交わすことさえ厭うようになる。あたかも自分の世界を築くためには，親との関係はかえって足かせになるとでも言わんばかりに。そしてある日家を出て行ってしまう。時にはほとんど喧嘩別れのようにして。親は自分の命が少し軽くなったことにホッとすると同時に，一抹の寂しさを覚える。

　ところが子どもの方も親のほうも，関係が終わったとは露ほども思っていない。子どもの方は，「今はとりあえず必要ない。第一ウザいし。でもいずれはまた帰っていくだろう。それほど自分は薄情ではない」程度の気持ちはある。親のほうも「今は自分の人生で精一杯なのだろう。でもやがて帰ってきてくれるに違いない」と思っている。実はその「帰っていく」は盆暮れや法事の帰省程度なのだ。それも自分の家族ができてからは日帰りのみ。それこそ親が死の床についた際に，やっと落ち着いて帰ったという雰囲気になるのかもしれないが，その時になるとむしろ「別れ」は告げにくくなっている。それどころか，親の側が「自分ももう長くは……」とでも言おうものなら「何をバカなこと言っているの？」とすぐにでも否定されてしまうのが普通である。こうして決定的な別れの言葉は回避され，いったん自分の生活に戻った子どもが親の危篤の知らせで駆け付けた時は，もう言葉どころか意志さえ交わせない状態になっていたりする。こうして私たちの人生における別れは「自然消滅」の形をとるのだ。

治療者との内的な関係が残る

　精神分析理論と異なり，別れの否認にもつながる可能性のある「自然消滅」にもそれなりの意味があるのだろうか？　意味があるとしたら，治療関係には，あるいはそれを含めた人間の関係には，明確な別れがないからだろう。別れても，その人との関係は心の中でつながっているからである。あとはごくたまに実際に顔を合わせたり，あるいは遺影を眺めたり，墓前で手を

合わせたりして、そのつながりを「確かめる」だけでいいのである。お別れや終結は、一つの、しかも重要な区切りではあっても、関係自体は決して終わらないのである。

　こう言うことには少し勇気がいるのだが、人間はある時期が来れば、別れることで、よい関係に入ることができるとは言えないだろうか。もっと勇気を出して言えば、それが死別であっても、である。安定した穏やかな関係は、距離のある関係である。距離を持ちつつ、心の中ではお互いを考えているのだ。臨床家ならわかっていただけるだろう。過去にある程度の深さのかかわりを持ったケースが、折に触れて頭に浮かんでこない人はいるだろうか？私はいつも回想の中で出会っているし、対話をしているのだ。それは別れ方によってはほろ苦いものになるかもしれない。そしておそらく向こうもそうやって私と出会っている。人との関係がそういうものである以上、別れは言葉にしないものである。あるいは言ったとしても「いつかまた会いましょう」程度であろう。私はこれは特に別れや喪の作業の否認とは必ずしも言えないと思う。

　とすれば終結とは、常に起きうるし、毎回起きている類のものであることがわかる。いつも「これで終わりかもしれない」ことを言語化しないものの、その覚悟で会うのだ。こうなるとドロップアウトすらも終結ということになる。

ある終結例　Dさん

　私がかつて体験した症例Dさんとの終了プロセスについて書いてみたい。Dさんは私と5年間の精神分析を行ったが、本テーマについて、さまざまに考えさせてくれたケースである。彼の場合は「自然消滅」ではなく、きちんと「終結」した例であるが、私が本章で述べたことをある程度例示してくれるだろう。

　Dさんは治療開始時40台半ばの独身の白人男性である。彼は生活保護手当てを受給しつつ米国中西部のP市内のグループホームで生活していた。Dさんはまた市内の総合病院で医療関係のボランティアを週2回ほど行っていた。Dさんの主訴は長期にわたる憂うつな気分、過去に自分を見捨てた人々

や父親への強い怒りと憎しみ，異性と親密な関係を持つことへの恐れ，などであった。

　Dさんの抑うつ気分は，過去数年の間に起きたいくつかの出来事により始まり，徐々に深まってきていた。受診4年前，P市で医療関係職として勤務していた際に，7歳年下の妻が急によそよそしくなり，やがて家に戻らなくなり，最終的に離婚に至るという出来事があった。Dさんは「結婚式で一生の誓いを立てた妻が自分を棄てるということをまったく予想していなかった」と非常に大きなショックを受け，一時的に抑うつ状態に陥ったが，仕事には何とか通い続けることができた。さらに2年後にはDさんは今度は10歳以上年上の女性Cと親しくなったものの，翌年にはその女性にも去られ，完全に打ちのめされた気分になった。その結果Dさんは仕事を失い，自罰的な感情を伴ったより深刻なうつ状態に陥った。

　受診1年前の夏にDさんのうつ状態はさらに深刻となり，ほとんど外出不能となり，周囲に自殺までほのめかすようになった。Dさんは同じ町に単身で暮らしていた母親に連絡をし，その母親の尽力により，市内の精神病院へ入院となった。数週間の入院生活の後，抗うつ剤によりある程度症状が改善したために退院し，グループホームに移り住んだが，母親のうちに頻繁に訪れる生活であった。Dさんはまたリハビリもかねて市内の総合病院でボランティアとして働きつつ，市内の精神科クリニックに通院を開始した。私は最初はそこでDさんの薬物療法医として出会った。

　Dさんの子ども時代，一家は父親の仕事のために何度か転居を繰り返した。幼少時の2年間は日本のある米軍基地内に滞在している。その頃聞いた日本の童謡や近所の友達と遊んだことを今でも思い出すことがあるという。子ども時代に勉強は常にトップクラスであったが，自己主張することが苦手で，しばしばいじめの対象にもなった。彼はひとりで模型を作ったり，スケートや自転車を楽しむことはできたが，集団で行う球技などは決して好きになれなかった。

　Dさんは子ども時代から母親とは情緒的に近いと感じていた。彼は母親の考えていることはおおむね理解でき，また母親からも自分が理解されていると感じていたという。父親はその後大学の管理職に転じたというが，非常に権威的で，Dさんに対しては常に冷淡であったという。しかし父親はとても

勉強熱心でもあった。Dさんの父親に関するイメージは，いつも読書をしていて，彼に背中を向けているというものだった。しかしDさんはそのような父親に同一化する傾向もあり，幼いころから読書に親しみ勉強に熱心であった。Dさんには3歳年上の離婚した兄がいた。彼は兄とはおおむね仲がよかったが，強い競争心も感じていたという。

　Dさんが中学生になってからは，父親の仕事の影響による転居も少なくなり，落ち着いて学生生活を送ることができたが，友人も少なく，その孤独傾向はあまり変わらなかった。Dさんが20歳のころ，父親はある日突然若い女性と出奔してしまい，両親は離婚となった。それ以来Dさんは父親に強烈な怒りと不信感を抱くようになったという。DさんはQ大学に進学し，理科系の修士号を取得した。それからしばらく研究職についたが，その後もう一つの修士号を取るためにR大学に進んだ。2番目の修士号を取得したあと，受診の14年前，30歳のときに年下の女性Bと知り合い，結婚した。彼は医療関係者として働きながら3つ目の学士号のための勉学に打ち込んだ。そのころ彼とBとの関係は急速に疎遠となっていった。それ以降は現病歴として記したとおりである。

臨床像

　Dさんは背が高く小太りの中年男性であった。頭髪は豊富で，ひげを伸ばし，清潔ではあるが貧しさの感じられる身なりをしていた。話し方は理論的で，多くの専門用語で占められ，あたかも論文を読んでいるような印象を与えることもあった。きわめて高い知的能力を備えていたDさんは，物事を秩序立て，整理し，かつ文脈に即した適切な単語を用いることによる知的な満足感を得ようとしているようだった。しかし同時にそのような能力を聞いている人に誇示しているかのようでもあった。他方では情緒的な表現は非常に抑制されていた。会話の最中もほとんど表情の変化を見せず，声の抑揚も抑えられていた。しかし彼の言語表現からは，時折過去に自分を見捨てた人々に対する激しい憎悪とともに，孤独感や他人から心理的な援助を求める気持ちも伝わってきた。また私には時おり親しみのこもった眼差しを向けることもあった。

治療経過

　Dさんは私が分析家になるための候補生としての訓練ケースであった。そのため，私は彼との治療が開始して軌道に乗り始めた時点で，すでに彼がドロップアウトすることを懸念していた。分析家になるためには，2年以上続いたケースを3例持たなくてははならない。しかも分析的なプロセスによりそれなりの改善を見せる必要がある。たとえばケースが1年で中断となると，それはカウントされず再びゼロからケースを探すことからはじめなくてはならない。私にとって最初の症例Dさんは，絶対に「ドロップアウトしては困るケース」だったのである。もちろんそれはこちらの勝手な都合であった。そのころ分析家の候補生の間では，「分析者がケースがドロップすることを心配すればするほど，そのケースはドロップしてしまう可能性が大きくなる」という，まことしやかな話が伝わっていた。その意味ではDさんは真っ先にドロップしていいケースだった。しかし以下に示すとおり，いざ分析のプロセスが始まると，Dさんはその設定にすっかりなじんでしまったのである。

　Dさんは最初は早朝のセッションに慣れずに，何回か寝坊をして遅刻することもあった。しかし徐々にこのペースに慣れ，彼の日常のどちらかといえば儀式的なルーチンの中に分析のセッションをうまく組み込むことができた。Dさんはカウチを用いることにほとんど抵抗はなく，むしろ非常に興味を示した。彼はカウチの上では対面状況よりはリラックスした様子で，専門用語に頼ることもより少ないという印象であった。彼の連想は幅を増し，最初のアセスメントを行っていた時の，論文を読むような知性化された話し方とはかなり異なったものとなって行った。

　分析を開始して最初の頃は，Dさんは母親のことを繰り返し話した。彼によれば，母親からの情緒的なサポートは彼のうつ病からの回復に非常に重要とのことだった。Dさんの母親はすでに70歳代後半で，市内に独居していたが，Dさんはしばしばそこに立ち寄り，1日3回の食事のうち1，2回は毎日母親と摂っていた。Dさんは最初のころは，この母親との日常会話の内容を私たちのセッションでも紹介することが多かったが，徐々にもとの妻からの裏切りという，より痛みを伴った連想へと移っていった。彼の心は7年間続いた結婚生活とその後の裏切りという思い出にいまだに呪縛されている

といってもよかった。

　さらにDさんは自分が子ども時代に２年間過ごした日本のイメージについても語るようになった。日本人である私への転移感情がそこに影響していることは明らかなように思われた。

　Dさんの私に対する気持ちは概して好意的なものであり，若干の理想化も感じられた。Dさんのセッション中の態度は，従順な生徒のようであった。Dさんは精神分析をある種の教育の機会，あるいは自分について認知的な理解を深めるための手順としてとらえ，それが能動的な人間同士の自発的なかかわりという側面を持つという発想はあまりないようであった。彼は最初はしばしば具体的な質問を私に向けてきた。それらは「夢をどのように報告したらいいのか？」とか「何も言うことがなくなったらどうしたらいいのか？」などの質問であった。

　次第にDさんは，私に対する依存欲求をかなりその表現を抑制した形ではあれ示してきた。それはDさんが，非常に知的ではあるが感情的には疎遠であった父親との関係でやり残したものに由来すると思われた。私は精神分析の機会がDさんにとって一つの精神的な拠り所を確かに提供しつつあることを感じ，それがよい成果をもたらしてほしいという気持ちとともに，この治療を果たして無事に終わらすことができるのであろうかという不安も抱くようになった。

終結に向けての作業──「自分はきちんと終結できるだろうか？」

　終結期に焦点を絞るために，Dさんとの治療プロセスを相当早送りしなくてはならない。Dさんは私との分析を中心にして生活を組み立てるようになった。彼は私を治療者として，先達として，あるいは父親として，息子として，さまざまに見立てているようであった。私には異郷の地で本格的に私を「拾って」くれたDさんに感謝をした。しかし早晩生じてきた私の「Dさんは終結するだろうか？」という懸念は，結局Dさんの側の懸念とも呼応していたとみていい。それを思わせるエピソードがある。

　治療が始まって３年目の夏の暑いある日，Dさんは分析のために私のクリニックの駐車場の小さな木の陰に車を停めた時のことを話した。その木は最近植えられたもので，Dさんの背と同じくらいの高さだった。その時Dさ

んは，これから私とのセッションに来るたびにその木のそばに車を停めようと考えたという。そして5年，10年と経ってその木が大きく成長し，大きな影を作って，駐車している車を冷やしてくれるのではないかとも思ったようだ。しかしそれと同時に，自分がこれから何年もの間治療に通うことを期待していることに気がつき，精神分析に対する依存症になっているのではないかと心配になったという。私はこれを聞き，Dさんがすでに私と同じような懸念を持っていることに気が付いた。

　Dさんが精神分析プロセスに対して，そして私に対しての関係性を深め，それを継続したいという強い願望そのものについて，Dさんと私は話題にすることとなった。Dさんはこの願望には明らかに，幼少時に父親から十分な注意を向けられなかったことが影響していたことを認めた。母親も今から思えば，彼に対して十分な注意や愛情を向けていたとは言えなかった。夫との関係がすでに冷え込んでいた母親は，むしろDさんに対して精神的に依存するようになっていた。数年前にDさんのうつ状態を懸念してその入院を手配し，その後もいわばDさんを抱え込んでいるような母親の反応には，そうすることでDさんの自立を暗に阻んでいるかのようなニュアンスがあったことも明らかになっていた。そしてそこには同時に，Dさんの私に対する父親との同一化という大きな力動が働いていたという事情も見えてきた。私の母国である日本はDさんにとっても幼少時を過ごした土地であるという意味では，私の存在には母親的な意味合いもあった。そのようなことを話し合ううちに，Dさんは自分自身の私への依存欲求やそれに対する怖れについて，より客観的に理解できるようになったようである。

　ただしDさんが終結しないのではないか，という懸念は，私の側の杞憂であったかもしれない。そこには私がいずれはこの地を去ってしまうであろうことへの後ろめたさ，あるいは分析家としてまだ未熟でありながら，半ば自分のトレーニングのために彼を分析に引き込んだ後ろめたさの反動もあったかもしれない。

　私との治療プロセスが進む中で，Dさんにはさまざまなことが起きたが，それはおおむね彼の適応の改善を示していた。彼は正式な職を得て，兄との関係もより深くなり，母親との関係は淡白なものとなった。ただ依然として父親との葛藤は残ったままだった。その間私に対する穏やかな理想化は続い

ていた。そして時間はゆっくり終結期に向かっていた。治療も4年目を迎え，彼の問題の多くも解決し，私の分析家としてのトレーニングも先の段階に進み，新たなケースを持つ必要も生じた。彼もそれを感じていたようである。

　Dさんと私は分析治療の開始から6年を一応の終結時期とすることを話し合った。Dさんがちょうどその頃を目指して，別の州でのある医学系のトレーニング機関に応募してみようと考えていることがひとつのきっかけとなった。それから最終的な終結前の1年間は，Dさんと私にとって終結に向けての意識はひと時も心から去らないものの，それが実際に言語化されることは決して多くなかった。私はDさんが終結を見据えたさまざまな連想や実際の行動を見せることにむしろ注目した。

　終結まで半年ほどの時期のあるセッションで，Dさんは自分が低い料金でのセッションを巧妙に利用しているのではないかと懸念していると語った。そして「私はもっとあなたを必要としている人のために，この機会を早く譲らなくてはならないかもしれませんね」と語った。終結まで3カ月になると，Dさんは分析以外の方面での関係性を持つことに力を注ぐようになった。私が1週間の休暇を取った際に，分析のない時間に，彼はたくさんの知人にメールを出した。それはサマータイムが終わることへの警告を呼びかけるという形をとっていたが，それに返事をしてきた2人の女性とメールのやり取りをするようになった。そのうちの一人，EはDさんの高校時代のクラスメートであったが，Dさんはその女性とやがて深刻な内容のメールのやり取りをするようになった。Dさんと私はこの終結の間際に彼が見せた行動について，その意味を話し合った。Dさんは最初はEへのアプローチと私たちの終結との間に関係性を見出さなかった。しかしやがてDさんは，これが自分の終結を扱う一つのやり方であるという可能性を認めた。私はまた，これは彼自身の私を喜ばせたいという試みかもしれないとも感じた。かつて精神分析の目的について話した際，フロイトが言及した「働くことと愛すること lieben und arbeiten」ということについてもDさんと話したことが思い出された。私はまた自分自身の中に，Dさんとの分析を成功裏に終えたいという強い願望があることを認めた。

　DさんとEとの関係が進む中で新たなことが起きた。ある日私たちは彼の受身的な態度や新しい関係を始めることの難しさについて話していた。彼

第9章 治療の終結について問い直す　117

は人から拒絶されることへの強烈な恐れについて論じてそのセッションは終わった。次の日のセッションにやってきたDさんはこう話した。「昨日のセッションが終わった後，あなたに勇気づけられて，私はEに手紙を出して自分の想いを伝え，本格的に付き合おうと提案をすることができましたよ。私たちがこれを話さなかったら，私は決してEに声をかけることができなかったと思います。」このコメントが興味深かったのは，前日のセッションで，私はDさんの拒絶されることへの恐怖についてもっぱら聞いたものの，Eとコンタクトを取ってみるように私の側から積極的に提案したつもりはなかったのである。

　Dさんが終結に向かって準備ができ始めていることは，彼が自分の受身性や依存欲求への理解を深めたことにより私たちの関係性において明らかになっていた。それらの特質は私たちのこれまでの精神分析の駆動力となっていたのである。

　このころDさんは次のような夢を報告した。「先生がある種の分析の会議の場にいるんです。そしてなにかとても大きい魚を釣り上げたという自慢をしているのです。それは私のことを意味していて，セッションにはいつも時間通りに現れて，見事な進歩を遂げているとあなたが言っているのがわかりました。」私はそれに対して「それはあなたがお父さんの自慢の息子になりたいという気持ちの表れでしょうね」と応じた。

　終結を1週間後に控えたある日，Dさんは自分が精神分析でどのような点数をつけてもらえるかを尋ねてきた。そして私が何も答えないうちにこう言った。「私はこんな質問をいつかしたことがありましたね。でも今日は私はあなたから具体的な点数を聞きたいのではなく，ただ思い出してみたかったのです。」私はDさんに，自分の分析にどのような点をつけると思うか聞いてみた。彼は点数はわからないものの，自分がかなりうまくやったと思うと語った。私もDさんがこの6年間一度もセッションに遅れることがなかったことを指摘した。私は彼が自分の分析を高く評価したことがうれしいと告げた。

　分析の終結の前の週に，Dさんは象徴的な行動に出た。彼はかなり無理をしてお金をかき集め，Eに会いに行き，楽しい時を過ごしたというのである。そして「いよいよ私は本格的な行動に出始めました。新しい仕事も見つけな

くてはなりません」と言った。

　最後の週の分析では，Dさんはリラックスし，しかし少し沈んだ面持ちで分析の終了を惜しむようにその思い出をいくつか語った。彼は「今ある自分の多くは，あなたのおかげです」と言った。「私が一番学んだのは，私は孤独を好む人間ではなく，一匹狼ではないということです。私は本当は，率直に話す相手を必要としているのです。私はこの6年を通して，人と関わることは自分にとっては栄養のようなものだと学びました。」最後の日にDさんはふたたび私に礼を言い，私は彼の人生上のこれからの発展を祈るといい，握手をして別れた。

　Dさんとの分析が終結して1年ほどで，私は十数年住み慣れ，Dさんとの分析を6年間行った町を離れることになった。それまでにDさんからは2回ほど連絡の手紙が送られてきた。それらは3つの出来事を伝えてきた。1つはDさんが市内の医療職に無事定職を得たということであった。そして2つ目は私が勤めていたクリニックの役員に選ばれたということである。さらにもう1つは，親しくし始めたEとの関係が破綻し，彼の方から別れを伝えたということであった。「人から捨てられることをあれほど恐れていた私が，先に相手に別れを告げることになるとは思いませんでした。でもEが私に全面的に依存してくることにこれ以上耐えるべきではないと思ったのです。またしばらくは私は一人でやっていくことになりそうです」と手紙には書かれていた。

　私は今になってもDさんとの分析が理想的な形で終結したかどうかはわからない。Dさんが行動により終結に弾みをつけた一方では，終結そのものについて言語化した機会は限られていたし，私の方にもそれを避ける気持ちは最後まであった。しかしそれは私たちが心の中での関係をも絶ってしまうことに対する拒否の表れだったとみることもできる。終結して20年以上たった今，私はDさんがどこでどう暮しているかを知らない。しかし少なくとも私の側は，Dさんの面影を今でもしばしば思い出す。その意味では終結をしっかり体験することも私たちの関係にとって一つの過程であったという気がする。そしてこのケースは私にとっても，本稿で論じた「自然消滅」だった可能性はあるように思えるのだ。

第Ⅱ部
トラウマと解離からみた精神分析

第10章 トラウマと精神分析（1）

はじめに

　精神分析はかつては米国を中心にその効果を期待され，広く臨床現場に応用されていたが，現在は全世界的に退潮傾向にあるといわれる。しかし幸いにもわが国においては，精神分析における治療理念は期待を寄せられ，また時には理想化の対象になる場合もある。私は精神分析学会とともに日本トラウマティック・ストレス学会にも属しているが，トラウマを治療する人々からも精神分析に対する「期待」が寄せられるのを感じている。それは以下のように言い表すことができるだろう（岡野, 2016）。

- 精神分析はその他の心理療法に比べてもより深層にアプローチし，洞察を促すものである。
- トラウマに関連した症状が扱われた後に本格的に必要となるプロセスである。
- 精神分析のトレーニングを経た治療者が，分析的な治療を行うことができる。

しかしこれらの期待に現在の精神分析は堪えうるものなのだろうか？　それを本章では考察したい。

伝統的な精神分析とトラウマ理論

　ここで精神分析家としての私は，多少なりとも自戒の気持ちを持って次の点を明らかにしなくてはならない。それはフロイトが創始した伝統的な精神分析は，残念ながらあまり「トラウマ仕様」とは言えなかった，ということ

である。すなわちトラウマを経験した患者に対して治療を行う論理的な素地を十分に有していなかったということだ。それを説明するうえで，精神分析の歴史を簡単に振り返る必要がある。

　フロイトが1897年に「誘惑仮説」を撤回したことから精神分析が成立したという経緯がある。その年の9月にフリース Wilhelm Fliess に向けて送った書簡（Masson, 1986）に表された彼の心がわりは，精神分析の成立に大きく寄与していたと言われている。単純なトラウマ理論ではなく，人間のファンタジーや欲動といった精神内界に分け入ることに意義を見出したことが，フロイトの偉大なところで，それによって事実上精神分析の理論が成立した，ということである。この経緯もあり，伝統的な精神分析理論においては，トラウマという言葉や概念は，ある種の禁句的なニュアンスを伴わざるを得なくなった。

　その後のフロイトは，1932年のフェレンツィ Sándor Ferenczi による性的外傷を重視する論文に対してはきわめて冷淡であった。フェレンツィの論文の内容はフロイトが1897年以前に行っていた主張を繰り返した形だけであるにもかかわらず，フロイトが彼の論文を黙殺したことは驚くべきことである。彼はまた同様に同時代人のジャネ Pierre Janet のトラウマ理論や解離の概念を軽視した。このようにして精神分析理論とトラウマの間には，フロイトの時代に一定の溝が作られてしまったのである。

　精神分析の立場からはトラウマ理論に対して一種の失望の気持ちを持つ人が少なくないことはこのような経緯を考えればある程度仕方のないことなのかもしれない。たとえば精神分析家の藤山氏は，以下のように書く（藤山, 2008）。

　　　「……プレ・サイコアナリシスというか精神分析以前，『ヒステリー研究』の頃のフロイトの考えでは，患者はどちらかというと環境の犠牲者なんです。これはたとえば最近のハーマンなどの外傷をやっている人たちの理論と非常に近いんですね。つまり人間の心の病気というのは，心的外傷に基づいているものだという，そういうことになってしまいます。……」

　精神分析の立場にもある私にはこの藤山の記述もよくわかる気がする。トラウマを強調することは，ある種の単純化や還元主義に向かう傾向は確かに

あるであろう。ただし時代の趨勢としてはトラウマの役割を無視できないということは以下のカーンバーグ Otto Kernberg の記述にもうかがえるであろう。

> 「……私は生まれつきの攻撃性について語る上での曖昧さはなくなってきている。問題は強烈な攻撃的な情動状態への，生来のなり易さであり，それを複雑にしているのが，攻撃的で嫌悪すべき情動や組織化された攻撃性を引き起こすような，トラウマ的な体験なのだ。私はよりトラウマに注意を向けるようになったが，それは身体的虐待や性的虐待や，身体的虐待を目撃することが重症のパーソナリティ障害，特にボーダーラインや反社会性パーソナリティ障害の発達に重要な影響を与えるという最近の発見の影響を受けているからだ。つまり私の中では考え方のシフトが起きたのであり，遺伝的な傾向とトラウマを融合するような共通経路が意味するのは，情動の活性化が神経内分秘的なコントロールを受ける上で，遺伝的な傾向が表現されるということだ。……」。
> (Kernberg, O., 1995, p. 326)

カーンバーグと言えば，1970年代から80年代にかけて境界パーソナリティ障害についての理論を打ち立て，精神医学界にも大きな影響を与えた人物のひとりであるが，その病因としてはクライン派の理論に基づいた患者の持つ羨望や攻撃性が強調された。そのカーンバーグの立場のトラウマ重視の立場への移行はおそらく，精神分析の世界におけるトラウマの意義の再認識が起きていることを象徴しているように思える。

関係精神分析の発展とトラウマの重視

伝統的な精神分析理論は，トラウマ理論やトラウマ関連障害の出現により逆風にさらされることとなった。精神医学や心理学の世界で近年の最も大きな事件がトラウマ理論の出現であったといえよう。1980年のDSM-IIIでPTSDが改めて登場し，それから20年足らずのうちにトラウマに起因するさまざまな病理が扱われるようになり，国際トラウマティック・ストレス学会や国際トラウマ解離学会が創設された。現代的な精神分析（関係精神分析）は「関係論的転回」を遂げたが，その本質は，トラウマ重視の視点であ

ったといえる。

　現代的な精神分析における一つの発展形態として，愛着理論を取り上げよう。愛着理論は前世紀半ばのボウルビィ John Bowlby やスピッツ René Spitz にさかのぼるが，トラウマ理論と類似の性質を持っていた。それは精神内界よりは子どもの置かれた現実的な環境やそこでの養育者とのかかわりを重視し，かつ精神分析の本流からは疎外される傾向にあったことである。乳幼児研究はまた精神分析の分野では珍しく，科学的な実験が行われる分野であり，その結果としてエインズワース Mary Ainthworth の愛着パターンの理論，そしてメイン Mary Main の成人愛着理論の研究へと進んだ。そこで提唱された D 型の愛着パターンは，混乱型とも呼ばれ，虐待を受けている子どもや精神状態がひどく不安定な親の子どもにみられやすい（van der Kolk, 2014）。

　最近精力的な著作を行うショア Alan Schore の「愛着トラウマ」（Schore, 2009）の概念はその研究の代表と言える。ショアは愛着の形成が，きわめて脳科学的な実証性を備えたプロセスであるという点を強調した。ショアの業績により，それまで脳科学に関心を寄せなかった分析家たちがいやおうなしに心と大脳生理学との関連性を知ることを余儀なくされた。しかしそれは実はフロイト自身が目指したことでもあった。

トラウマ仕様の精神分析理論の提唱

　以下にトラウマに対応した精神分析的な視点を提唱しておきたい。私はそれらを以下の 5 点として提示する。

1. トラウマ体験に対する中立性
2. 「愛着トラウマ」という視点
3. 解離の概念の重視
4. 関係性，逆転移の視点の重視
5. 倫理原則の遵守

　第 1 点は，トラウマ体験そのものに対する中立性（岡野, 2009）を示す

ことである。ただしこれは決して「被害者であるあなたにも原因があった」,「加害者にも言い分がある」,ではなく,「何がトラウマを引き起こした可能性があるのか？」,「今後それを防ぐために何ができるか？」について治療者と患者が率直に話し合うということである。治療者がこの中立性を発揮しない限りは,トラウマ治療はまったく進展しない可能性があるといっても過言ではない。

　第2点は愛着の問題を重視し,より関係性を重視した治療を目指すということである。その視点がこの「愛着トラウマ」に込められている。フロイトが誘惑説の放棄と同時に知ったのは,トラウマの原因は,性的虐待だけではなく,実にさまざまなものがある,ということであった。その中でもとりわけ注目するべきなのは,幼少時に起きた,時には不可避的なトラウマ,加害者不在のトラウマの存在である。臨床家が日常的に感じるのは,いかに幼小時に「自分は望まれてこの世に生まれたのではなかった」というメッセージを受けることがトラウマにつながるかということだ。しかしこれはあからさまな児童虐待以外の状況でも生じる一種のミスコミュニケーションや,母子間のミスマッチに由来する可能性がある。そこにはもちろん親の側の加害性だけではなく,子どもの側の敏感さや脆弱性も考えに入れなくてはならない。

　第3点目は,解離症状を積極的に扱うという姿勢である。これに関しては,最近では精神分析的な治療のケース報告にも散見されるが,フロイトが解離に対して懐疑的な姿勢を取ったこともあり,なかなか一般の理解を得られないのも事実である。解離を扱う際の一つの指針として挙げられるのは,患者の症状や主張の中にその背後の意味を読むという姿勢を,以前よりは控えることと言えるかもしれない。抑圧モデルでは,患者の表現するもの,夢,連想,ファンタジーなどについて,それが抑圧し,防衛している内容を考えることを促す。しかし解離モデルでは,たまたま表れている心的内容は,それまで自我に十分統合されることなく隔離されていたものであり,治療者はそれも平等に,そのままの形で受け入れることが要求されると言っていいであろう。このトラウマと解離の文脈については後の章（第12,13章）でさらに詳しく論じることにする。

　第4点目の関係性,逆転移の重視については,患者がいわゆる外傷後成長（post-traumatic growth, PTG）（Tedeshi, R. G., 2004）を遂げるかどうかを占

う上でも重要となる。トラウマを体験した人との治療関係においては，それが十分な安全性を持ち，また癒しの役割を果たすことはきわめて重要である。トラウマを扱うための治療関係が患者に新たなストレスを体験させたり，支配‐被支配の関係をなぞったりすることになれば，それは治療的な意味を損なうばかりではなく，新たなトラウマを生み出す関係性になりかねない。精神分析的な治療においては，患者の洞察やこれまで否認や抑圧を受けていた心的内容への探求が重要視されるが，それは安全で癒しを与える環境で十分にトラウマが扱われた上でこそ意味がある。外傷後成長は癒しの上にしか生じないのである。

　治療者が患者が洞察を得ることを目指すことにばかり心を傾けることで，患者のトラウマ体験に対する共感やその他の支持的なかかわりをおろそかにすることは許されない。その意味では治療関係を重要視することは，そのまま治療者の逆転移の点検というテーマに直結するといっていいだろう。トラウマを受けた患者を前にした治療者は，しばしばそのトラウマの内容に大きな情緒的な影響を受け，それを十分に扱えなかったり，逆にそれらに対する患者の直面化を急いだりする傾向が見られるが，いずれも治療者自身の個人的な情緒的反応が関係していることが多い。

　第5点目の倫理原則の遵守については，もう言わずもがなのことかもしれない。特にトラウマ治療に限らず，精神療法一般において倫理原則の遵守は最も大切なものだが（岡野, 2016），私たちはともすると治療技法プロトコールにいかに従うかが問われる傾向があるので，自戒の意味も込めて掲げておこう。

　精神分析における倫理基準（American Psychoanalytic Association, 2007, 抜粋）では精神分析家の従うべき倫理基準として以下の点を掲げている。

　1. 分析家としての能力 competence，2. 患者の尊重，非差別，3. 平等性とインフォームド・コンセント，4. 正直であること truthfulness，5. 患者を利用 exploit してはならない，6. 学問上の責任，7. 患者や治療者としての専門職を守ること，である。

最後に——トラウマを「扱わない」方針もありうる

　本章の最後に，蛇足かもしれないが，この点を付け加えておきたい。トラウマ治療には，トラウマを扱わない（忘れるように努力する，忘れるにまかせる）方針もまたありうるということだ。トラウマを扱う（「掘り起こす」）方針は時には患者に負担をかけ，現実適応能力を低下させることもある。患者がある人生上のタスク（家庭内で，仕事の上で）を行わなくてはならない局面では，トラウマを扱うことは回避しなくてはならない場合もある。治療者は治療的なヒロイズムにとらわれることなく，その時の患者にとってベストの選択をしなくてはならない。そしてそこには，あえてトラウマを扱わない方針もありうるということである。具体的には黒幕的な交代人格を扱わない，あるいは少し無理にでも「お引取りいただく」ということに相当する。DID（解離性同一性障害）治療の原則としての「寝た子は起こさない」などがこれに該当する。

　この方針の妥当性については，ある意味では答えが出ている。ほとんどのDIDの患者について，非常に多くの交代人格が，実質的に扱われないままに眠っているからである。このような方針は，精神分析の文脈では北山の言う「覆いをつける療法」（北山，2009）におおむね合致するものと考えることができるであろう。

第11章 トラウマと精神分析（2）

はじめに

　本章では精神分析におけるトラウマについて，解離との関連も含めてさらに論じる。特に最近の新しい動向，すなわち母子間の愛着の問題やストレスもまたトラウマや解離の原因として注目されるようになっているという事情について述べたい。

　心の傷としてのトラウマの概念への関心は，わが国でもここ20〜30年の間に急速に高まってきた。そこにはアメリカの精神医学の診断基準であるDSMの1980年度版（American Psychiatric Association, 1980）であるDSM-IIIに登場した心的外傷後ストレス障害（Posttraumatic stress disorder，以下PTSDと表記する）の概念が大きく影響しているであろう。さらには1995年に私たちを襲った阪神淡路大震災や地下鉄サリン事件，そして2011年の東日本大震災も，私たちに心の傷の意味を考えさせる機会を与えたのである。

　解離性障害とトラウマについては，両者の深い関連性は精神医学的にはひとつの常識とさえなっている。心に衝撃を受けた際の一過性の深刻な解離症状は，DSM-IVより急性ストレス障害 Acute stress disorder（American Psychiatric Association, 1994）と呼ばれ，さまざまな臨床研究がなされている。ショックを受けて一時的にボーッとなったり，今自分がどこにいるのかわからなかったり，まるで映画のワンシーンを見ているような気がしたり，あるいはこれまでの人生で起きたことがパノラマのように目の前に現れたり，という体験はみな解離の一種と考えられるわけだ。しかし繰り返される深刻な解離症状については，その原因ははるか昔の，幼少時にさかのぼることが多い。ここで深刻な解離症状とは，人格交代現象などを伴う，いわゆる多重

人格，ないし最近では解離性同一性障害（dissociative identity disorder，以下 DID）と呼ばれる状態である。

このような事情から解離性障害は，PTSD とともに，トラウマ関連障害の代表的なものであると理解されている。しかしトラウマと解離性障害の発症との因果関係を示すことは，実は決して容易ではないという事情がある。PTSD の場合はトラウマの多くは成人期のある限定された機会に生じたもの，あるいは一回限りのもので，そのトラウマは PTSD の発症に先立つ 3 カ月以内に見られることが多い。またそのトラウマはそれを引き起こした出来事が実際にメディアを通して報告されていることも少なくない。たとえば 1995 年 1 月の阪神淡路大震災の後に多くの被害者が PTSD を発症したという事実が知られるが，その大震災そのものは世間では誰もが共有している客観的な事実である。ところが DID の場合は，すでに述べたようにその原因となるトラウマの多くは，幼少時にさかのぼることが多く，また閉鎖された空間で生じた可能性が高いため，その事実関係や背景となる事情に客観的な裏付けを与えることはそれだけ困難となるのである。

解離とトラウマの関係が認識されなかった時期

病的な解離とトラウマの関係が本格的に注目されるようになったのは，比較的最近のことである。それまでは解離の概念そのものが一般に知られていなかった。解離という概念が 19 世紀末にジャネ Pierre Janet らにより用いられるまでは，それぞれの現象に異なる呼称が与えられていたのだ。それらはたとえば夢中歩行，催眠，交霊会，憑依，「話す文字盤 talking board」等と呼ばれた。また深刻な解離現象はヒステリーとして一括して扱われてきた。そしてそれらの現象とトラウマは別に結び付けられてはいなかったのである。ヒステリーに関しては，それが女性にのみ見られることから，女性の性的な欲求が満たされないために子宮が遊走することが原因であるなどという妄言が支配的であった。

18 世紀にいわゆる「動物磁気 animal magnetism」を考案したメスメル Anton Mesmer は，事実上催眠を通して解離現象を治療的に扱った最初の臨床家の一人と考えられている。その弟子のひとりであったピュイゼギュール

Marquis de Puységur は，いわゆる「受身的な発作 passive crisis」において，人格の交代が起きることを発見した。そして同様の現象は，ヒステリーで生じやすいことを見出した（Ellenberger, 1979）。

その後の催眠の臨床的な応用の歴史については，以下のシャルコー Jean-Martin Charcot に関する記述に譲るが，メスメルに始まる催眠療法の流れは現在まで連綿と続いている。しかしそこでは被催眠性とトラウマとの関係性は積極的に論じられない傾向にある。近年の催眠学界に大きな影響力を及ぼしたミルトン・エリクソン Milton Erickson の著作にも，トラウマの問題はほとんど扱われていない（Zeig, 1980）。また近年ヒルガード Hilgard により提出された「ネオディソシエーション」の理論（Hilgard, 1973）についても同様である。

ヒルガードの理論について若干補足するならば，彼は被験者を催眠に導入した上で，次のように言ったとされる。「これからあなたに痛み刺激を与えますが，それをあなたは感じません。」そして催眠状態において彼に手をつねる，などの痛み刺激を与えて，それを被験者が感じていないということを確かめた。その後に被験者の中にいる「隠れた観察者」を呼び出してみた。するとその観察者は「痛みを感じていました」と伝えた。ヒルガードはこのように人の意識には観察している部分が別に備わっており，それが分離して振舞うという様子を示したのである。

最近の『被催眠性の高い人々 The Highly Hypnotizable Person』という著作（Heap, et al., 2004）は，現代において催眠の立場から解離現象をどのようにとらえるかを知る上で参考になる。高い被催眠性を有する人々には，解離性の病理を有する人が含まれる可能性が高いからだ。しかしそれを参照しても幼少時のトラウマと被催眠性を関連付ける記載は見出せない。それは催眠の研究者たちが，むしろ被催眠性を一つの能力としてとらえ，治療に積極的に用いるという傾向と関係しているであろう。その立場からは，解離傾向は幼少時のトラウマに起因するというとらえ方はなじまないことになる。本来催眠の立場からの解離の理解は，その由来ではなく，現時点での意識の構造に向けられるものなのだ（Dorahy, et al., 2007）。

解離とトラウマ——シャルコーの果たした役割

　解離とトラウマに関する理解が進められた歴史の中で，シャルコーの果たした影響はきわめて大きかった。彼はそれまで医学の俎上にすら載らなかったヒステリーが，心的なトラウマや身体的な外傷を基盤にして生じるという点に注目をし，同時代人のフロイトやジャネに大きな影響を与えたのであった。
　シャルコーの影響下にあって催眠を学んだフロイトは，ウィーンに戻ってから催眠を用いてヒステリーの治療を行い，ヒステリーの性的外傷説（性的誘惑説）を唱えた。フロイトは「ヒステリーの病因について」(Freud, 1986)で，自らが扱った18例のヒステリー患者全員に，幼児期の性的な誘惑という形でのトラウマがあったと述べている。しかしその翌年には，この説を放棄し，その後精神分析理論を打ち立てることとなった。フロイトがやや唐突な形で行ったこの方向転換の経緯は，その後マッソン Jeffrey Masson（1984）という野心的な精神分析家により，ややセンセーショナルに報告されたことで物議をかもしたことは知られる。
　マッソンは，フロイトは実はヒステリーがトラウマにより生じるという考えを捨てたわけではなかったが，それにより精神分析が社会から受け入れられなくなることを恐れてその説を取り下げた，と論じた。このマッソンの見解は賛否両論を呼んだが，そこで問題とされた性的なトラウマの記憶の信憑性をめぐる議論は，現在においても常に再燃する傾向にある。ちなみにこのフロイトの性的外傷説（性的誘惑説）については，そこに誘惑する子どもの側の加担を想定しているという点で，本当の意味での外傷説ではなかったと私は考える（岡野, 2009）。
　解離とトラウマとの関連性に関する議論を進めた点で，やはりジャネの功績は非常に大きなものであった。ジャネは解離性の人格交代を示す患者に関する詳細な記録や観察を行い，現代でも通用する解離の理論を残した。彼は解離がトラウマと深い関係にあるとしながらも，フロイトのようにトラウマ記憶の回復を主たる治療手段とはしなかった。またフロイトに見られたような，性的外傷にすべてを帰するという理論には批判的であったという

(Brown, et al., 1998)。トラウマと解離の関係について、ジャネは「トラウマ後のヒステリー」と「トラウマ後の精神衰弱」という分類を行っている。前者は記憶が解離しているのに対して、後者では記憶は意識下にあり、繰り返し強迫的に回想される傾向にあるという。またジャネは彼が解離の陽性症状と呼ぶものについて、特にトラウマに関係しているとし、またトラウマの強さと持続時間により、人格の断片化が増すと考えた（Brown, 1998）。しかしジャネが治療で目指したのは、フロイトが試みたようなトラウマ記憶への直接的な介入ではなく、あくまでも人格の統合を目指したものであった。

構造的解離理論の立場

　ここに述べたジャネの理論を基本的に踏襲しつつ、最近新たに理論的な展開を試みているのが、いわゆる構造的解離理論の立場である。いわばジャネ理論の現代バージョンというわけであるが、この理論についても簡単にみてみよう。ヴァンデアハート Onno Van Der Hart、ナイエンフュイス Ellert Nijenhuis、スティール Kathy Steele の3人はジャネの理論を支柱にして、解離の理論を構築した（van der Hart, 2006）が、その骨子は、人格は慢性的なトラウマを被ることで構造上の変化を起こすというものである。健常の場合には心的構造の下位システムは統合されているが、トラウマを受けることでそこに断層が生じる。それにより心的構造は、トラウマが起きても表面上正常に保っている部分（"ANP"）と、激しい情動を抱えた部分（"EP"）に分かれるとする。そしてトラウマの重症度に応じてそれぞれがさらに分かれ、人格の構造が複雑化していくと考えるのである。

　彼らの主著『構造的解離理論』（van der Hart, et al., 2006）はかなり精緻化された論理構成を有する大著であるが、そこで問題となっているトラウマは、結局は明白な「対人トラウマ」（以下に記述する）ということになる。彼らは解離性障害をトラウマに対する恐怖症の病理であるととらえているが、そのトラウマとして挙げられているのは性的、身体的外傷、情緒的外傷、情緒的ネグレクト（無視、放置、育児放棄）である。そしてそれらを知る上でのツールとして彼らが第一に用いるのが、「トラウマ体験チェックリスト Traumatic Experiences Checklist」（Nijenhuis, 2002）というものだが、これは

上に列挙したトラウマが，いつの時期に，どれほど続いたかを記入するといった形式をとる。その前提となっているのは，やはり明白なトラウマの存在が解離の病理を引き起こしているという「常識」であると言わざるを得ない。

DIDと幼児期のトラウマとの関係

1970年代になり解離性障害が注目されるようになって以来，解離性障害の研究や治療に携わってきたエキスパートたちは，その原因として，幼少時の性的ないし身体的虐待などのトラウマを唱える傾向にあった。クラフト Richard Kluft，ロス Colin Ross，パトナム Frank Putnam などはその代表者である。彼らの研究によれば，DIDの患者の高率に，性的，身体的虐待の既往が見られるという。最近の欧米の文献ではこれらのトラウマやネグレクトを合わせて「対人トラウマ interpersonal trauma」と表現するようになってきているので，本章でもこの用語を用いることにする。対人トラウマが解離性障害の原因である，というとらえ方は，以降精神医学におけるひとつの「常識」となった観がある（ちなみにこの概念と，以下に述べる私自身の概念である関係性のストレス relational stress との混同には注意が必要である）。

1980年代にDIDの研究の草分けとして登場したクラフトは，いわゆる「4因子説」（1985）を提唱した。それによると解離の病理を生む第1因子は，本人の持って生まれた解離傾向であり，第2因子は対人トラウマの存在，第3因子が「患者の解離性の防衛を決定し病態を形成させるような素質や外部からの影響」であり，第4因子は保護的な環境の欠如ということである。すなわちクラフトの理論では対人トラウマがDIDの原因として重要な位置を占めることになる。またブラウン Bennett Braun とサックス Roberta Sachs によるいわゆる3Pモデル（1985）でも，準備因子，促進的因子，持続的因子のうち促進的因子として親からの虐待等が含まれる。さらにロスの四経路モデルもよく知られるが，それらは児童虐待経路，ネグレクト経路，虚偽性経路，医原性経路であり，そのうち中核的な経路である児童虐待経路が対人トラウマに相当する。このようにこれらのエキスパートたちの論じた成因論には対人トラウマが解離性障害の主たる原因として登場するが，母子間の微妙な感情的，言語的なズレから来るストレスについての言及はなされていな

いのである。

解離性障害の原因は愛着障害なのか？

ところが最近になり，上記の解離性障害に関する「常識」にある異変が起きている。解離性障害の病因として患者の生育環境における母子関係の問題が，検討され始めているのだ。特に親子の間の情緒的な希薄さやミスコミュニケーション等を含んだ愛着の問題が注目されているが，この問題はこれまで主流であった対人トラウマに関する議論に隠れてあまり関心が払われずにいた。最近日本を訪れたパトナムもその講演の中で養育の問題が解離に与える影響について何度か言及していたのが記憶に新しい。

解離性障害と愛着障害を最初に結び付けて論じたのはバラック Peter Barach（1991）とされる。彼は養育者が子どもをネグレクトしたり，情緒的な反応を示さなかったりした場合に，その子どもは慢性的に情緒的に疎遠となり，それが解離に特有の情緒的な無反応さ emotional unresponsiveness に結びつくと論じた。

リオッティ Giovanni Liotti は子どもが情緒的な危機に瀕した時に，愛着反応が活性化されるという視点を提供している（1992, 2009）。そしていわゆる「混乱型愛着」が DID の幼少時に見られ，その幼児期の混乱と将来の解離がパラレルな関係にあるという説を提唱した。リオッティによると，不安定で混乱した「タイプ D」の愛着により，自己と他者に関する複数の内的なワーキングモデルが存在することが，DID の先駆体となるという。これはボウルビィ John Bowlby（1973）が述べた，養育者の統合されていない内的ワーキングモデルが子どもに内在化されるという議論を引き継いだものであった。

このリオッティの研究を継承したのが，オガワ John Ogawa（1997）らの大規模な前向性の研究である。この研究では高リスクの子ども 126 人を 19 歳になるまで追跡調査した。すると混乱型愛着と養育者が情緒的に関われないことが，臨床レベルでの解離を起こす最も高い予測因子となっていたという。またそれに比してトラウマの因子はあまり貢献が見られないという結果も得られたという。

解離性障害の形成される過程を愛着の視点から検討することは，これまで

の明白な対人トラウマにより解離性障害が起きるという「常識」からは大きく外れることになるが，それは以下に私が提唱する関係性のストレスの問題とはむしろ近い関係にある。

解離と「関係性のストレス」

　解離性障害が明白な対人トラウマ以外の出来事にも由来するという可能性については，私は以前から注目していた。特に解離性障害の患者の幼少時に見られる母親との情緒的なかかわりが大きなストレスとなっているケースに注目し，かつて「関係性のストレス」ないしは「関係性のトラウマ」という考えを提出した（岡野, 2007, 2011）。つまり明白なトラウマ以外にも，幼少時に親子関係の間で体験される目に見えにくいストレスが，解離の病理の形成に大きくかかわっているという視点である。このテーマについて簡単に解説したい。

　「関係性のストレス」という概念の発想は，わが国と米国の双方での臨床を通して得たものである。私は患者を取り巻く家庭環境が，両国ではあまりに異なるという印象をかなり以前から持っていた。米国の場合には，精神科を受診する女性の患者の非常に多くが，実父ないしは継父からの性的虐待を被っているということが半ば常態化していた。それは日常の臨床で女性患者の病歴を取る際に歴然としていた。そして私はそれが渡米前に数年間持った日本での臨床経験とはかなり事情が異なるのではないかという疑問を抱いた。それでも日本に同様に DID の存在がみられるとしたら，それは何か別の理由によるのではないか，と考えたわけである。しかしそのような印象は私の日本での臨床経験の浅さにも起因しているのではないかとも考えた。

　2004 年に帰国してから私が出会った日本の DID のケースの多くは，私のそのような印象を裏付けるものだった。実父，継父，祖父，兄からの性的虐待のケースは数多く聞かれたが，また多くの患者はそのような性的虐待の経歴を有していなかった。父親はおおむね家庭において不在であり，そもそも娘との接触を持つ機会や時間がきわめて制限されていた。そしてその分だけ母親は家で子どもと取り残され，そこでお互いに強いストレスを及ぼしあっていたのである。そこにはまたわが国における少子化の傾向も関係している

ように思われた。

　そしてこの問題についてさらに考察を進めるうちに，私は「母親の過剰干渉」対「子どもの側の被影響性」という関係性のテーマに行き着いた。日本における「関係性のストレス」とはある意味での母娘の関係の深さが原因であり，そこでは母親が娘に過剰に干渉することと，娘が母親からの影響にきわめて敏感であることという相互性があるのではないか，と考えたのである。つまり米国における対人ストレスのように，加害者である親と被害者である子どもという一方的な関係とは異なり，日本的な「関係性のストレス」は，まさに関係性の病理と言えるのである。そして親子の関係の中でも特に母娘にそのような関係性が見られることは，DIDが特に女性に多く見られることを説明するようにも思われた。

　そこでこの「関係性のストレス」において，特に娘の側の心に何がおきているのかを，力動的に考えてみた。そしてそれを「娘の側の投影の抑制」と理解した（岡野, 2011）。

　DIDの病理をもつ多くの患者（ほとんどが女性）が訴えるのは，彼女たちが幼い頃から非常に敏感に母親の意図を感じ取り，それに合わせるようにして振舞ってきたということである。彼女たちは自分独自の考えや感情を持たないわけではない。むしろ持つからこそ，母親のそれを取り入れる際に，自分自身のそれを心の別の場所に隔離して保存することになる。そしてそれが解離の病理を生むと考えられるのだ。

　彼女たちが自分の考えや感情を表現したり，それらの投影や外在化を抑制したりする理由の詳細は不明であり，今後明らかにされるべき問題であろう。ただし何らかの仮説を設けることもできる。一番単純に考えた場合は，娘の主観的な思考や感情が母親のそれと矛盾するということそのものが，娘に心的ストレスを起こすのであろう。その意味ではベイトソン Gregory Bateson の示したダブルバインド状況（Bateson, 1962）が，実は解離性障害を生む危険性に関連していたということになる。この問題については，実は安（1998）がかつて指摘していたことでもある。

　この関係性のストレスの概念は，先述の愛着障害とも深い関連を有することは説明するまでもないであろう。両者は用語の違いこそあれ，類似の現象を言い現わしている可能性がある。愛着という現象が乳幼児の行動上の所見

から見出されるものであるならば,その心理的な側面に焦点を当てたのが,この関係性のストレスということができる。そして愛着障害が母親と子どもの双方の要因が関与しているのと同様,関係性のストレスも両者の関与により成立することになる。ただし愛着が幼少時に限定されるのに比べて,関係性のストレスは子どもが成長しても,また成人してからも観察される可能性があるという点が特徴といえるだろう。現にDIDの患者の多くはいまだに母親とのストレスに満ちた関係を継続しているという点は,私が直接関わった患者の多くから得られた所見であった(岡野, 2011)。

実際の症例を通じて

最後に私自身のケースをもとに本稿のテーマについて論じたい。私が2004年の帰国後に直接治療に当たったDIDの患者のうち最初の50名(女性45名,男性5名)の患者について幼少時に体験したトラウマの種類を検討した結果以下のことがわかった。まず幼少時の性的虐待ないし性的トラウマに関しては,家族内で生じたものが4例,家族外が4例であった。家族内の内訳は,2名が実父から,1名が実母から,1名が義父からであった。また後者は入院中の担当医,同性のクラスメート,兄の知人,強盗によるものであった。さらに身体的な外傷は17名で,ほとんどが父または母親からのものであった。

これらの50例のうち,私が関係性のストレスが存在していると判断したのは18例であった。このうち身体的虐待と重複したものは5例あった。性的トラウマと重複したものは見出せなかった。これら18例に関して,親とのストレスについての自分の感情や考えを十分に表現する機会をその当時に持ち合わせていたかと尋ねると,事実上全例がそれを否定した。すなわちそのような状況が解離性障害の成立の前提になっていると考えられるのである。

50例のうち関係性のストレスを示した18例という数字は決して大きいとは言えないかもしれない。そして解離性障害の成立には,これらの考察ではカバーしきれないさまざまな事情も存在していたかもしれない。しかし実際に生じていた母子関係を再現することが不可能である以上,これらの考察で満足しなくてはならないとも考える。

最後に

　以上トラウマと解離の関係について私の考えを述べた。両者の深い関連については従来は「常識」であり，それは現在でも多くの臨床家の念頭にあるであろう。もちろん解離の病理には明白な形で生じたトラウマが関係している場合が多いが，それ以外にもさまざまな対人関係上のストレスで生じる可能性があることを本稿で述べた。今後臨床研究が進み，解離の本質が解き明かされることで，解離とトラウマの関係についての理解が進むことを期待する。

第12章 解離の治療（1）

　解離性障害が含む臨床症状の幅は非常に広い。ICD-10（WHO, 1992）の分類のように，そこに転換症状も含めた場合は，その数や種類は膨大なものとなる。具体的な症状としては，一過性の健忘に始まり，種々の身体症状，離人症状などを含み，複数の人格のきわめて重層的な共存状態まで至り，それぞれに異なる診断名が与えられる。表12-1にその一部を示したが，このうち「F44.8　他の解離性（転換性）障害」の下にさらに，8つの障害が収められている。

　解離は私たちがこれまで考えていたよりも遥かに広くかつ微妙な形で生じ，なおかつ精神科疾患を修飾している可能性がある。そのために患者自身のみならず，患者の家族，ないしは治療者にとっても症状の全貌をとらえにくく，

表12-1　ICD-10における解離性障害

F44	解離性［転換性］障害
F44.0	解離性健忘
F44.1	解離性遁走〈フーグ〉
F44.2	解離性昏迷
F44.3	トランスおよび憑依障害
F44.4	解離性運動障害
F44.5	解離性けいれん〈痙攣〉
F44.6	解離性無感覚および感覚脱失
F44.7	混合性解離性（転換性）障害
F44.8	他の解離性（転換性）障害 （ガンサー症候群，亜急性錯乱状態，急性精神錯乱，心因性もうろう状態，心因性錯乱，多重人格障害，反応性錯乱，非アルコール性亜急性錯乱状態）
F44.9	解離性（転換性）障害，特定不能のもの

きわめて混乱を招きやすい。それだけに心理教育は解離症状に悩むすべての人々にとって非常に大きな意味を持つのである。そしてそれは分析的な治療指針と決して矛盾はしないのである。

　解離性障害の心理教育を進める上で問題となる点について，最初にまとめておきたい。また本章で扱う心理教育の対象としては，患者やその家族のみならず，それを扱う治療者側も想定していることをここに言及しておく。

なぜ心理教育が重要なのか
──診断および治療方針を惑わす要素

　解離性障害が含みうる症状が幅広いために，精神科医や心理療法家にとって，それを全体として把握することはかなり難しい。このことは解離性障害がしばしば精神医学的な問題として把握されないことが多い一因となる。実際に神経内科や一般内科において明確な診断に至らないことがきっかけとなり，最終的に解離性の病理が同定されるケースも多い。現在私たちが解離性障害として理解している病態が古くから存在していたことは疑いない。しかしそれらがヒステリーの名と共に認知されていた時代は著しい偏見や誤解の対象とされてきた。このことは解離性障害の一つの大きな特徴であろう。

　20世紀になり，統合失調症が大きく脚光を浴びるようになると，解離性障害はその存在自体が過小評価されたり，精神病の一種と混同されたりするようになった。昨今は「解離ブーム」だとの声も聞こえ，一般の人々の間でも，専門家の間でも，解離性障害に新たに光が当てられ始めているが，その診断はしばしば不正確に下され，統合失調症などの精神病と誤診されることも少なくない。

　なおわが国は国際トラウマ解離学会の日本支部が機能し始めたが，その啓蒙，教育活動の範囲はまだ限られている（http://www.isst-d.jp/）。

　以下にいくつかの項目を挙げ，解離性障害の診断の難しさの理由について述べてみたい。

神経学的な疾患を示唆する身体症状をともなうこと
　解離性の症状の中でも転換症状は，しばしば精神科医と神経内科医の両方

にとって混乱のもととなっている。その一つの典型例は癲癇である。脳波検査で異常波を示す患者も，転換症状としての発作，すなわち偽性癲癇を併発することもまれではない。また偽性癲癇の患者の50％は真正の癲癇を伴うという報告もある（Mohmad, et al., 2010）。

幻聴などの精神病様の現われ方をすること

解離性障害のもう一つの問題は，それがしばしば精神病様の症状を伴うために，診断を下す立場の精神科医の目を狂わす可能性が高いということである。DIDのケースでは，当人が時にはかなりあからさまに他の人格との会話を行う場合がある。その際は傍目には統合失調症にしばしば見られる独語ないしは幻聴との応答と見受けられることが多い。そしてそのような様子を観察した精神科医が，その声の由来が幼少時にまでさかのぼるかどうかにまで質問を及ぼさずに，早計な診断を下してしまうことはまれではない。患者の病歴で精神科への緊急入院の措置がとられたり，医師の診察後に大量の薬物が処方されていたりする際は，そのような誤診がなされた可能性は濃厚となる。

結局DIDが統合失調症と混同されることを積極的に回避するのは多くの場合患者自身なのである。患者の一部は，最初は幻聴を誰でも体験している自然な現象であると思い込み，それを他人に話すことに抵抗を覚えない。しかし次第に多くの人がそれに違和感を示すことに気づき，また統合失調症であるとの誤解を招きやすいことも知り，それらの幻聴の存在を隠すようになる一方では，解離性障害の治療経験を持つ治療者を，著作やネット情報を頼りにして自ら探し出すという場合も少なくない。

詐病のような振る舞いをすること

解離性障害のもう一つの特徴は，その症状のあらわれ方が，時には本人によりかなり意図的にコントロールされているように見受けられることである。そしてそのために詐病扱いをされたり，虚偽性障害（いわゆる「ミュンヒハウゼン症候群」）を疑われたりする可能性が高い。私のある患者は診察室を一歩出た際に，それまでの幼児人格から主人格に戻った。その変化が瞬間的に見られたために，それを観察していた看護師から，患者がそれまでは幼児

人格を装っていたのではないかと疑われた。一般に解離性障害の患者は、自分の障害を理解して受容してもらえる人にはさまざまな人格を見せる一方で、それ以外の場面では瞬時にそれらの人格の姿を消してしまうという様子はしばしば観察され、それが上記のような誤解を生むものと考えられる。

病気の説明を治療者側もうまくできないこと

臨床家は心理教育を行う際に、精神医学的な疾患概念について、たとえ話や比喩を用いることが多い。たとえばうつ病であれば「ストレスによる心の疲れ」とか「過労による体調不良」、「精神的な疲労」などの表現が、漠然とうつ病の姿を描き出す。統合失調症やその他の精神病状態の場合は、「非現実的な思考や知覚を強く信じ込み、独自の世界にとらわれてしまった状態」などと表現できるだろう。マスコミなどで「〜(著名人の名前)は時々不可解な振る舞いがあったが、とうとうコワれてしまった」などという表現を見かけるが、これも一般大衆から見て直感的にその状態をつかむことの助けとなる。また神経症一般については、「気の病」「神経質」「心身症」などの表現がなされ、多くの人が自分の日常心性をそれに重ねることが多い。

ところが解離性障害の場合、それに該当するものがあまり考えられない。DSMやICDに見られる「知覚や思考や行動やアイデンティティの統合が失われた状態」という説明も、一見わかるようで今ひとつ説得力に欠けるようにも思える。それに加えてDIDのように複数の人格が一人の中に存在するという現象は、それ自体が常識を超えていて荒唐無稽に聞こえてしまう恐れがある。そのことが解離性障害を理解し、心理教育を行う上での大きな問題となりうる。

民間療法とのかかわりから生まれる誤解

解離性障害は一般の精神科で診断や治療の対象となる以外にも、民間機関における「治療」やヒーリングの対象となることが多い。とくにDIDの場合、異なる人格の存在が一種の憑依現象や悪霊の仕業とみなされ、家族が除霊、浄霊ないし呪術的な施術へとつなげる傾向にもある。時にはそれらの機関を訪れることが精神科への受診に優先されることも少なくない。このことは一見時代錯誤的に思えるかもしれないが、現代医学が進んだ私たちの社会

には，今なお数多くの宗教やその信者たちが存在する。そして彼らが宗教的な救済や癒しを求めるプロセスで，それらと連動して存在するスピリチュアルな「治療」に踏み込むことは決してまれではない。

　もちろん霊的な治療が無効であると決め付けることはできない。解離性障害の治療とは異なるが，イタコの口寄せに関して，病死遺族に対する治療効果を論じた精神医学的な学術発表もある（2010 年 8 月 14 日，読売新聞）。しかし時には営利目的の民間療法が宗教的，ないしは科学的な体裁をまとった「ヒーリング」の手段として患者を待ち受けている場合も少なくないのである。

　他方で催眠療法はそれなりの歴史を持ち，解離性障害を治療の対象のひとつとしているが，その手法の中には上述の霊的な治療と紛らわしいものも少なくない。特にいわゆる退行催眠や前世療法（Weiss, 1988）については，それが霊的なヒーリングと混同されるべきではないという警告は，催眠療法家の一部からも聞かれるのである。

心理教育で何を伝えるか？

より的確な情報に導く

　解離性障害に関する知識や臨床経験には，臨床家の間でも大きなばらつきが見られる。特に解離性障害が一般に注目され始めた 1970 年代以前に基礎的な精神医学のトレーニングを終えた臨床家の中には，解離性障害という診断を下したり，その病態を念頭に症例を理解したりすること自体に抵抗を示す場合が多い。そればかりか幻聴などの症状を第一に統合失調症に関連させて理解するという教育が根付いている世代は，それ以外の診断は発想として持てないという場合も少なくない。解離性障害がもっぱら「ヒステリー」と呼ばれたのは四半世紀前までであったが，それに伴う偏見は一部の臨床家の間にはいまだに健在であるという驚くべき事実がある。以上の事情から精神科を受診することがかえって誤診を招くという矛盾した事態も生じ得るのである。

　他方患者やその家族は，精神医学的な常識や専門知識からは距離を置く分だけ，解離性障害を受け入れ，理解する素地は大きい。しかし彼らが情報源

とする解離性障害に関する噂や口コミ，ネット関連の情報の質は玉石混交であり，中には明らかな誤謬を含むものもある。

　また最近ではインターネット関連の情報量が飛躍的に増大し，個人的に治療を経験した当事者たちも情報提供に貢献している。ただし彼らの経験談がそのまま他の当事者たちに当てはまるとは限らない。特に個人的な経験に基づくアドバイスは，「私は治療者AによるBという治療法や，Cという薬物が有効であった。きっとあなたの場合にもAやBやCが有効であるに違いない」というふうに，一例だけの経験を過剰に一般化する傾向がある。その結果として他の患者が受けている治療を否定したり，自分の経験した治療法に強引に誘いこんだりするという危険性も少なからずある。ところが実際には臨床上しばしば議論の対象となる問題，たとえば症状の起因として外傷体験を積極的に取り上げるか否か，DIDの際に交代人格をメタファーとしてとらえるか否か，いわゆるマッピングは行うべきか否か，などは，いずれもその時の治療状況に依存し，是か否のいずれかという考え方では答の見つからない問題なのである。

　解離性障害を扱う治療者は，これらの問題を適切に処理しつつ正確な知識を患者に提供する義務があるが，情報には口頭で伝えるものと同時に，書物を推薦することにより間接的に提供されるものもある。

　ちなみにいささか我田引水になるが，私の主催する研究会では，解離性障害についての患者さんおよび治療者の理解を深めていただくための書物を刊行している（岡野／心理療法研究会, 2010）。もともと心理教育的な用途をめざして執筆したものであるから，ここで本書を紹介することもあながち常識はずれとはいえないであろう。

診断的な理解を伝える

　精神医学的な診断名の告知については，その是非も含めて近年多く論じられている。統合失調症などの例に見られるように，誤解を生む可能性がより少ない呼称が検討され，採用されるようになりつつある。解離性障害においても診断名ないしは症状名を患者自身に伝えることは，治療におけるきわめて重要なステップとなることが多い。その中でもDIDは，従来の「多重人格障害 multiple personality disorder」という診断名に代わって1994年発刊の

DSM-IV 以後用いられるようになり、従来の呼称に伴う問題はある程度改善されたといわれる。しかしそれを告げることが当事者に与えるインパクトは依然として大きいために、治療者はそれに対して慎重でなくてはならない。

私の経験では、DID の典型的な症状と患者のプロフィールが一致していて、他の人格の存在を患者自身が感じ取っている場合は、その診断を告げることによる重大な被害は生じていない。それはたとえば統合失調症という診断に伴い本人や家族が体験する失望や無力感とは大きく異なる点である。

その理由の一つには、DID という診断を知ることで、患者には多くの場合これまで自分が疑問をいだき、悩んでいた問題についてひとつの回答が与えられるということが挙げられるだろう。また DID という疾患自体が比較的良好な予後を示すことが多いという事情も関係しているものと思われる。

ただし患者の中には、自分が普段とはまったく異なるアイデンティティを備えることを自覚していない場合もあり、その直面化に大きな衝撃を受けることも稀ではない。しかしその場合もむしろ解離性障害に関する適切な心理教育はそれだけ急務であると考えられる。DID の患者の体験の多くは、一般常識を裏切るものである。彼らの中には他人にそれを話すことで驚かれ、あるいは単に嘘を語っていると誤解されて、傷つく人も多い。そして自分は正体不明の病魔に取り付かれていると誤解することもある。そのような事態を回避するためにも、適切な心理教育は必要不可欠と言える。治療者は患者の体験の多くが DID に比較的定型的な症状の現れであることを説明するべきであり、その際家族にも同様の理解を求めることは治療の決め手となる場合がある。

診断は解離症状を悪化させないか

解離性障害、特に DID の診断の告知に関連して非常に頻繁に持たれる懸念がある。それは解離性障害と診断されることが、患者にとって新たなアイデンティティになり、結局その病理の悪化につながったりするのではないか、というものである。たしかに解離症状をそれと認め、治療対象とみなすことは、その障害をさらに悪化させ、固定化するという考えを持っている臨床家は少なくない。「そもそも解離性障害、ましては DID など存在しない」という立場を取る臨床家に治療を受ける患者たちにとっては、この問題はさらに

現実的なものとなる。これらの臨床家の懸念は，具体的には次の一点に集約されるであろう。「多重人格が存在する，ということを治療者が認めた場合，それにともない次々と人格の交代が生じてしまうのではないか？」

この懸念を持つ場合は，交代人格を，本人とは別人として扱う，あるいは DID の症例に存在する交代人格を数え上げる作業（いわゆる「マッピング」）などは，まさに症状を「悪化」させるものとしてとらえられるであろう。

このように解離性障害の診断や治療が悪化につながるという考え方に対する心理教育については，次のような考え方を示すことが望まれる。

「そのような懸念は恐らく一部の患者については当てはまりますが，大部分のケースにおいては現実的な障害とはならないと考えていいでしょう。解離症状はそれが生じることが許されることで，表面上は一時的に活発になる可能性は確かにあります。解離された部分の多くは，自ら姿を現そうとする圧力を備えています。その場合治療者はそれにブレーキをかける必要も生じるかもしれません。たとえば仕事中に子どもの人格が出てきては困る場合などです。しかしむしろ抑えられていた解離が治療場面などである程度解放されることで，それ以外ではむしろ出にくくなることも考えられるのです。」

実際 DID においては，ある交代人格の解放および出現が次々と別の部分の解放の連鎖を生むということがある。その最初のきっかけは，話を聞いてくれる恋人の存在，治療者との関係の深まり，あるいは再外傷体験などである。これは，そもそも解離している部分は自己表現を許されなかったために存続してきたという事情を思えば，治療的な進展を意味すると考えるべきであろう。そしてそれは患者が抑圧的な環境から逃れ，保護的な環境で生活できるようになれば，いずれ起きてくるであろうプロセスなのである。

ただしもちろん一時的な解離症状の頻発は，その時の生活状況にとっては不都合である場合も少なくない。毎日仕事を持っている患者にとっては，そのために仕事に集中できずに自宅療養を必要とすることもあり，またパートナーとの間で頻繁に「発作」を起こしてその介護の負担が限界に至るまで追い詰めることもある。そこでこのプロセスが安全にかつ適応的に生じるためには，治療的な介入が必要となるのであるわけである。

火山の比喩を用いたい。未治療の解離性の患者は，地下にかなりのマグマを溜めた火山のような状態といえる。それは放置されたり，ストレス状況に

おかれたりした場合にはいずれ噴火する可能性が高い。そこでマグマのエネルギーの一部を何らかの形で逃がす試みを行う。それによって，その後火山活動は鎮まるかもしれない。しかしそのような操作がさらに大きな噴火を誘発してしまう場合は，その操作は結果的に不適切であったということにもなりかねないだろう。このように解離を誘発する際には，治療的，非治療的な両側面を注意深く考慮しなくてはならない。

何が原因なのか？

　身体疾患や精神疾患の際に，患者や家族はしばしばその「原因」を問う。それは解離性障害についても同様である。その際両親，特に母親は自分の育て方に問題があったのではないかという懸念を持つことが非常に多い。またさまざまな外傷的な出来事，たとえば学校でのいじめ，怪我や外科手術の体験，親族の死去その他についても解離の原因として問われる可能性がある。さらには解離性障害の病因として欧米の識者によりしばしば指摘されている身体的，性的外傷が幼児期にあったのか否かについて問われることもある。

　心理教育の立場からは，「何が原因なのか」という問いかけに対しては，以下のような返答が適当と考える。

　「一般的に言えば，遺伝負因やさまざまな種類のストレス体験が，精神疾患一般にかかるリスクを押し上げています。それは解離性障害についても同じです。特にDIDなどの場合は，性的身体的虐待を含めた幼少時のストレス体験が発症に深く関係しているようです。さらには生まれつき解離傾向の強い人についても同様のことが言えるでしょう。それに比べて子育ての仕方は，それが外傷的なストレスとしての要素を特に含まない限りは，解離性障害も含めた本人の精神疾患には，影響を与えるとしても間接的で偶発的な形でしかないと考えられます。」

　もちろん親の子育ての仕方は子どもにさまざまな影響を与える。たとえば親の職業や趣味，親が信じている宗教や考え方などが子どもに受け継がれる可能性は高いであろう。しかし子どもは親のある部分に同一化して受け継いでも，別の部分には同一化せず，むしろまったく別の方向性を選択する可能性がある。だから子育ての仕方がどのような精神病理を形成するかという問題に関しては，上述のような考え方がおおむね当てはまるのである。このよ

うにして「子育ての仕方」に自信が持てず，厳しく自己反省をする傾向のある親御さんにはひとまず安心していただくことも必要であろう。

しかしそうは言っても子どもの人格状態にある患者の側から，親の養育の不適切さについての激しい糾弾が収まらない場合もある。親としては，その主張が妥当だと思う限りは，謝罪ないし説明をし，患者の出方を待つことも必要かもしれない。ただし糾弾と謝罪が延々と続く先にはあまり希望は見出せないであろう。

いつ，どのようにして治っていくのか？

これは解離性障害，特に DID に関する最大の問題であり，家族や本人が一番知りたいことのひとつであろう。しかしこれは同時に非常に難しい問題でもあるということを認識すべきであろう。

これまでの臨床経験の蓄積から私たちがおおむね理解しているのは，次の点である。まずは解離現象は統合失調症などの精神病の症状と異なり，その人の現実検討や社会適応能力を長期にわたって著しく損なうというケースは多くはない。自験例のフォローアップによれば，一部の患者は1，2年の経過で人格の交代現象はほぼ消失すること，またかなりの割合の患者において人格の交代の頻度が顕著に低下する傾向にあること，そして残りの患者のほとんどにおいて，治療の初期段階を除いては症状の悪化を見せていないことが見出された。すなわち DID の長期的な予後として言えるのは，DID のかなりの部分があまり問題を長引かせることなく解消していく傾向にあるということである。

ただし以上は比較的安定した人間関係や生活環境を保て，またうつ病などの併存症を持たない場合，という条件がつく。逆に加害的な他者とのストレスフルな同居が長引いたり，慢性の PTSD 症状が継続してフラッシュバックが日常的に頻繁に生じているような場合では，解離症状も遷延する傾向にある。

最後に

本章では解離性障害の分析的な治療を行う際に必要とされる心理教育につ

いて留意すべき点を,いくつかの項目に分けて述べた。もちろん心理教育として患者ないしは家族に伝えるべき事柄はここで述べたことには限らない。ケース毎に,適宜必要に応じて情報を提供することが重要であろう。解離のケースはその経過の上でさまざまなコースをたどるために,きめ細かい柔軟な対応が不可欠であることは言うまでもない。時には約束事や契約以外の対応も必要となり,それも含めた治療構造という見方が求められる。またそれに応じて治療者が外部のスーパービジョンを必要とすることにもなろう。

第13章 解離の治療（2）

はじめに

　転換・解離性障害は，従来ヒステリーと呼ばれていた病態が，現代的な解離の概念とともに装いを新たにしたものである。疾患概念としては，ICD-10におけるF44解離性（転換性）障害，ICD-11における6B6解離性障害がこれに相当することになる。ヒステリーは従来は「解離ヒステリー」と「転換ヒステリー」という2つのカテゴリーからなる精神疾患の一つとして記載されてきた。そして1980年のDSM-III（American Psychiatric Association, 1980）以降，ヒステリーは解離性障害のもとに再分類され，上述の国際分類ICD-10, 11（World Health Organization, 2005, 2018）もそれに従ったという経緯がある。解離の概念をいかに定義し，理解するかは立場によって微妙に異なるが，基本的には「意識，記憶，同一性，知覚，運動などを統合する通常の機能が失われた状態」（DSM，ICDにおける定義）とされる。そしてそのうち知覚や運動に解離の機制が限定された際には，通常は転換症状と呼ばれる。ICD-10には，それらは解離性運動障害，解離性けいれん，解離性知覚麻痺［無感覚］および知覚［感覚］脱失等として記載されている。またICD-11においては「転換性」という用語のかわりに「神経学的症状 neurological symptom」という表現が用いられている。

　またICD-10には，それ以外の解離性の障害として解離性健忘，解離性遁走，解離性昏迷，トランスおよび憑依障害が記載され，それに続いて「その他の解離性［転換性］障害」が挙げられているが，この「その他の……」がきわめて多くの解離性障害を含み，同障害の分類がかなり錯綜している事情を物語っていた。

さらには転換性障害を解離性障害と一緒に同一のカテゴリーに分類するか否かについての従来のDSMとの齟齬が問題とされていた。すなわちICDにおいては，「F44 解離性（転換性）障害」という記載が示すとおり，両者は同じ項目に分類されているが，DSMでは，解離性障害は，独立したカテゴリーに分類されている一方で，転換性障害は「身体表現性障害」という別のカテゴリーの一角を占めることになる。解離の専門家からは，むしろICDの立場を支持する声が多いが（岡野, 1995），ここに述べた事情は，2013年5月に刊行されたDSM-5にもそのまま踏襲されている。

診　断

転換・解離性障害の診断は，その他の精神科疾患の診断と同様，患者に向き合った臨床家がそれを可能性として頭に思い浮かべることから始まる。過去にさまざまな疾患概念が注目を浴びるたびにその罹患率が高まるという現象が起きてきた。古くは境界性パーソナリティ障害，最近ではアスペルガー障害や双極性障害II型，またいわゆる「新型うつ病」などが相当するであろう。転換・解離性障害も同様に，最近になり臨床家の間で認識が深まり，鑑別診断の選択肢として臨床家の頭に浮かびやすくなっている。同障害についての臨床家の関心が高まることはもちろん望ましいことではあるが，そこには過剰診断の可能性も増すことはいうまでもない。

以下にいくつかの項目に分けて，転換・解離性障害の診断上の留意点について論じたい。

症状の複雑さ，見え難さ

転換・解離性障害は，解離という現象の性質上，多彩な表現形態をとる。また複数の転換・解離症状の間で互いに移行する傾向もある。そして症状の度合いは時間とともに変化しうるため，短時間の診察ではその症状の存在を把握できない場合も少なくない。さらには転換・解離症状は，さまざまな精神疾患や身体疾患に伴って，あるいはその影に隠れて存在するものが少なくない。

他の診断との排他性について

　転換・解離性障害は，その診断を特に抵抗なく下す臨床家とそうでない臨床家が，比較的明確に分かれる傾向にある。同障害の診断を下さない傾向にある臨床家にしばしば見られるのは，診断についての「AかBか」という二者択一的な考え方である。その一つの現れは，解離性障害については，病的な解離とそうでない解離を明確に分けるという傾向である。しかし解離性の症状はその軽症なものまで含めれば，私たちの多くが体験可能なものであり，病的レベルのそれとの境界線は必ずしも明確ではない。またかつて病的レベルでの解離・転換症状を示したからといって，現在の症状が病的レベルに達しているとは限らない。その場合その診断を下すのはさらに難しく，また解離性障害になじみのない臨床家の場合には，余計にその診断を下すことに躊躇しかねない。

　診断に関する二者択一的なとらえ方はもう一つの現れ方もする。それは他の診断との排他性である。転換・解離性障害に関してこの種の考え方に陥っている治療者も多い。「この患者さんは，解離性ではなく，むしろ境界性パーソナリティ障害ではないか？」「むしろこの患者さんは躁うつ病だと思う」という議論の背後には，転換・解離性障害はそれらの障害と同時に診断してはならないという前提がある。このことは特に境界性パーソナリティ障害と解離性同一性障害（以下 DID）との間でしばしば起きるようである。患者さんのアクティングアウトの傾向が強く，自傷行為が頻繁に生じ，なおかつきわめて異なる自己像や振る舞いのパターンを示す患者の場合，容易に境界性パーソナリティ障害との混同がなされることが多い。境界性パーソナリティ障害と DID には多くの点で非常に異なる性質を示す傾向にある（岡野, 2007）とはいえ，両者が混在ないし共存する可能性は十分ある。

精神病との区別が難しいこと

　特に DID の場合に精神病との鑑別が時に難しいことがある。私の経験では，きわめて多くの解離性障害の患者が，そのまま精神病の急性期として治療されているという現実がある。そして DID などでもその幻聴のあり方は関係念慮的な色彩を持つこともあるので注意を要する。

明白な外傷の存在には過度にこだわらない

　転換・解離性障害の診断について考える際，通常は発症に関わる精神的外傷や心的なストレスが前提とされるが，実際にはそれらを同定することは必ずしも容易ではない。しかし明白な心的ストレスが見出せないことのみを，同障害の診断を下さない根拠とすることはできない。心的ストレスと同障害との因果関係は明確に示されない部分が多く，その場合にいかなる診断を下すかは，個々の臨床家の判断に任せられるのが実情である。

　むろん転換・解離性障害の患者の発症状況の中に，ストレスや外傷因を探る試みは理にかなっている。しかしかつて笠原が述べた「神経症に近因的心因はなし」（笠原, 2007, p.84）, という原則を転換・解離性障害を扱う際についても念頭におくことで，過度の原因究明の傾向を自らに戒めるべきであろう。

治　療

　転換・解離性障害の治療は，患者の示す身体症状を含むさまざまな症状や並存症の存在を把握し，また患者のおかれた生活環境を視野にとらえつつ行わなくてはならない。転換・解離性障害の治療上の大きな特徴であり，また問題でもあるのは，症状そのものに著効を示す薬物療法が存在しないことである。また精神療法は治療の主たる手段となりうるが，同障害に特異的に有効な一つの手法があるわけではない。かつてしばしば試みられたような催眠ないしは暗示による治療は，その有効性の限界や記憶内容の操作が生じることへの懸念から，かつてほど用いられることはない。むしろ併存症の治療や環境の調整を優先し，症状そのものについては経過観察に任せることが必要な場合も少なくない。

危機管理の必要性

　解離性障害においては，通常は安定している患者の状態が時に急変し，緊急の介入が必要となる場合が少なくない。患者が職場や宿泊先で突然子どもの人格に退行したり，あるいは解離状態で自傷行為に及んだりした場合，事情を知らない周囲の人々は動揺し，しばしば救急車が呼ばれ，時には精神科

への緊急入院が図られる。そしてそのまま統合失調症という誤診のもとに精神科の急性期治療の対象となり，それが患者の再外傷体験につながる場合も少なくない。そのために頓服薬の使用なども含めた緊急時の対処法などの準備や指示が特に重要となろう。

治療構造の柔軟性

精神療法を行う際の一つの問題は，解離性障害が通常の意味での治療構造を守ろうとする治療者の意図をしばしば裏切る結果となることである。たとえば分析的精神療法を例に取るならば，通常は週1度，50分というあり方がひとつの基準として挙げられる。しかし現実には，治療時間の終了間際に解離症状が見られたり，別人格が出現したりすることは実際の臨床では少なくない。その際「ここで特別の対応をするよりは，治療構造を守ることを優先すべきである」という判断はしばしば非治療的な結果を生む可能性がある。解離や転換症状が通常は本人の意図的なコントロール外で生じるために，それに臨機応変に対応してもらえないことは，患者の側の無力感を増すことに繋がりかねないからだ。むしろ治療場面においては，治療構造とは究極的には治療者の倫理的態度そのものであるという覚悟で柔軟に対応することが，治療にとってむしろ必要である場合がある（笠原，2007）。

現在のストレス因および併存症への対処

一般に解離症状や転換症状がそれらのみ悪化することは少なく，むしろ生活の中で体験されるストレスが関与していることが少なくない。それだけに現在の生活についてどれほどストレス因が継続して存在しているかの査定は重要である。具体的には仕事上ないしは学業上のストレス，対人関係上のストレス，配偶者，恋人との関係上のストレス，居住環境，並存症としての身体疾患，精神疾患の存在である。

転換・解離性障害の症状はまた，併存症の悪化とともに増悪する傾向にある。特にうつ病やパニック障害は解離症状の悪化に結びつく傾向にある。このように併存症が見かけ上転換性・解離性障害を悪くしているように見えるということを理解するべきであろう。

同居者の意義

　治療の初期ないしは経過中に患者の家族と面会をして，詳細な家族歴をとることには大きな意味がある。転換・解離性障害は，その成因に幼少時の体験が深く関係していることが少なくないからである。また経過が長く，日常的に得られるサポートシステムの存在が必要な症例では，家族に治療過程に参加するよう促すことも有益である場合が多い。

　ただし家族および同居者の存在は患者の日常的なストレス因ともなりうる。解離性障害の患者の中には，特に両親との間に非常に大きな葛藤を持ち続けつつ，日常生活を送っている人が多いというのが私の持つ印象である。ひとつ明らかなのは，患者が現在および過去の外傷やストレスにかかわる人と常に顔を合わせることは，患者の治療の妨げにしかならないということである。転換・解離性障害が成育歴から生じた場合には，家族との接触は事実上の再外傷体験といわざるを得ない場合が少なくない。

外傷記憶を取り上げるか否か

　転換・解離性障害の治療の際にしばしば問題になるのが，外傷に関する記憶を扱うべきか否かという点である。しかしこのテーマをめぐって唯一の正解など存在しない。特定の時点で外傷記憶を扱うことの良し悪しは，その時の本人の機能レベルや適応水準によるという事情がある。

　むろん本人がまだ心の準備ができていないにもかかわらず外傷記憶を扱うことは，再外傷体験につながることは言うまでもない。しかし臨床場面の展開により，外傷を扱わざるをえない時が自然に訪れる場合もある。たとえばDIDでは，何らかのきっかけから，過去の外傷体験に直結した人格が現れる場合がある。その際はその人格に対峙し，交流をはかることが，事実上過去の外傷的な出来事を扱うことを意味することが多い。

　この問題との関連で，リンディ Lindy, J. D. は外傷性の障害についての精神療法的アプローチについて次のように述べている。「外傷体験の力動的な再構成に関しては，鈍麻反応ではなく侵入反応の生じている際にそれに乗ずる形で行うことができる」(Lindy, 1996, p. 535)。これは外傷記憶は急性期において扱う可能性が自ずと開ける，ということである。問題は症状が比較的安定している際にことさら外傷記憶を誘発すべきかどうか，ということであ

るが，たとえば持続的暴露療法の成功例などを見れば明らかなように，それをかなり保護的な状況において，あくまでも患者との十分な合意のもとに行えば，治療の進展につながる場合もあることは，紛れもない事実である。

最後に

本章では転換・解離性障害の治療について論じた。すでに論じたように，同障害の治療法については唯一定まったものがあるとは言えず，治療者は状況ごとに個別に判断し，開拓していかなくてはならない場合が多い。そこには治療者の患者のニーズに対するきめ細かな理解と共に，大胆で創造的な治療構造の形成や変更も必要とされるであろう。また深刻な障害を持つ患者に治療者がひとりで関わることは得策ではなく，医師，心理士，ソーシャルワーカー等がチームとして治療に携わることが望ましいという点を付け加えておきたい。

第14章　境界性パーソナリティ障害を分析的に理解する

はじめに

　境界性パーソナリティ障害（以下，「BPD」と略記する）という概念は，そもそも精神分析の世界で確立された概念である。現代の精神医学において精神分析的な用語は徐々に姿を消しつつあるが，BPDだけはしっかり確立された概念であり，それが揺らぐ気配はない。しかし一般精神医学で扱われるようになると，そこにはさまざまな問題が生じている。その事情を十分に理解するためには，いったん精神分析の土台を離れる必要があるだろう。

　本章では特にBPDの「医原性」というテーマについて論じる。これは，精神医学において扱われるようになった，言わば疾患概念としてのBPDが，医師ないしは治療者により二次的，人工的に作り上げられてしまう可能性があるという事情を指す。ただしここでいう「作り上げられる」には，以下に述べるように実際の病理が作られてしまうという意味と同時に，もともとあった病理がさらに悪化したり，実際はBPDとはいえないものが，そのように誤診ないし誤認されてしまったりするという場合も含むことにする。

　BPDの臨床を考える上で，この医原性の問題は現代の精神医学における非常に重要なテーマである。しかしこの問題はまた，BPDという概念が精神分析の枠組みを超えて一般に知られるようになった際にすでに担い始めていたネガティブなイメージや，差別的なニュアンスとも関係していた。歴史的には，類似の例として「ヒステリー」の概念があげられるだろう。ヒステリーは「本当の病気ではないもの」，「演技」，「詐病」，あるいは「女性特有の障害」として，やや侮蔑的な意味で用いられたという経緯があり，治療者

側のそのような偏見が，ヒステリーという診断の下され方に大きく影響していた可能性がある。そして現代においてはBPDが同様の役割を背負わされているというニュアンスがあるのだ（Herman, 1990）。

　BPDの患者は治療者の間でしばしば「厄介者」のように扱われる傾向にある。スタッフ同士の会話の中で「あの人はボーダーだね」という表現がなされる場合は，奇抜で過剰な感情表現や行動，治療者への批判的態度，自傷行為などのために扱いが難しいケースを指す傾向にある。その場合その患者が厳密な意味でBPDの診断基準を満たしているかどうかはあまり問われないのだ。つまり治療者の主観がBPDの診断や理解に非常に大きな影響を与えているということになる。そしてそれがBPDが「医原性」に，すなわち人工的に作りあげられたり，治療者のかかわりがその症状をかえって悪化させたりするという問題を生んでいると考えられる。それはBPDを治療する環境を著しく阻害することにもつながりかねない。この問題についてもう少し詳しく論じるにあたり，私自身がBPDについて，論じてきた内容に立ち戻りたい。私はかつて「ボーダーライン反応」という考え方を示したことがある（岡野, 2006）。そこでの私の主張は，以下のとおりであった。

　　　BPDは私たちが持っている，対人関係上の一種の反応形式が誇張されたケースである。人はみな心のどこかに，「自分は生きている価値などないのではないか？　自分はだれからも望まれたり愛されたりしていないのではないか？」という疑いを持ち，日ごろはそれを否認しながら生きている。しかし時々人から裏切られたり，仕事で失敗を繰り返したりした際に，この疑いが再燃する。すると人は不安に耐えられずに，自分を受け入れない人々を攻撃したり，他人にしがみつき，つなぎとめたりすることに全力を奮うのである（p. 65）。

　簡単にいえば，人はだれでも精神的に危機的な状況ではBPD的に振る舞う可能性がある，という主張である。このBPD的な振る舞いは，いわゆる「原始反応」にもなぞらえることができるであろう。身体的な侵襲に曝された際には，人は理性的な判断に従う代わりに，より本能に根差した反応を見せる。その代表がいわゆる「闘争逃避反応」（Cannon, 1915）であるが，ボーダーライン反応もそれとニュアンスが似ている。人は精神的な危機状況に立たされた時に，それを回避するために，結果を省みない唐突な行動を起こ

すのだ。ただし闘争逃避反応が天敵への反応だとすると，ボーダーライン反応においては対人関係における危機，たとえば深刻な恥をかかされる体験，人に去られる体験，あるいは対人関係上の外傷一般への反応として生じることになる。

この問題にどうして医原性のテーマが絡むかといえば，この対人関係における危機は，治療者患者関係の中でも，しばしば尖鋭化された形で再現される可能性があるからである。そして治療者はまた，その患者に診断を下す一番身近な距離にあると言えるのである。

分析家，ないしは治療者という名の権威者

「医師という仕事は少し経験を積むと，診察室の癖が身について，相手を少々見下す姿勢になりやすい」とは，ある熟練の精神科医の言葉である（笠原，2007）。そしてこのことは医者に限らず，臨床現場で患者に向きあう心理士や看護師等の治療者一般についてもかなりの程度言えることだろう。治療者は自分でも意識しないうちに，患者より高い立場の人間として，すなわち権威者として振る舞うようになることが多い。それにつれて治療者の自己愛が膨らんでいくと，患者が示すわずかな抵抗や反発も，自分に対する挑戦や，自分のプライドを傷つける行為に感じられ，それが治療者の心に恥や怒りの感情をさそうことがある。

このような治療者の感情的な反応は，精神分析的には逆転移感情として理解し，処理すべきものといえる。しかしこれについて治療者自身の気付きや自覚が十分でないと，治療者はそれを行動化により表現してしまう可能性が高まる。たとえば治療者は「おとなしく私の治療方針を受け入れないと，あなたとの治療を中止する」というメッセージを暗に与えてしまったとする。するとそれは患者の側に深刻な怒りや恐れの感情を生み，患者に先述の「ボーダーライン反応」を引き起こすかもしれない。それを見て治療者は患者がいよいよ実際のBPDであることを確信してしまうこともある。このようなプロセスを経て生まれた「BPD患者」はまさに医原性のものと言えるだろう。

臨床場面でよく聞く言葉に，「操作的 manipulative」がある。これは「あの患者はあの看護師に私の悪口を言って，私を悪者にしようとしている。操

作的な態度だ」というふうに使われる。そして同じような文脈でやはりよく聞くのが，「スプリッティング splitting」である。こちらは「患者は治療チームを自分の敵と味方にスプリットしようとしている」というふうに使う。どちらも患者の振る舞いを端的に抽出していると言えなくもないが，同時にこれらの言葉ほど濫用されるものはない。

　私は日頃学生や心理療法家たちに「患者さんの操作的態度とか，スプリッティングとか言うが，操作やスプリッティングを患者にされてしまう側にも問題がありますよ」と言うことが多い。治療者は自分が患者に感情的に動かされるような気がして不安を感じた時に，「あの患者は操作しようとしている，だからボーダーラインだ」，と考える傾向にある。このような概念を多用する治療者には，実は操作やスプリッティングはする側とされる側があって初めて成立するのだ，という視点が希薄なようである。というのも治療者の方がどっしりと構えていれば，簡単に操作され動かされるはずはなく，「この人は操作的だ」，というような発想もそれだけ少なくなるからだ。

　たとえば小さい子どもが父親に対して「これ買ってくれないと，もうパパと口なんかきかないからね」とか「パパなんて嫌い。ママなら買ってくれるって言っていたから，ママに頼んでみる」と言ったとしよう。しかし「この子はすでに，5歳で親を操作しようとしている。実に末恐ろしい……」などとは思わないだろう。それは親がそのような状況が生じるのを十分に予想でき，余裕をもって対応できるからだ。つまり，そのような子どもの「操作的」な意図をあまり問題にする必要がないのである。ところが治療者の方がその余裕が奪われ，実際に患者さんの望むとおりに動いてしまったことに気がつくと，たちまち患者さんのことを「ボーダーラインだ！」と判断することになるのだ。

治療構造と医原性のBPD

　伝統的な精神分析理論に従った教育を受けた治療者は，結果的に医原性のBPDを生む関わりをしてしまう可能性も指摘されている。この点は後に見るガンダーソンやフォナギーらの主張に通じている。そしてそこでしばしば問題となるのが，治療構造の概念である。

精神分析において特に価値がおかれるいくつかの概念があるが，治療構造はそのひとつである。フロイトがその概念の基本を提出し，わが国では故・小此木を中心に論じられた治療構造（岩崎，1990）の概念は，分析的な精神療法において必須であり，患者および治療者に安全で治療的な環境を提供するものとして理解されている。

　もちろん治療構造自体があまりに硬直化したものである場合には，それが非治療的となりうる，という主張を受け入れる治療者は少なくないであろう。しかし治療構造自体があいまいで，境界が不鮮明だったり，それを守るべき治療者の態度にブレが生じた場合の弊害に関する主張に比べれば，ほとんど聞かれないのが現状であろう。

　治療構造論をライフワークの一つとした小此木の生前の言葉に「僕は，治療構造をちゃんと守らないところがあるから，あえてあのような理論を作り，自らを戒めたのだ」というものがあった。私はこのことを本人から聞いたつもりだが，より先生に近かったお弟子さんたちは，先生本人ではなく，彼らがそう言っていたという話である。今となっては確かめようがない。いずれにせよこの言葉に見られるのは，やはり治療構造はきちんと定め，それを遵守することが最善であるという考え方であろう。しかしこの治療構造の重要さを強調する分だけ，治療構造を遵守できない，あるいはその維持に抵抗を示す患者を問題視し，そこに病理性を見出す傾向も強くなる。

　治療構造を重視する臨床家に大きな葛藤を生むのが，患者の求めに従う形で，それまで保ってきた治療構造に変更や例外を設けることである。ある患者さんが通常の定期的な面接の枠組み以外に突然現われ，治療者に面談を要望したとしよう。何か特別の事情があるらしいことが伺える。そのような際に分析的なオリエンテーションを重視する治療者は，その要望の唐突さやアクティングアウト的な要素を重視し，緊急の面談要求を拒否する可能性がより高いであろう。あるいは簡単に事情を聴く程度のことは行っても，要求どおりにセッションを設ける可能性は少ない。もちろん臨時のセッションを提供する時間的な余裕がない場合は論外だが，たとえあったとしても，治療構造に例外を設けることに対する懸念からその要求を拒否する可能性がある。

　しかし患者の側にはその拒否の理由が即座には理解できない場合が少なくない。そして「治療構造を守ることが大切である」という治療者の側からの

メッセージは，治療者にとっては半ば当然のことのように思えるのに，患者の側からは理解できないという事態が生じることになりかねない。私の臨床経験からは，このような経緯による治療者患者間の理解のずれもまた，治療者が患者の態度を必要以上に「操作的」で挑戦的な態度とみなし，そこにBPD的な要素を見出す原因として大きいという印象を持つ。

BPDの医原性についての文献的な考察

以上は，医原性のBPDというテーマについての私自身の見解を述べたが，以下にこのテーマについて文献学的な検討を行う。英語の文献にはこのテーマに関するものが多く見られ，BPDの医原説はひとつの時代の趨勢という印象すら受ける。

BPDの研究で名高いガンダーソン John Gunderson（2008）は，1980年代の精神分析的なBPDの理論がまさに医原性のものであったとの立場を示している。彼はBPDについての分析的な理解は患者の強烈な転移や抵抗に焦点を当てたものであり，その結果逆に患者の症状を作り出していた可能性があるとする。そしてむしろ治療者の側の逆転移の問題に焦点を当てることが，患者の真の治療に繋がると述べている。ガンダーソンはBPDについての疫学的な研究を行い，DSM-III（1980）に本障害が加えられることに貢献したことが知られるが，それだけにこのような見解は興味深い。

ガンダーソンと同様の批判は，1990年にハーマン Judith Herman によってもなされた。彼女はその著書「外傷と回復」（Herman, 1992）の中で，「BPDはヒステリーの現代版である」と喝破している。彼女はBPDの患者には非常に高い頻度で外傷が見られ，その意味ではBPDは実は外傷の犠牲者であること，そしてそれをパーソナリティ障害として扱うのは問題であることなどを述べている。

ハーマンはBPDを自らの提唱する複雑性外傷後症候群（複雑型PTSD）ととらえている。そしてBPDとは基本的には侮蔑的な診断名であり，むしろPTSDと考えるべきであるという。このハーマンの主張はやや挑発的で従来のBPDの概念を根底から覆すところがあったが，それだけに一部からは多くの支持を得た。

近年では、フォナギー Peter Fonagy, ベイトマン Anthony Bateman といった、英国の中間学派の流れを汲む精神分析家たちもまた精神分析理論のBPDに関する医原性についての指摘を行っている。フォナギーらの「メンタライゼーション」に関するテキストにそれがあらわされている（Bateman, Fonagy, 2006）。

その中でフォナギーらは従来の精神分析的技法をBPDの症状を悪化させるファクターとしてとらえている。たとえば精神分析におけるメタファーの使用や解釈などは、かえって患者を混乱させ、患者を「心的等価物 mental equivalent」や「ごっこモード pretend mode」を主体としたかかわりに誘い込んでしまい、その代償として治療者とのパーソナルな関係が失われやすいとする。そこでBPDとの治療では、明確化、共感、直面化などの分析的な技法よりは、むしろ通常の会話に含まれるようなかかわりを必要とするという。

ここで心的等価物やごっこモード、ないしは目的論的姿勢につい少し解説を加えておきたい。心的等価物とは、たとえば治療者とのセッションが終了して、治療者の面接室を去る際に、実際に治療者から見捨てられてしまったような気になってしまうということを意味する。それに比べてごっこモードは、自分に生じたことがあたかもひとごとのように感じられるということを表す。これも具体例を挙げるのであれば、自分が実際に恋人から別れを告げられたにもかかわらず、それを実感できず、他人に起きたことのように感じる、というような事態が考えられる。このように考えるとごっこモードと心的等価物は、一見正反対の現象だが、実は表裏一体で、互いに防衛の関係にあるともいえる。

フォナギーらの主張をまとめれば、従来の精神分析的なやり方では、人の気持ちをわかりにくいという特徴をもつBPDの患者をさらに混乱させてしまうということになる。精神分析的な手法は、それが意味を持つためには十分な精神の機能を必要としているのであり、BPDの症例に対してそれを行うのは、彼らに処理不能なタスクを与えて混乱をさせるだけであるという。

以上の意味でBPDが「医原性」に作られるというのがフォナギーらの主張だが、これは先に論じた意味での医原性とはニュアンスが異なることに気づかれよう。先ほどは「ボーダーライン傾向は通常の人間が皆持っているの

であり，治療者の分析的な態度はそれが姿を現すのを助長しかねない」という意味で「医原性」という表現を用いていた。他方フォナギーたちの議論は「BPD の人は通常の人と異なっており，分析的な態度は彼らを混乱させることで病理を助長する可能性がある」という主張である。

　BPD の病理が治療によりつくられ，あるいは助長されるという考え方は，そのほかのエキスパートからも聞かれる。おそらく BPD の治療において近年最大の貢献をした一人といわれる米国のリネハン Marsha Linehan（弁証法的行動療法 DBT の創始者）もそのテキストの中で，患者を中傷するような解釈を与えたり，患者の助けを求める叫びを無視したり，感情の爆発や自殺傾向に対して特別の注意を払ったり入院治療を提供したりすることで，思いがけずも患者のそのような行動に対して報酬を与えてしまい，自分を評価してくれなかった家族環境を再現してしまう。そして最悪の場合，治療は医原性となるのだ，と述べている（Linehan, 2007）。

　ちなみにこのような記述を読むと，ひとつのことに気がつく。自らの治療法を提唱する場合，同時にほかの治療法を批判するのは常套手段といえるが，そうなると必然的に「ほかの治療法で扱った BPD の患者さんはよくならない。むしろ悪くなる場合がある。これは医原性のケースとなる」という議論が導きだされる。「医原性の BPD」というテーマは，実はその意味でも複雑な事情が絡んだテーマといえる。

誤診としての BPD

　医原性の BPD のおそらく最大の原因は，誤診であろう。ただしこの場合は実際には BPD の病理が存在しないということであるから，医原性の BPD という呼び方に正式には該当しない可能性があることは，本稿の冒頭で述べたとおりである。

　BPD と誤診される傾向のある病理の中で筆頭に挙げられるべきものとして，特に最近注目されているのが，解離性障害である。私が臨床場面で出会う解離性障害，特に解離性同一性障害（以下 DID）の患者は，過去に別の医療機関で一度や二度は BPD の診断を受けている場合が多い。ただしもちろん DID のケースの中には，実際に BPD の診断基準を満たす場合もある。そ

の場合はBPDと解離性障害が並存ないし合併していると考えるべきであろう。しかし大概において，DIDは，BPDとはまったく異なる精神病理を持つというのが私の見解である。

　まず事実関係に注目しよう。診断基準を比較した場合，DIDとBPDには共通する症状ないしは問題がいくつかあることは確かである。マーマーとフィンク Stephen Marmer and David Fink（1994）は両者の共通点として，アイデンティティの障害，不安定な情動コントロール，自己破壊的行動，衝動統御の問題，対人関係上の障害を挙げている。これほど類似点があるわけであるから，DIDとBPDの成因には共通部分もあるだろうし，両者が「合併」することも多いことが考えられる。実際DIDとBPDが共存するケースについては，米国ではかなり以前から報告されている。少し古い統計では，DIDの患者の35～71％が，BPDの基準を満たすという（Gleaves, 1996）。しかし上述のとおり，DIDとBPDにはかなり大きな違いがある。とくに解離の機制の用い方については，DIDはそれが前面に現れているのに対して，BPDはその症状や防衛の一部を占めるものとして記載されているに過ぎない。マーマーとフィンクはこれをBPDは一時的に「ローテク low-tech な解離」を用いるのに対して，DIDはきわめて精巧な解離の機制を用いる，と表現している。

　私はDIDのBPDへの誤診にはさらに治療者側の患者への感情的な反応という問題があり，これがこの問題が生じる一番大きなファクターであると考える。それはDIDの患者の示す多彩な症状に当惑し，その対処を重荷に感じた治療者が，本章ですでに述べたように「患者の側の抵抗や操作的な態度」をBPDの診断の根拠とする可能性である。実際にDIDのケースにおいては，その振る舞いが周囲に当惑や苛立ちを生む場合が少なくない。

　ある患者は心理療法の終わり際に人格交代を起こし，子どもの人格になってしまった。心理療法家はそれを介抱する必要に迫られ，そのために次の患者に長時間待ってもらう必要が生じた。療法家はこれを患者の側の行動化ないしは依存欲求の表現と理解し，患者の振る舞いを「ボーダーライン的」と考えたという。

まとめ

　医原性の BPD というテーマでいくつかの論点を示した。BPD 的な振る舞いは，精神が危機に瀕した際に一時的に見られるのであれば，正常範囲のものととらえることができよう。それは人間が根源的に持つ「自分は取るに足らない存在ではないか？　生きていてもしょうがないのではないか？」という不安を回避するための防衛的な行動と考えられ，それを私は「ボーダーライン反応」と表現した。BPD はその反応を長期にわたって頻繁に繰り返して示す病態としてとらえることができる。問題は治療者側が関与することにより，その症状が過大評価されたり，実際に悪化してしまう可能性であり，それが本来の意味での医原性の BPD と呼ぶべきものであるとした。そこには治療者の側の自己愛傾向や権威者としての振る舞い，あるいは治療構造への過度のこだわりがしばしば関与している点が示された。さらには実際にはBPD と呼べないものが，別の精神科的な障害の結果として誤診されてしまうという可能性について述べ，特に解離性障害について述べた。
　最後に，医原性の BPD について考え，BPD 様の症状が誇張して論じられる可能性について知ることと同時に，私たちは自分たちの中の BPD 傾向（「ボーダーライン反応」の起こしやすさ）について自覚することもきわめて重要であるという点も再度強調しておきたい。

第15章 解離の病理としての境界性パーソナリティ障害

　前章で論じたとおり，境界性パーソナリティ障害（以下，BPD）という概念の由来は精神分析であった。そして最近それとの関連がしばしば論じられているのが，解離性障害，特に解離性同一性障害（以下，DID）である。こちらの解離の方は，精神分析の本流からは長い間距離が置かれていたが，近年ようやく分析的な解離理論が語られるようになってきているという事情がある。この BPD も DID も，いずれもが精神疾患として認められ，精神分析の場面に患者として登場する可能性が大きい以上，この両者の関係を整理しておくことは大切である。ただしこの両者の関係は複雑であり，また学会での定説も確立していない。しかしそれを前提の上で言えば，BPD と DID は，その病態としては，ある意味では正反対なものとしてとらえるべきであるというのが私の立場である。

　ちなみに欧米の文献は，両者の深い関連性を強調する傾向にある。もともとは両者は基本的に別物と考えられ，特別比較されることはなかった。しかし最近では DID と BPD は同類であるという主張，あるいは BPD と解離性障害は全体としてトラウマ関連障害としてまとめあげられるべきであるという意見，そして BPD に特有の機制とされるスプリッティングは解離の一種であるという主張が見られるのである。さらには DID の 72％が BPD の診断を満たすという疫学的なデータも報告されている（Sar, et al., 2006）。私自身の臨床からも，解離性障害と BPD が混同されやすい傾向は感じており，また両者の病理が混在しているようなケースに出会い戸惑うこともまれではない。そのためこのテーマは本書で章を設けて論じる価値があるものと考える。

従来の文献から

　解離性障害，特に DID と BPD との比較について，私自身はかつて何度か論じたことがある。そこでは対照表を作るまでして DID と BPD の違いを強調してある。
　そもそも BPD と解離症状との深い関連性については，米国の精神医学の世界ではいわば公認されている。DSM-5（American Psychiatric Association, 2013）の BPD の診断基準の第9項目には「一過性のストレス関連性の被害念慮または重篤な解離症状」（傍点強調は岡野）が掲げられているからである。ただしこの項目を満たすことは BPD の診断の必要条件ではない。つまり解離症状を伴わない BPD も当然あることになる。
　この解離症状を DID と BPD の第1の接点とした場合，それ以外にも両者には2つの接点が考えられる。それらはスプリッティングの機制，そしてリストカット等の自傷行為である。結論から言えば，以上の3つの特徴は BPD と DID の両者に共通して見られることが多いが，スプリッティングにより分裂排除された心的内容が，投影や外在化により外に排出されるか否かにより，両者の臨床的な現れ方はまったく異なる形をとると考えられるのだ。

精神病様症状と解離

　BPD の症例においてしばしば，神経症レベルより重篤な病態を思わせる症状が見られることは，従来から論じられて来た。米国で BPD の概念が提唱されるようになった1940～50年代は，精神疾患に対する精神分析の応用がさまざまに試みられたが，一見神経症圏にある患者が，カウチの上で退行を起こして被害関係念慮や異なる自我状態の出現や，離人，非現実体験等の所見を見せることがしばしば報告されるようになった。後の見地からはそれらの一部は解離性の症状として理解が可能であるが，当時はそれらは「精神病様症状 psychotic-like symptoms」として扱われた。つまり統合失調症に見られるような症状に類似するという意味である。これは当時主流であった精神医学が，解離の概念をその語彙としては事実上持たなかったためである。実際スターン Adolf Stern やナイト Robert Knight，カーンバーグ Otto

KernbergなどのBPDに関する主要文献は,「解離」や「(性的)外傷」についての記述はほぼ皆無であった (Stone, 1986)。この事情を理解するためには,BPDの概念が生まれた背景を理解しなくてはならない。BPDの概念は前世紀の前半に精神分析的な土壌で生まれたが,そこでは自我の機能レベルを神経症水準と精神病水準に大別する伝統があった。そもそもBPDの「境界borderline」も,その患者が両者の境界線上に存在するという理解を反映していたのである。そしてその概念が形成されるうえで,解離の概念が入り込む隙は事実上なかったのだ。

やがて1970年代になり,精神科領域における外傷理論が盛んになったが,それとともに従来のBPDの「精神病様症状」も解離性の症状としてとらえ直されるようになった。それはBPDそのものを外傷性の障害としてとらえる動きとも連動していた。なぜならすでに解離症状は疫学的に外傷との関連が論じられつつあったからである。BPDの中核的な症状の中に解離症状を見出すことは,BPDをPTSDなどの外傷関連疾患と同列に扱うことができるという可能性を同時に示唆していたのだ。そしてそこで抽出されることになった解離症状の多くは,かつて精神病様症状として理解されたものと,事実上同じものだったのである。先ほど述べたDSM-5のBPDの第9項目はそのような背景で生まれたことになる。ただしその中の「一過性の被害念慮」については,解離性障害における訴えとしては典型的とはいえず,むしろ後述のスプリッティングの機制と関連しているものと考えられる。以上を多少なりとも図式化するならば,以下のようになろう。

従来記載されてきたBPDの精神病様症状　⇒　解離性症状＋被害念慮

スプリッティングと解離

BPDとDIDの臨床像を比較した場合,両者の共通点と相違点は,それらの障害において主として用いられる機制,つまりスプリッティングと解離の共通点と相違点に帰着されるべきであろう。そこでまずBPDに見られるスプリッティングについてであるが,それは他者イメージや自己イメージを良いものと悪いものに極端に分割してしまう心の働きといえる。彼らはしばしば他者を悪意ある,迫害的で攻撃的な人とみなしてそれに対して被害念慮を

持ったり，逆に善意に満ちて優しく，優れた人として極端に理想化したりする。そして同様の脱価値化や理想化傾向は自己像にも見られる。

　ただし患者の臨床像の中で最も「ボーダーライン的」なのは，それを他者への非難や攻撃，あるいは自傷行為などの行動で表現してしまうことである。その行動はしばしば唐突で衝動的であり，その背後には，患者の深刻な不安や恐怖および極端な気分の変動がうかがえる。その苦しさから世界を分割して行動に表現するという事情が理解されるのだ。つまり患者の行動化は，彼らの根幹にある不安感や空虚さの防衛として動員されるものであるが，このような理解は，アドラー Gerald Adler（1985）が提起した重要なテーマであった。

　ところで相手をよい，悪い，あるいは敵か味方かに分ける傾向は，程度の差こそあれ，私たちが日常的に行うことでもある。時にはそれに従って実際に行動してしまうこともあり，それをかつて私は，一般人にも見られる「ボーダーライン反応」（前章を参照）と呼んだわけである。BPD においてはこれがより頻繁にかつ激しい形で表される。つまり BPD におけるスプリッティングは，投影や外在化により頻繁に表現されることが，その臨床上の特徴なのである。

　それでは逆に「投影や外在化されないスプリッティング」というものを考えた場合はどうなるか？　それはむしろ解離の性質に近いといえるというのが私の見解である。DID に見られる解離の機制は BPD のスプリッティングとはかなり様子が異なる。たとえば男性に接近されると性的に奔放な人格が出てきてそれに対応する，といったように，DID において何よりも特徴的なのは，それがあたかも外界からのストレスに迎合する形で生じ，患者中ですべて処理されてしまうということである。一般に BPD と解離のスプリッティングとは，その表現のされ方が逆である。前者は相手の侵入的な行為に対して，それに向かい，攻撃する形で生じる。それに対して後者は緊急に生じた外的な出来事に対して迎合し，ストレスを自分の内側に取り込み，自らの状態を変えることでそれに対処するのである。

　このような意味での BPD と DID におけるスプリッティングの違いについて，マーマー Stephen Marmer（1991）は「BPD は対象をスプリッティングし，解離は自己をスプリッティングする傾向にある」と明快に述べている。

解離と秘密,および罪悪感

上述のごとく解離の機制を,スプリッティングが生じているにもかかわらず投影の機制が欠如し,ないし抑制されている場合に生み出され,ないし促進されるものと考えてみよう。その場合どのような生育プロセスが考えられるのだろうか?

まずクラフト Richard Kluft の DID に関する 4 因子説 (1984) を引くまでもなく,生まれつきの解離傾向は DID の発症にとって非常に大きな意味を持つ。しかしそれだけではなく,その発症には生育環境の影響を無視できない。そこで決め手となると考えられるのは,虐待者により虐待の事実に関して秘密を守ることを強制されたり,いわれのない罪悪感を植え付けられたりするという場合である。近親者による長期にわたる性的虐待が生じている場合,虐待者はしばしば「もし誰かに話したらただではおかないぞ」などと脅す。あるいは性的虐待を行う以外の場面で過度に優しくふるまったり,「おまえが子どものくせに先に誘惑したんだぞ」と罪悪感を植えつけたりする。これらの事情はいずれも子どもの口を封じ,虐待者を非難したり,虐待の事実を客観的に認識したりする機会を奪うのである。

以下に述べるように解離性障害の生育環境にはさまざまな状況が考えられ,単純にこれらの「対人トラウマ interpersonal trauma」(幼少時の身体的,性的虐待,ネグレクトなどの総称) が原因とは言えないが,少なくとも,これらの場合には,投影の抑制はきわめて強烈な形で生じるであろう。そしてそれを受け入れて育つことで解離症状を起こすようになった患者は,外在化を主症状とする BPD とは別ものと考えてもおかしくないであろう。

スプリッティングと解離の相互関係

上記のような考察に基づけば,BPD と DID の病理はスプリッティングのメカニズムを共有しているものの,臨床像は非常に異なるものとなるはずだ。ではなぜ DID の 70% が BPD の診断基準をも満たすなどの報告 (Horevitz, 1984) が得られるのだろうか。そこには理論上 3 つの可能性が考えられる。

第 1 は,DID が BPD と「誤診」されている場合である。DID においては,それぞれの交代人格の持つ雰囲気,振る舞いないしは対象関係のあり方は互

いにかなり異なる。異なる人格が前後して現われた場合は，BPDに特有の2つの自己イメージの共存と誤解されるということが生じかねないだろう。

第2には，DIDとBPDが「合併」している可能性である。つまりはDIDにおける特定の人格の振る舞いそのものが，きわめて「ボーダーライン的」である場合である。

第3の可能性はより複雑な問題を含む。それはDIDとBPDが同じ病理の異なる表現形態である可能性である。この場合，DIDのみならずBPDもまたトラウマ由来の障害とみなすことになる。これはハーマン Judith Herman（1990）らの提唱した複雑型PTSDの概念に顕著に見られる立場である。

しかし私個人としては，この第3の見方を極端に推し進めた場合は問題が生じるであろうと考える。BPDはあくまでも多因子的に生じ，そのうち深刻な幼児期の外傷体験を持つ人の占める割合は確かに大きいものの，それがBPDの病理を生む必要十分条件では必ずしもないからである。

DIDとBPDとの関連性に関する疫学的研究

以上はDIDとBPDとの関連についての理論的な考察であったが，次にこの問題に関する疫学的な研究について触れたい。これについては従来からBPDの疫学的な研究を精力的に行っているザナリーニ Mary Zanarini（2009）の報告が参考となる。それによるといくつかの研究が，BPDの患者の多くが離人感や非現実体験などの解離性症状を体験していると報告されている。たとえばチョプラ H. D. Chopra の研究によれば，BPDの92％が非現実体験を，85％が離人体験を持つ（Zanarini, et al., 2009）が，これは他の多くの同様の研究によっても支持されている。

また最近になりDES（解離体験尺度）が研究目的で頻繁に用いられるようになり，精神疾患と解離症状との関係はより広く研究されるようになってきている。そしてBPDの患者にDESを施した際，一般に高い値が得られるということが報告されている。

そのような研究を背景に，ハウエル Elizabeth Howell ら（Howell, et al., 2009）はBPDを解離性障害に含み込むことを提案している。彼女らはBPDを基本的には外傷により引き起こされたものと見なし，それらを「慢性関

係性外傷障害 chronic relational trauma disorder」と呼ぶことを提唱する。すなわち BPD も外傷と愛着と解離の病理として位置づけられるというわけである。ただし BPD における異なる自我状態の間の変化は，DID に比べてより微妙であり，また BPD の一番の特徴とされるスプリッティングの概念は，患者がトラウマの結果として抱えている異なる（解離された）自我状態の間の入れ替わりという現象を十分反映していないと論じている。

　デル Paul Dell も BPD を解離の病理として理解することを提案する。彼は DID に見られるような健忘をともなう解離とは異なる「部分的な解離 partial dissociation（Dell, 2006）」という概念を提示し，それが BPD において生じているとする。そして BPD における見捨てられることへの恐れは，対人トラウマに由来すると説明する。デルらは，このようなとらえ方は従来カーンバーグやマスターソン James Masterson らにより論じられた異なる自我状態の共存という図式と矛盾しないとする。

　これらの報告を見る限り，欧米の文献は BPD と DID を同類の病理として分類して理解するという前提に立った報告が多いようだ。しかしわが国における実際の症例にそれは当てはまるだろうか？　以下に自験例を基にしてこの問題について考えたい。

自験例を振り返って

　第 11 章で DID の 50 人の自験例について紹介した。そして私はどの例とも一定の期間治療関係を持ち，その人柄や行動のパターン等についてよく知っている立場にある。その上で改めて振り返った場合，これら 50 名の中でかなり明白に BPD の診断基準を満たす，華々しいアクティングアウトを繰り返す典型的な BPD のケースは実は一例も思いあたらない。外来や病棟においてさまざまな行動化を繰り返し，周囲を情緒的に巻き込んで疲弊させるといった症例には出会っていないのである。また目立った行動化やスプリッティングの傾向は示さないが，DSM の BPD 診断基準をほぼ満たす可能性のあるケースが 5 例，そしておそらく見方によっては BPD 症状を一部呈していると思われるであろうと考えられるのが 5 例数えられる。すなわち私の DID のケースのうち少なく見積もって 10％，どんなに多く見積もっても合

わせて全体の20%程度がBPDということになる。いずれにせよDIDの70%あまりがBPDの診断を満たすという諸外国の統計とは非常に異なるということが言える。それはどのような理由によるのだろうか？

　一つ考えられるのは，BPDを有するDIDの患者は私のもとに通院していないという可能性である。一般にDIDの患者は治療関係を非常に大事にするという印象を持つ。治療者に気を使い，その気分を害したり，治療関係を損なったりするような行動は極力避ける傾向にある。無断キャンセルなどは非常に例外的なことなのだ。それに比べてBPDの患者は通院が不定期で気まぐれなものになりやすい。私の扱った50例は少なくとも一定の期間規則的に私のもとに来院して投薬治療を受けたケースであるが，それがすでにスクリーニングの意味を持っているかもしれないのである。ただしインテークだけ姿を現して，後は来なくなってしまったケースというのも決して多くはないことも確かなのだ。

　BPDの基準を全面的ないし部分的に満たす10人の患者を見わたした場合，いくつかの特徴がみられる。一つは彼女たちの行動化の傾向や特徴的な対人関係の持ち方などが特定の別人格の現れとなっている訳ではないということである。それはあくまでも主人格の持っている攻撃性や行動化の傾向の表現である。したがって自分たちの示した行動化に関して一般に健忘を示してはいない。また一人はBPDに特徴的な行動化を示した時は，明白な軽躁状態にあった。

　ただし彼女たちの行動化のうち自傷行為については，事情は異なるという印象を受ける。私のDIDの症例の中にも衝動的なリストカットや過量服薬を見せる人が少なくない。それらの多くは高い自傷傾向を有する特定の人格に一時的になり代わっての行動であるようだ。ただそれらの行動化が他者に向けてのデモンストレーションのニュアンスを帯びていたり，他罰的な言動や行為と結びつくことは少なく，それが彼女たちをBPDと分かつところなのである（逆にそのようなニュアンスが高くなるほど，その患者を同時にBPDと診断せざるを得ないということにもなる）。

　さらにDIDについては，患者の多くは孤独を忌避したり恐れたりすることが少ない。すでに内部に対話の相手を多く持つ彼女たちの内面は十分にぎわっているのである。そしてそれが内側に空虚さを抱え，常に対象にしがみ

つく傾向にある BPD の患者たちと大きく異なる点でもある。

最後に

本稿では DID と BPD の関係について論じた。欧米での BPD を解離性障害の一部に組み込もうとする動きについて紹介した上で，私自身の見解やその根拠となる臨床経験について述べた。私の立場は依然として，DID と BPD は明らかに異なるというものだ。しかし両者は精神疾患全体を広い視野から見た場合には，かなり近い位置にあることになるだろう。要するに本章のテーマは，解離の概念をどこまで広げるかという問題に帰着するのだ。私は解離の概念を広げること自体には特に反対をするつもりはない。ただしその場合も BPD 的な解離，デルが「部分的な解離」と称したものは，健忘を伴った解離とはかなり異なるものであるということは認識しておかなくてはならないであろう。

第Ⅲ部
未来志向の精神分析

第16章 治療的柔構造の発展形
——精神療法の「強度」のスペクトラム

はじめに

　フロイトは1世紀以上前に，週6回の精神分析を始めた。それ以来週に頻回のセッションは精神分析療法のゆるぎないスタンダードになった。現在でもわが国の精神分析協会は週4回以上（さすがにフロイトのように週6回とまでは行かないが）の高頻度でのセッション以外は正式な精神分析とは認定しない。ただしそれでも週4回はかなりの高頻度である。しかも期間は年単位である。実際にこの頻度を維持するためには，分析家と患者の双方がそれ相応の生活スタイルを作りあげ，それを維持する必要がある。そして当然ながら，それが不可能な場合も多い。精神分析の頻度をもう少し下げられないのか？　治療期間を短くできないのか？　週1回というのは精神分析と呼んではいけないのか？　そのような疑問は精神分析の一つの課題として当然持ち上がってくる。

　週1度の精神分析，という当時としては大胆な発想を，それも1930年代に持ったのが，わが国の精神分析の草分け的存在であった古澤平作であった。1932年から33年にかけて古澤はウィーンに留学し，フロイトに直接面会をし，フロイトの弟子のステルバ Richard Sterba から教育分析を受けた。その後精神分析を持ち帰った古澤は，わが国で週1回の精神分析を始め，それが私たちの一つのスタンダードになったという経緯がある。

　そして1993年にいわゆる「アムステルダム・ショック」があった。これは日本での上述の慣習が国際精神分析協会の知るところとなり，改善命令を受けたという一つの事件である。その後はわが国でも国際基準に準じた形

で精神分析のトレーニングシステムを整備し，4回以上の，原則的にカウチを用いた構造を精神分析と呼ぶようになった。「週1回でもいいのではないか？」という議論は，事実上棚上げ状態になり，しかし精神分析以外の世界では週1回がスタンダードになるという二重構造が成立した。そしてそのような機運の中で，最近北山修監修の『週一回サイコセラピー序説』（創元社，2017）が出版された。本章はそこで掲載された論文をもとにしたものである。

　ところでこの本の「週一回サイコセラピー」というテーマが，私にはどうも「謝罪的apologetic」なニュアンスを帯びているように思える。「精神分析は本当は週に4回でなくてはならないが，週に1度だってそれなりに意味があります。でも週に1度であるという立場をわきまえていますよ，もちろん正式な精神分析とは言えません，わかっています」というニュアンスである。しかしそれは同時に一種の戒めでもある。「まさか週に1度さえ守れていないことはないでしょうね。」「週に1度は最低ラインですよ，これ以下はもう精神分析的な療法とは言えませんよ」という一種の超自我的な響きがあるのだ。さらにこれは時間についても言える。1回50分，ないしは45分以上のセッションでなければお話になりませんよ。それ以下では意味がありませんよ，というメッセージが込められているのである。

　私は性格上あらゆる決まりごと，特に暗黙の裡の決まりごとに対して，疑う傾向がある。というよりそれに暗に従ってしまいそうになる自分に対する違和感というべきだろうか。無意識レベルでは付和雷同型で，私は元来権力に弱いのだろう。決まりに反感を覚えるのは，その反動形成だと思う。もちろん何にでも反対するというのではなくて，現実と遊離している決まりごとに対して苛立つ。現実を教えてくれるものにはむしろ感謝の気持ちが湧く。だから私はノンフィクションや自然科学に関してはきわめて強い親和性を感じるのだ。心理の世界では脳科学がそれに相当する。

　話を元に戻そう。私は「週1度，50分でなくてはならぬ」に反発を感じるのだ。もちろん週1回，50分できたらどんなにいいだろう，という気持ちもそこには含まれる。週4回を私は実行しているし，それを理想化する部分が確かに私の中でもある。しかし私が持っている患者さんの多くが，それを満たさない以上，この原則は私にとって非常に不都合なものでもあるのだ。

　まず私の立場を表明しよう。私の立場は精神分析家であり，そして精神科

医でもある。精神分析家としての私は，週に4回の分析のセッションも行っているし，週に1度50分の分析的療法も行っている。しかし2週間に1度の方も多い。また週2日の精神科外来では1日40人強のペースで患者さんと会ってもいる。その上で言えることは，精神療法的なアプローチを行う必要のある多くのケースで，私は週1度50分のペースでは会えていないということだ。精神科の外来では一部のケースに毎週，ないし2週に1度20分ないし30分会うのが限度である。そしてこの1回に50分取れないという事情は実は精神科医である私だけではない。私は心理士さんと組んで臨床を行っているが，事実上通院精神療法（健康保険で決められた，保険のきく精神療法）の本体部分は彼女たちにお願いしていることになる。そしてそれは毎週1回50分ではとてもまわって行かない。私の患者さんの大部分は定期的な精神療法を必要としている方々である。そしてその数の多さを考えた場合には，1時間に2人はこなしていただかなくてはならないというのが現状である。さらには料金のこともある。心理士が1時間会うためには8000円程度の料金がスタンダードだが，それを毎週払いきれる患者さんの数は非常に限られているのだ。

このように私の理想とする精神科医と心理士の共働では，1,2週間に1度，30分のセッションというのは，事実上のスタンダードなのである。これは私が知っているもう一つの世界，すなわちトラウマティック・ストレス学会で出会う精神科医の先生方も言っていることである。「『通院精神療法』を行う場合は，2週に1度30分が限度である」というのが彼らの大部分が持っている印象である。2週に1度30分，というスタンダードはこうして事実上精神科医の間に存在するのであるが，だれもそれを精神分析的とは呼んでくれない。

しかし，みなさん首をかしげるかもしれないが，私は大まじめで，2週に1度，30分の分析的な精神療法をやっているつもりなのである。もちろんそれは週4回，ないし週1回50分と比べて，ややパワー不足という印象は否めないだろう。たとえて言えば，精神分析という四輪駆動や，週1度というSUVほどには走れないのだ。でも軽自動車くらいの走りはしている自負はあるし，精神分析的な治療という道を，それなりにトコトコと走っている気がする。私も「それならば運転できますよ」，と思っているし，患者さんも

「それくらいならガソリン代が払えますよ」，と言ってくれる。私は軽自動車で多くの患者さんと出会って，それなりに満足しているのだ。

どうして私はそのように感じるのだろうか？　それは私はその構造いかんにかかわらず，同じような心の動かし方をし，同じような体験がそこに成立していると考えるからである。このことについてもう少し順序立てて説明しよう。

「強度のスペクトラム」という考え

そこで私は精神療法の強度のスペクトラムという考えを提示したいと思う。要するに精神療法には，密度の濃いものから，薄いものまでさまざまなものがあるが，どれも精神療法には違いないという考え方である。私と一緒にやはり30分セッションをしていただいている7人の心理士さんたちの気持ちも代弁しているつもりだ。

このスペクトラムには，一方の極に，フロイトが行っていた「週6回」があり，他方の極に，おそらく私が精神療法と呼べるであろうと考える最も頻度の低いケース，つまり3カ月に1度15分が来るだろう。大部分はこの両極の間のどこかに属するのだ。その横軸を，仮に精神療法の「強度」と呼ぼう。一番左端はフロイトの週6回50分の強度10の精神分析である。通常の週4回50分は，強度8だろうか。週1回は強度4くらいになるだろう。左端には，私の患者さんのひとり，Fさんの，3カ月に1度15分が来るだろうから，これを強度0.5としよう（フロイトは，なぜ週6回会うのかと問われて「だって日曜日はさすがに教会に行く日だから会えないだろう」と答えたという。つまりフロイトにしてみれば週7回が本来の在り方だったのかもしれない。それを強度10とするならば，週4回は強度8くらいにしておかなくてはならない）。

私が言いたいのは，強度は違っても，それぞれが精神療法だということだ。その強度を決めるのは，経済的な事情であったり，治療者の時間的な余裕であったりする。患者の側のニーズもあるだろう。1セッション3000円のカウンセリングなら毎週可能でも，1セッション6000円では2週に1度が精いっぱいだという方は実に多いものだ。あるいは仕事や学校を頻繁に休むこ

とができずに2週に1度になってしまう人もいる。その場合2週に1度になるのは，その人のせいとは言えないだろうし，2週に1度なら意味がないから来なくていいです，というのも高飛車だと思う。

　私は週4回のケースを持っているし，週5回の分析を受けたこともあるので，この場でこのスペクトラムについて話す権利を得ていると言ってもいいだろう。そうでなければ「週4回のセッションを実際に受けたり，行ったりしないで，何が言えるのだ！」と言われてしまうだろう。私はもともとバリバリの精神分析志向の人間であったし，分析のトレーニング中に，特別発注の，当時2000ドルしたカウチも所有しているくらいなのだ。

　このスペクトラムの特徴をいくつか挙げておく。おそらくその強度に関しては，一般的な意味では時間的な頻度が低下するにつれて弱まって行く。ただしそれはあくまでもなだらかな弱まり方である。つまり，私はたとえば**週に4回と3回との間に，あるいは週1回と2週間に1度の間に，あるいは週1回のセッションが45分と35分との間に，越えられないような敷居があるとは思えない**。私のメンタリティーは両者の間で変わりないし，そこには決まった設定，治療構造のようなものが保たれていると考えている。私は精神分析は週4回以上，ないしは精神療法なら週1回以上，という敷居は多分に人工的なものだと思う。ただし，このスペクトラムの左から右に移行するにしたがって，強度が低まり，それだけ治療は，ほかの条件が同じなら効果が薄れていくであろうし，やっていて物足りないと思う。そして治療的な「深いかかわり」は起きる頻度も少なくなっていくだろう。それはそうだ。何しろ四輪駆動が軽になるわけだから。でも繰り返すが，軽でも行ける旅はあるわけだ。

　このスペクトラムのもう一つの特徴としては，これがあくまでも治療構造上のものであり，実際には週4回でも弱い治療もあれば，2週に1度でも非常に強い治療もありうるということだ。週5回でも6回でも，非常に退屈で代わり映えのないセッションの連続でありえる。ある識者はその退屈さに耐えることが大事だと言っているが，それは少しぜいたくな話かな，とも思う。頻回に会う関係は，しかしその親密さを必ずしも保証しない。一部夫婦の関係を見ればわかるだろう。毎日数時間顔を合わせることで，逆にコミュニケーションそのものが死んでしまうこともあるわけだ。逆に2週に1度30分

でも強烈で，リカバリーに2週間かかるということはありうるだろう。そのセッションで探索的，あるいは一種の暴露療法的なことが行われた時にはありうることだ。治療者のアクが強い場合もそうかもしれない。

あるいは極端な話，一度きりの出会い，このスペクトラムで言えば0.01くらいの強度に位置するはずの体験が，一生を左右したりする。そのようなことが生じるからこそ精神療法の体験は醍醐味があるわけで，週1度50分以外は分析ではない，という議論は極端なのだ。私の知っているラカン派の治療を受けている人は，20分くらいのセッションが終わってから「あとで戻ってきてください。もう1セッションやりましょう」などと言われることもあるそうだ。1日2度，1回20分という構造など，このスペクトラムのどこにも書き入れることができない。それでもある社会では治療として成立しているということが，このスペクトラム的な考えを持たざるを得ない根拠となる。

このスペクトラムのもう一つの特徴についてついでに申せば，これにはいくつかの座標があり，その意味では一次元的ではないということだ。一つはこれまでに話した頻度の問題がある。そしてもう一つは，セッション1回当たりの時間の問題だ。これも果てはダブルセッションの90分から5分まで広がっている。さらには開始時間の正確さということのスペクトラムもある。これもご存知の方はいらっしゃると思うが，精神科医療には，患者さんの到着時間のファクターが大きな意味を持つ。到着時間がいつも早い人もいれば，遅い人もいる。そして医師の診察が先か，心理面接が先かというファクターがある。たとえば医師が心理面接の開始5分前に，たとえば心理面接の始まる3時5分前に，とりあえず患者さんに会っておこう，と思い立つ。もちろんギリギリ3時までには心理士さんにバトンタッチできるという算段である。ところがそこで薬の処方の変更に手間取り，自立支援の書類を持ち出され，あるいは自殺念慮の話になり，とても5分では終わらなくなる。心理士としては医師のせいで遅れて開始された心理療法を，定刻に終わらせるわけにはいかない。こうして構造を守る上で起きてはならないはずの治療者側に起因する開始時間のずれが，実際には起きてしまう。心理士は3時～3時半の予定のセッションが3時10分に始まった場合，それを3時半で切り上げるわけにはいかなくなる。こうなると開始時間，終了時間という，治療構造の中

では比較的安定しているはずのファクターでさえ，安定しなくなる。こうして患者さんは，開始時間は不確定的，という構造を飲み込む必要があり得る。この不確定さ（治療枠の「緩さ」）もまたスペクトラムの一つの軸なのだ。さらには治療者の疲れ具合，朝のセッションか午後のセッションか，など数え上げればきりがないほどのファクターがそこに含まれる。

　それ以外にもたとえば料金の問題がある。1回2万円のセッションから，保険を使った通院精神療法まで。あるいは1回1000円のコントロールケース（精神分析のトレーニング中のもの）だってあり得るだろう。治療者がどの程度自己開示を厳密に控えるか，についてもスペクトラムがあり得る。ある治療者は事故でけがをして松葉づえをついて患者を迎え入れたが，その理由を尋ねられても一切語らなかったという。しかし少し風邪気味なだけで，「風邪をひいて少し声がおかしくてごめんなさい」という治療者だっているかもしれない。このように治療におけるスペクトラムは多次元的だが，大体どこかに収まっていてそれが一定であることで，治療構造が守られているという実感を，治療者も患者も持つことができるだろう。

スペクトラムの中での柔構造──ある心の動かし方

　さて私は精神科医として，そして精神分析家として，結局かなりケースバイケースで治療を行っている。そして強度のスペクトラムの中で，強度8から0.5まで揺れ動いているところがある。これはある意味では由々しきことかもしれない。「精神療法には構造が一番大事なのだ」。これを私は小此木啓吾先生から口を酸っぱくして言われた。でも私はこれをいつも守っているつもりなのだ。ある意味では内在化されていると言ってもいいかもしれない。というのも私は結局はどの強度であっても，一定の心の動かし方をしていると思うからである。そして私はそれを精神分析的と考えている。ここでの**私の「分析的」，と言うのは内在化された治療構造を守りつつ，そして逆転移に注意を払いつつ，患者のベネフィット（利益）を最も大切なものとして扱うということにつきる**。それが私の「心の動かし方」の本質である。その心の動かし方それ自体が構造であるという感覚があるので，外的な構造についてはそれほど気にならないのかもしれない。

第16章 治療的柔構造の発展形

「ある心の動かし方」はそれ自体がある種の構造を提供しているという側面があるという話をした。その心の動かし方にはある種の構造がビルトインされている。だから時間の長さ，セッションの間隔は比較的自由に，それも患者さんの都合により変えることができる。それでも構造は提供されるのだ。ただし実は**その構造を厳密に守ることではなく，それがときに破られ，また修復される**というところに**治療の醍醐味**があるのだ。そのニュアンスをお伝えするために一つの比喩を考えた。

かつて柔構造のことをボクシングのリングのようなものだと表現したことがある。それと比較してがっちり決まった，たとえば何曜日の何時から50分，という構造を考えると，それは相撲の土俵のようなものである。そこでさまざまなことが起きても，足がちょっとでも土俵の外に出るだけであっという間に勝負がつく。その土俵が伸び縮みすることはありえない。ところがボクシングのリングは伸び縮みをする。治療時間が終わったあとも30秒長く続くセッションは，ロープがすこし引っ張られた状態だ。そして時間が過ぎるにしたがってロープはより強く反発してくるだろう。すると「大変，こんなに時間が過ぎてしまいました！」ということで結局セッションは終了になるのだ。

このようにロープ自体は多少伸び縮みするわけだが，リング自体はやはりしっかりとした構造と言える。そしてその中で決まった3分間，15ラウンドの試合を行うというボクシングの試合は，かなり構造化されたものだ。そして，本来治療とはむしろこのボクシングのリングのようなもの，柔構造的なものだ，というのが私の主張だった。

しかし「心の動かし方自体が柔構造的だ」という場合は，ここで新たな比喩が考えられる。同じボクシングの比喩だが，コーチにミットでパンチを受けてもらう，ミット受け，ないしミット打ちという練習だ。

ボクシングの選手はミットで受けてほしい，とコーチのもとにやってくる。コーチはミットを差し出して選手のパンチを受ける。ひとしきり終わると，「有難うございました。ではまた」と選手は帰っていく。ここにも大まかな構造はあるだろう。どのくらいの頻度でミット受けをしてもらうかは，選手ごとに異なるものだ。1時間みっちり必要かもしれないし，5分でいつもの感覚を取り戻すかもしれない。しかしここにもだいたい構造はあるだろう。

それこそ月，水，金の5時ごろから30分ほど，とか。さもないと2人とも予定が合せられないからだ。

さてミット受けが始まると，選手はコーチがいつもと同じようなミットの出し方をして，いつもと同じような強さで受けてくれることを期待する。場所はあまり定まっていないかもしれない。その時空いているリングを使うかもしれないし，ジムが混んでいるときはその片隅かもしれない。夏は室内が暑いから外の駐車場に出て，風を浴びながらひとしきりやるかもしれない。その時選手とコーチはお互いに何かを感じあっている。コーチは今選手がどんなコンディションかを，受けるパンチの一つ一つで感じ取ることができるだろう。選手はコーチのグラブの絶妙な出し方に誘われて自在にパンチを繰り出せるようになるのであろうが，時にはコーチは自分にどのようなパンチを出してほしいかが読み取れたりするかもしれない。その意味ではミット打ちは選手とコーチのコミュニケーションの意味合いを持っている。

このミット受けの比喩が面白いのは，選手とコーチの間の一方向性があり，それが精神療法の一方向性とかなり似ていると言うことだ。コーチがいきなりグラブを突き出してきて選手にパンチを繰り出すようなことはない。コーチは自分がボクシングの腕を磨くためにミット打ちを引き受けるわけではないからだ。だからいつも選手のパンチを受ける役回りである。いつも安定していて，選手の力を引き出すようなグラブの出し方をするはずだ。その目的は常に，選手の力を向上させるためだ。あるいは試合前に緊張している選手の気持ちをほぐすため，という意味だってあるだろう。なんだか考えれば考えるほど精神療法と似てくるのだ。

そしてこのミット受けを考えるとわかるとおり，その構造は，コーチのグラブの出し方，選手のパンチの受け方に内在化されている。そこにはいつも一定のスタンスと包容力を持ったコーチの姿があるのだ。

ここで臨床例について話したいと思う。

症例Fさん（強度0.5）

患者Fさんのことを少し書いてみたい。彼とは3カ月に1度の頻度で会っているが，時には2カ月，時には4カ月になる。私は彼に90日分の安定剤を出し，それが切れたころに来るという感じだが，実際には薬がなくなっ

ていなくても来るので，薬のあるなしにかかわらず，彼は3カ月に1度私の顔を見るようにしているようだ。たとえ薬が100粒余っていても彼は来る。

　Fさんは40歳代独身の男性だ。彼には性別違和，性同一性障害があるが，外見上はまったく普通の中年男性だ。しかしきちんとした身のこなしや口調で，日常的な問題について3カ月間たまっていたことを語る。Fさんは性別違和のために幼少時から虐めを受けていたが，学校での成績はよかったようだ。大学を出てある資格を得たのだが，どの職場でも差別に遭い，結局職探しをあきらめ，両親に世話をしてもらいながら職探しの生活をしている。数年前からFさんは私の元を訪れるようになったのだが，彼は「私が先生のカウンセリングを受けるようになってから……」という言い方をする。これには驚き，彼の中で私は3カ月に1度，20分でもFさんにカウンセリングをしているんだ，と実感した。彼の中ではそのカウンセリングがどのようになされるべきかの青写真はしっかりできているようなので，私はそれに従うことにした。

　彼はあらかじめ話す内容を4つくらいにまとめてきて，時々メモを見るようにしながらとうとうとその内容を話す。彼はかなり早口で，その内容は少し被害的だ。その詳しい話は割愛するが，Fさんの心の奥にはかなり深刻な人間不信があるようだ。そして一緒に住んでいる両親も，多少の認知症が始まっている可能性があり，彼の被害妄想を共有しているところがある。ただし私のことは白衣を着た人間（実際には着用しないが）として理想化し，私に話すことに特別な意味を見出しているようだ。私はそこにチャレンジはしないことにしている。

　Fさんはそれらの話題について一気呵成に話をする間，私の顔はあまり見ず，恥じらう様子でメモに目を落とし続ける。最初はいつ終わるものかと心配したが，15分くらいの話が終わると，「以上です」と言って，もう帰り支度をはじめ，そうして去っていくのだ。おそらく彼には「発達っぽい」ところがあるようだが，とても礼儀正しく，私について個人的なことを聞いてくるということもない。

　これまでにいろいろな苦労をしてきたであろうFさんは精神科関係の治療者の対応に敏感になっており，彼の中で信頼できると思える対象に，彼が開示できるだけの情報を伝えた後，何も聞かずに去るということで精神の安

定を保っているのであろう。そしてたまたま私が選ばれて、その役を果たしているということだろうと思う。そして皮肉なことに私は実は何もしていないのだ。ただ受け入れていると言うべきであろうか。それとできるだけ侵入的にならずに、プライベートなことについてはきわめて慎重に聞くことにしている。と言うのも彼の話し方そのものがガードをしっかり固めて、付け入る隙を与えないからである。私はせいぜい「正式な資格を持ちながら働けないのは辛いですよね」「あなたを誤解する人が多い、ということですね」と言う程度だ。もう一つ、私は問われない限り自分の話をしない。それも至極当たり前のことであろうが、その時間は患者さんのためにのみ使う、それを守っている。こんなことを書くと分析家の先生方に怒られそうだが、とはいえ私も分析家であり、私はこれを分析的にやっているつもりである。私はミットを適切なところに差し出しているつもりであるし、彼とのスタンスは一定に保ち、私心（シシン、わたくしごころ）は加えないようにし、その意味での構造は守っているという自覚がある。そして彼の自尊心を支えることを旨としているのだ。

症例Gさん（強度2くらい）

　もう一人紹介しよう。Gさん。彼とも毎週20分会っている。彼は30歳代後半の自称バツ一の男性で、生活保護を受けて単身で生活している。地方に両親が暮らしているが、彼はなぜか彼らから排除されてひとり暮らしを始めて十数年がたっている。Gさんと母親のかかわりからは、彼が養育上の深刻な問題を体験したことが十分伺える。

　Gさんと最初にあった時は、彼は20代の終わり、ハーフでちょっとイケ面、ひょろっとした長身の彼の髪はボサボサ、その衣服を何日も洗っていないのは明らかであった。そしてきつい体臭を放っていた。彼は過去に何回か精神科の入院歴があるが、それ以上の詳しい話を明かそうとしない。専門学校を出た後、職を転々としたが、おそらく重症の精神疾患を体験し、2回の精神科に入院を経た後、実家を追われてからは生活保護を受けながら単身で困窮生活を余儀なくされている。

　しかし彼と話をしていると、非常に知的で、数学、物理学についての並々ならぬ知識がうかがえる。かつて独学でコンピューターのプログラミングを

手掛けたこともあるという彼の用いるコンピューター用語はとても私にはついて行けない。ところがGさんの話を聞いているうちに過去に精神科医の手伝いをして，患者を診ていた，インテークを1日に10人くらいしていた，今でも無収入だが相談業務をしている，などのにわかには信じがたい話が出てくる。結局彼がこれまでどこで何をしていて，どのような診断を下されていたかがなかなか見えない。でも私はそのような人に興味がわいてしまうのだ。ということで会話を交わしているうちに，いつの間にか私の患者さんとして外来を訪れるようになった。Gさんに言わせると，最初に出会った時の私の面接スタイルに「まったく精神科医らしいところがない」とショックを受け，それから来るようになったというのだが，私には今一つそれがピンとこない。またちょうどGさんの主治医が退職となり，彼が次の精神科医を探していたというタイミングでもあった。

　Gさんは夕方4時くらいに病院にやってくる。大体そのくらいの時間には私は少し余裕ができるので，ひと気のなくなった待合室に長い脚を折り曲げるようにして座っているGさんを呼ぶ。彼は何やらたくさん書類が入った，擦り切れてチャックの壊れたカバンを持って，面接室に入り，まず最初に大抵「いやー，疲れました……」と言う。時には「消化器系をすっかりやられました」というバージョンもある。

　私はようやく一仕事が終わり，ちょっとした同僚と話す，と言ったリラックスした感じで彼と話す。彼のプライドは，実質的な治療者としてのキャリアを持っていたということにあるから，そこについては私はあまりチャレンジしないことにしている。そしてスタッフルームの冷蔵庫からペットボトルのお茶を取ってきて，彼にも紙コップに分けて勧めたりする。Gさんは地域支援センターで他の利用者から暴行を受けそうになったこと，アパートでの騒音や水漏れのことを話す。あるいは最近ようやく利用できるようになったインターネットを介して，さっそく相談事をたくさん持ちこまれて困っている，という話になる。私は「Gさんは，相談ができるからつい引き受けちゃうんですね。でも自分の体を優先しないと……」などとミット出しをする。

　Gさんの話が幼少時の母親との体験や情緒的なネグレクトを受けたという体験まで下りていくこともあるが，たいてい私たちは世間話をたくさんする。もちろん私から自分のことを話すことは一切ない。話題の提供はあくまでG

さんだが，時には私も話を振る。特に精神医療一般の話題はしばしば出る。

たとえば「いや，最近は大変ですよ。ベゲタミンが年内に発売中止になるというんで，たくさんの患者さんが驚いています」などと話題を私が提供することもある。精神科医療一般は，彼の得意分野でもあり，そちらに私がミットを差し出すと彼はかなり饒舌になる。そしてＧさんは，「ああ，あの話ね。でもベゲタミンは，フェノバールとコントミンとヒベルナの合剤ですからね。コントミンとヒベルナはまだ出せるんですから，ある程度代替にはなるでしょうね。でも古い薬で薬価が低いから，製薬会社の方も製造中止にしてもあまりダメージはないんじゃないですか？」などとプロ顔負けの話をする。「ホホー，なるほどね。さすが，よくご存知ですね」などと私も感心する。時間が来ると私の方から，そのことをほのめかす。処方の話に移るのもそのサインである。しかしそれでもＧさんの話が続くときは，私は非常にゆっくりと椅子から立ち上がりかけながら，彼の帰り支度の様子を伺う。最終的には彼が立ち上がるのに会わせて私は立ち上がり，Ｇさんを精神科の入り口まで同伴して，一礼して見送るのだ。

ちなみにＧさんがかつては患者を無資格で治療していたという話は事実とは異なるであろうが，彼にとっては非常に重要で誇りに思っていることだ。昔精神科医のＴ先生のもとで本格的にトレーニングを受けたというのだが，Ｔ先生というのは長くＧさんの主治医で，２人の間ではいろいろなことをやったようだ。恐らくＴ先生の仕事を少し手伝ったことがあり，それがそのような話に発展したようである。私はある時Ｇさんが誰かに電話をしていて，「今は岡野先生と働いています」というセリフを聞いたように思ったが，彼の世界の中ではそうなっているのかもしれない。

これだけの話だと私は非常にＧさんに対してサポーティブでそれこそ分析の解釈めいたことは何もしていないと思われるかもしれないが，こんな私でもＧさんにとって耳の痛いことを何度か言ったことがある。これは彼のためでもあり，私やほかの患者さんのためでもある。まずは体臭についてはこういう感じだ。「あのねＧさん，結構体臭がきついですよ。お風呂入ってますか？ 匂っちゃうとせっかくのモテ男が台無しですよ。」彼の服装については，こんなふうにも言った。「Ｇさん，あなたはインテリなんだから，ちゃんとそれなりのばりっとした格好しなきゃ。なんなら靴でも，買ってあ

げましょうか？」もちろん冗談で言っているわけだが，彼は翌週に，おそらく10年以上袖を通していないようなスーツを着用してきた。押入れの奥から出してきたらしく，クシャクシャだったが。そして驚いたことに，Gさんの身なりはそれからみるみる変わって行ったのだ。少なくとも匂いのことで次の患者さんからの苦情に対応したり，彼が去った後にオフィスをシュッシュとする必要は一切なくなった。彼の身なりからは，おそらく若いころ，結構おしゃれだった時期があったことがうかがえ，これも非常に興味深く思えるのだ。

　こんなGさんだが，実は深刻な不安症状を抱えている。彼は孤独に耐えられなくなると，胸痛を訴え，救急車を呼ぶのだ。あるいは街中で倒れて救急搬送されるということも起きる。しかし心エコーやCTでも異常が見られず，せいぜい不安神経症の診断が下りるだけである。さらに彼の不安が深刻になると，彼は精神科に入院したいと訴える。そしていざとなったら入院できるように，と私に診療情報提供書の発行を要求する。彼は毎月それを更新してほしいと言うので，しまいには私は前の月に発行した診療情報提供書の日付しか変わらないこともある。そして彼はそれを例の革鞄の奥深く仕舞い込むため，ひと月前に出したはずの書類は，しわくちゃのボロボロになってしまうのだ。「Gさんのかばんって，不思議だなあ。書類を入れとくと，すぐ古文書になっちゃうんだから。」そしてGさんと私は大笑いをする。ちなみに私とGさんはいかにジョークを言い合うかを競っているところがあるので，いつもこんな感じで2人で笑い合っているところがあるのだ。それから私はいらなくなったクリアファイルにその診断書を入れて渡す。そしてそれを彼が鞄にしまうのを見ながら，「ほらほら，カバンにそんなに力で押し込まないで。こうやったらちゃんと入るでしょ。主治医が普通ここまでやるかなあ」とまた笑う。Gさんはそんな私たちの会話を「掛け合い漫才のようだ」と言っているが，こうして彼は少なくとも診断書に関しては，例の革鞄にそれをちゃんとしまえるようになっている。しかしそれをしまう手つきや混乱ぶりから，彼がかつておそらく深刻な精神病を経て，それが彼の社会機能の低下を来していることをうかがい知るのだ。

　そんなGさんだが，私たちは冗談を言い合っているばかりではない。この数年間のうちに，かなり厳しい局面があったのだ。というのもGさんは

診察後も居座る，何度も訪れる，救急車で運ばれるということがあり，それが私との関係で揺れ動いているということで，私たちの治療構造に大きな影響を及ぼしたのだ。

　ある時，彼のために私が書類を書いて障害者年金がおり，極貧生活からやっと抜け出したということがあった。しかし彼は最初の年金をもらった時，うれしくてずっと封印していたパチンコにほぼ全額を使ってしまった。その話を聞いた時，私は目をつぶり，怒りをこらえた。そして，「Gさん，あなたは自分が何をやったのか，よく考えてみる必要があると思いますよ」。Gさんはそのあとしばらく絶句してしまった。Gさんは私のいつもと違う様子から，私の怒りを感じ取り，それから一気に状態が悪くなった。Gさんは帰宅後に自宅で胸痛を覚え，救急車を呼び，異常が見られず帰宅した後また救急車を呼ぶ，といったアクティングアウトを繰り返した。その頃はGさんと総合病院の精神科外来で会っていたが，その病院の救急外来に頻回に訪れ，すっかり札付きの患者さんになってしまった。しかも何度検査しても診断がつかず，「Gさんの精神科の主治医は誰だ，Gさんという重傷の患者を入院させるべきだ」と救急外来から抗議を受けることになる。「Gさん，倒れるのは構わないけれど，倒れるときは，よその病院の近くで倒れてね。じゃないと，私はあなたとここの外来で会うことはもうできなくなっちゃいますよ」と私は彼にお願いをしたものである。

　またGさんは母親と連絡が取れなくなり不安になった時，一段と不安定になったことがある。何時間も外来に居座り，救急搬送され，病院内を徘徊するので苦情が舞い込んだ。私は困り果て，腹も立ち「あなたは一人ぼっちが死ぬほど怖ろしいのだと思います。それで胸が痛くなっちゃったり，私との面接の後に帰れなくなったりするのですね。でもこのままでは私はここで会えなくなってしまいますよ」。これにはGさんは涙を流して訴えた。「そんなこと先生に言われても困りますよ。私はとにかく胸痛に襲われてしまうんです……。」私たちはそれからGさんの生い立ち，特に精神病を病んでいた母親にネグレクトを受けた時の辛さについてゆっくり話し合うことになった。それ以来私もイライラする機会が無くなり，非常に穏やかな数年間，週に1度20分の関係が経過している。週1回20分の時間では，強度としてははるかに週1回50分に及ばないとしても，私は精いっぱいできる形でGさ

んを支えているという自覚がある。

　私がFさん，Gさんと会っていて感じるのは，彼らは私との接触と，私との会話がなぜか必要らしいということだ。ただそれがどこから来ているのかはわからない。私は彼らと普通に，しかし真摯に話すだけだ。私は一切お説教めいたことは言わないし，彼らは基本的には自分の頭にあることを語って，私の反応を見て楽しんで，帰っていく。それから私はFさんやGさんの治癒とか終結とかは頭にはない。私は彼らが私をある程度，象徴的な意味で白衣を着た人間として理想化していることはわかるし，私が自分の情報を基本的には漏らさず，つまり私も彼らと同じような弱くて失敗だらけの人間だということはことさら伝えず，ただ自由に主観を提供しているという一方向性の関係からきているのだということは十分自覚しているつもりだ。

「心の動かし方」の３つの留意点

　さてミット受けの比喩，症例F, Gと紹介してきた。そして私のいう「心の動かし方」は構造を内包している，ということも述べた。その心の動かし方について，いくつかの特徴を最後にまとめておく。

1. バウンダリー上をさまよっているという感覚

　一つは私はその内的構造を，いつもギリギリのところで，小さな逸脱を繰り返しながら保っているということである。バウンダリーという見方をすれば，私はその上をいつもさまよっているのだ。境界の塀の上を，どちらかに落ちそうになりながら，バランスを取って歩いている，と言ってもいい。そしてそれがスリルの感覚や遊びの感覚や新奇さを生んでいると思うのだ。これは先ほどのミット打ちにも言えることである。コーチがいつもそこにあるべきミットをヒュッとはずしてくる。あるいは攻撃してこないはずのミットが選手にアッパーカットを打つような素振りを見せる。すると選手は怒ったり不安になったり，「コーチ，冗談は止めてくださいよ」と笑ったりする。もちろんやりすぎは禁物だが，おそらく適度なそれはミット打ちにある種の生きた感覚を与えるであろう。

　あるいは実際のセッションで言えば，私はGさんに「まあ，どうぞどう

ぞ，お茶でも」と言って，ペットボトルのお茶を紙コップに入れてGさんに振る舞う。こんなことは普通は起きないので，Gさんは私が冗談でやっているのか本気なのかわからない。私が時々言うジョークにもその種の得体の知れなさがある。Gさんはそれに笑うことができて，「これは掛け合い漫才ですか？」と言ったりする。私とGさんはそんな関係を続けているわけだが，この種のバウンダリーのゆるさは，仕方なく起きてくると言うよりも，実は常に起きてしかるべきものであり，治療が死んでいないことの証だというのが私の考えなのだ。

通常私たちは，この種のバウンダリーにはきわめて敏感である。欧米人なら，交わし合うハグの中に，いつもより強い力，長い時間，不自然な身体接触の生じている場所にはすぐに気がつくだろう。あるいはほんのわずかな身体接触がとてつもない意味を持ち，性的なニュアンスを帯びれば即座に感じ取られる。そしてそれはまた生じる文脈に大きくかかわってくる。あるセッションの終わりに，治療者が初めて握手を求めてきたら，特別な意味が与えられるだろうが，終結の日なら，きわめて自然にそれが交わされるというふうに。言葉を交わしながら，私は同じようなバウンダリーをさまよっている。実はそのことが重要なのである。それは，そこに驚きと安心がない混ぜになるからなのだ。そう，バウンダリーは，それがどのようなものであっても常にその上をさまようものなのだ。週1回，50分，と言うのはそのほんの一例に過ぎないのである。

2.「決めつけない態度」もやはり治療構造の一部である

もう一つは決め付けない態度 non-judgemental attituede ということである。Fさんの場合も，Gさんの場合も，かなり世間から虐げられ，誤解を受け，辛い思いをしてきたということが伺える。人からこんなことを指摘されるのではないか，こういうところを疎ましがられているのではないか，という体験を多く持った様子が感じられる。たとえばFさんの場合は，曲がりなりにも資格は持っているが，職を得ていない。Gさんの場合も，自称元治療者という経歴を持っているが，今はブラブラしている毎日である。彼らは少なくとも私が厳しいことや，彼らがかろうじて持っているプライドを傷つけるようなことは言わないことを知っている。働いたらどうかとは決して言

わないし，お説教じみたことは私の発想にはまったくない。私は彼らを「治そう」とは特に思わないし，彼らが生活保護をこれから続けなくてはいけない事情をよくわかっている。彼らの中に深刻な孤独感と対象希求があるのもわかっているつもりだ。彼らにとっての私は，おそらく変わった精神科医で，必要に応じて投薬をし，診断書を書くという以外は，たまたま白衣を着た相談相手という感じであろう。もちろん私は白衣を決して着ないし，持ってもいないが，私が医師であるということが彼らにとっては意味があることは確かであると思う。

私にとって「決めつけない」というのは構造の一つである。それはスパーリングで言えば，そこに遊びはあっても，基本的にはミットが選手の痛めている右わき腹や狙われやすいアッパーカットを狙うということはない。その安心感があるからこそ，そのそぶりはスリルにつながるのであろう。

3. 自尊感情を守ることの大切さ

私は心の動かし方のルールとして，やはり患者のプライドや自尊心を守るということを考える。ピンスカー Henry Pinsker の名著（Pinsker, 1997）にあるように，支持療法の第一の目的は患者の自尊心の維持である。彼らの自尊心を守ってあげることなしには，彼らは自分を見つけるということに心が向かわないからだ。私が紹介したFさんやGさんに対しても，その点に留意することはきわめて重要となる。彼らはある意味ではだれから見ても目につく特徴を持っている人たちだ。私との面接外では，彼らはそれらについて過剰に指摘され，揶揄されることで傷ついている可能性がある。私が面接場面であえてそれらに触れないことは，私の発揮できるニュートラリティ，中立性とも考えている。

以上本章では，精神療法の強度のスペクトラム，内在化された構造としての「心の動かし方」というテーマで論じた。

第17章　死と精神分析

はじめに——受容ということ

　本章では「死と精神分析」というテーマを扱う。途中で森田療法やその創始者森田正馬についてしばしば言及しているが，それはもとになった論文が森田療法学会での発表原稿だからである。そのことをまずお断りしておきたい。

　さて本章での私の主張を一言で表現するならば，精神分析や精神療法においては，どのような種類のものであっても，そこに治療者側の確固たる死生観が織り込まれているべきであろう，ということである。

　まず最初に示したいのは，フロイトの次のような言葉である。

> 　　私が楽観主義者であるということは，ありえないことです（しかし私は悲観主義者でもありません）。悲観主義者と違うところは，悪とか，馬鹿げたこととか，無意味なこととかに対しても心の準備ができているという点です。なぜなら，私はこれらのものを最初から，この世の構成要素の中に数えいれているからです。<u>断念の術さえ心得れば，人生も結構楽しいものです。</u>（下線は岡野による）
> 　　　　　（フロイト：ルー・アンドレアス・サロメ宛書簡，1919年7月30日付）

　このフロイトの最後の部分は，私が常々感じていることでもある。それはあきらめ，断念ということの重要さである。私は人間としても臨床家としても老齢期にあるが，この問題は年齢とともに重要さを増していると感じる。これは森田療法的にいえば，「とらわれ」の概念に深く関係しているといえる。

このあきらめ，諦念のテーマは，日常の臨床家としての体験にも深く関係している。日常臨床の中で私たちが受け入れなくてはならないのは，患者が望むとおりによくなっていかないということだろう。もちろん時には改善を見せる人もいる。しかし大概の場合その改善には限界があり，多くの患者は残存する症状とともに生きていかざるを得ない。このことをどこかで受け入れない限り，患者はその苦しみを一生背負っていかなくてはならない。また臨床家としても，患者がこちらの望みどおりに治ってくれるとは限らないということをどこかで受け入れる必要があるのだ。

　もう一つ私たちが手放さなくてはならないのが，治療的な野心である。私は過去にある患者から次のようなメールを受け取ったことがある。

　　　「先生にはがっかりしました。先生は研究者向きかもしれませんが，患者の気持ちはわかっていないと思います。」

　もちろんこのようなメールや手紙はあまり頻繁に受け取るわけではない。そのために私にとっては印象深いものとなっているわけだが，一部の患者にとって私がとんでもない精神科医であるということを，私が受け入れることが必要であるということをこのメールは物語っている。それはつらいことであるのは確かだ。しかしその文面（もちろん個人情報保護のために必要な変更は加えてあるが）をこのような形で公にできるのは，実は私はこれらのメッセージにあまり深刻に動揺しているわけではないということだと思う。そしてそのような心境に少しでもなれるとしたら，私の精神分析のトレーニングがある程度関わっていることになる。

受容と精神分析理論

　精神分析的な概念の中で，この諦念の問題にきわめて大きく関わっているのが，いわゆる逆転移の考え方であるように思う。逆転移にはさまざまな定義があるが，一言で表現するならば，それは治療者が持っている邪念のようなものだ（もちろん邪念を持ってはいけない，という趣旨でこの言葉を使っているわけではない）。通常の場合，患者の状態の改善は治療者にとっても

喜ばしいことだ。しかし治療者の喜びの一部は，自分が適切な治療を行ったから患者がよくなったのだと考えることからも来ている。これはいわば治療者が自分の自己愛を満たしたい，という部分であり，患者の症状の改善を純粋に喜ぶ気持ちとは異なるものなのだ。

　私自身の一つの例をあげよう。20年以上前に米国で精神分析を行ったMさん（中年の男性）という患者がいた。Mさんは分析治療を開始してしばらくして，うつ症状がかなり改善した。私はそれを分析の成果だと思った。そこでMさんにうつが改善した理由をどう考えるかについて尋ねてみた。すると彼は「N先生が，抗うつ剤に加えて最近炭酸リチウムを処方してくれるようになってから，急に気分が改善したのだと思います」と話したのだ（N先生とはMさんの薬物療法を担当してくれていた精神科医である）。それを聞いて私はがっかりしたのだが，そのような自分の反応を興味深く感じてもいた。この「がっかり」の分が私の逆転移，つまり邪念による分というわけである。患者の気分が改善したことは，患者とともに喜ぶべきことである。しかしそれは自分の治療のせいではなかったと思い，その分私はがっかりしたのだ。

　ところでMさんの分析家である私は，炭酸リチウムの話を聞いてがっかりしてはいけなかったのだろうか？　分析家として修業を積むことでこのような邪念を一切排除することができるようになるのだろうか？　私にはその可能性は非常に低いように思う。それに炭酸リチウムの話を聞いてもし私がまったくがっかりしなかったとしたら，おそらく自分自身の治療に対する思い入れはかなり薄いことになり，果たしてそのような状態で患者を治療しようという意欲がわくのかどうかも疑問である。

　精神分析の世界における最近の逆転移の考え方は，フロイトの時代の「逆転移は克服せよ」という考え方とはずいぶん変わって来ている。フロイトは「逆転移は持つだけでもよくない，なぜならそれはその人が教育分析や自己分析により無意識を克服していないからだ」と考えた。しかしその後の分析家たちは，むしろ逆転移は不可避的なものであり，それに気が付き，それを治療的に用いるという姿勢こそが大事だと強調するようになった。すなわち治療者の個人的な感情は決して回避することができず，むしろそれを意識して，対処できることが大事であるという考え方である。治療者の個人的な感

情を敏感に反応する心の針にたとえると，むしろ心の針が振れる状態でいるのは大切なのであり，ただそれが振り切れたりせず，早く中心付近に戻ること，そしてその心の針の振れをどこかでしっかり見守っている目を持つということが大切なのである。それは自分の心に対する高い感性と，それを見守る観察自我という二重意識の状態を持つことと考えられるかもしれない。

　さてこのような逆転移に関する考え方を森田療法的にとらえるならばどうなるのだろうか？　すでに述べたように，私たちは治療者という立場にある以上，自分の治療により患者によくなってほしいと願う。それは森田療法でも精神分析療法でも，CBTでも同じであろう。患者がよくなることで感謝され，治療者としてのプライドも保たれる。患者の症状の改善を願うという私たちの願望は治療者としては大切な部分なのだ。

　しかしこれは同時に治療において私たちは常にとらわれを体験しているということでもある。なぜなら症状を改善したいという願望の一部は，まさに患者が陥っているとらわれが投影されたものである。そしてそこにさらに，治療者のプライドというもう一つのとらわれが付加されているのだ。

　しかし逆転移についての考えが教えてくれるのは，私たちは患者によくなってもらいたいというとらわれを捨てようとするのではなく，そのとらわれを見つめている部分を持っていなくてはならないということなのであろう。その見つめている部分は，患者はよくならないかもしれない，自分はこの患者を助けることはできないかもしれないという事実を受容している部分である。これが森田が言った「症状と戦うな」ということの真意だと思うが，それは「症状と戦わないことが症状と戦うことだよ」という禅問答にも似た狡知ではなく，先ほども述べた二重意識，すなわちとらわれを持つ部分と，そのとらわれにより一瞬でも苦しんでいる自分を，醒めた目で見つめている部分ということではないだろうか。

　ここで少しうがった言い方をするならば，森田の教えは「とらわれを捨てよ」，ではなく「とらわれに対するとらわれを捨てよ」だったのだと考えることで，森田療法と精神分析の逆転移の概念はつながるのではないかと思う。とらわれを捨てよ，とは分析的には，逆転移を捨てよ，ということだが，それは治療者が人間として生きている限りは無理な注文なのだ。そしてこの自分のあり方に対して同時に別の視線を持つということが，後に述べる実存的

な二重意識ということにつながるのである。

生へのとらわれと死への備え

　とらわれや受容の問題を考える時，最終的に残ることは死の問題である。とらわれの究極は，やはり生へのとらわれや死の回避に関するものだろう。治療により症状は完全には消えない，という受け入れをさらに突き詰めていくと，最終的にはその症状を持っている自分という存在が消えてしまうということの受け入れ，つまりは死の受け入れというテーマにつながっていくであろう。そしてそれは森田が常に考えていたことでもある。私は精神療法が患者を支えるためには，そこにはやはりしっかりとした死生学があってしかるべきだと思う。

　森田が死の恐怖について広く論じていることは今さら私が言う必要はない。死の恐怖をいかに克服するかというテーマが森田療法の始まりにあった重要なテーマだったのだ。森田療法を編み出すことにより，森田先生は死を克服できたのであろうか？

　この点に関して少し詳しく見てみよう。ある論文から引用する。

> 　森田正馬は，死をひかえた自分自身の赤裸々な姿を，生身の教材として患者や弟子たちに見せることによって，今日言うところのデス・エジュケーションをおこなった人である。彼は1938年に肺結核で世を去ったが，死期が近づくと，死の恐怖に苛まれ「死にたくない，死にたくない」と言ってさめざめと泣いた。そして病床に付き添った弟子たちに「死ぬのはこわい。だから私はこわがったり，泣いたりしながら死んでいく。名僧のようには死なない」と言った。いまわの際には弟子たちに「凡人の死をよく見ておきなさい」と言って「心細い」と泣きながら逝ったと伝えられている。
> 　弟子のひとり長谷川は，次のような追悼の文をしるしている。「先生は命旦夕に迫られることを知られつつも，尚生きんとする努力に燃え，苦るしい息づかひで僕は必死ぢゃ，一生懸命ぢゃ，駄目と見て治療してくれるな』と悲痛な叫びを発せられた。『平素から如何に生に執着してひざまづくか，僕の臨終を見て貰いたい』と仰せられる先生であった」。虚偽，虚飾なく，生の欲望と死の恐怖を，最後まで実証しつつ死んでいったのである。　　（岡本重慶，1999）

精神分析の分野では，米国の分析家ホフマン Irwin Hoffman が，この死生観の問題について他に類を見ないほどに透徹した議論を展開している。彼の死生学はその著書『精神分析過程における儀式と自発性 Ritual and Spontaneity』（Hoffman, 1998）の第2章で主として論じられている。ホフマンはこの章のはじめに，フロイトが死について論じた個所について，その論理的な矛盾点を指摘している。フロイトは1915年の「戦争と死に関する時評」（Freud, 1915）で「無意識は不死を信じている」と述べているのだ。なぜなら死は決して人が想像できるものではないからだというのがその理由である。しかし「同時に死すべき運命は人の自己愛にとって最大の傷つきともなる」という主張も行っている（Freud, 1914）。人が想像することができない死を，しかし自己愛に対する最大の傷つきと考えるのはなぜか？　ここがフロイトの議論の中で曖昧な点である，とホフマンは指摘する。そして結局彼が主張するのは，フロイトの主張の逆こそが真なのであり，無意識に追いやられるのは，死すべき運命の自覚の方であるというのだ。つまり人は「自分はいずれ死ぬのだ」という考えこそを抑圧しながら生きているというわけだ。こちらのほうが常識的に考えても納得のいくものだと私も考えるが，精神分析の世界では死に関するフロイトの矛盾した主張が延々と繰り返され，場合によっては死への不安はその他の無意識的な概念を覆い隠していると主張されることさえあるのだ。

　さてそこから展開されるホフマン自身の死生学は，サルトル Jean-Paul Sartre やメルロー‐ポンティ Maurice Merleau-Ponti などの実存哲学を引きつつ，かなり深まりを見せている。簡単に言えば抽象的な思考というのは，すでに死の要素をはらんでいるというのだ。抽象概念は無限という概念を前提とし，それは同時に死の意味を理解することでもあるというのがその理由だが，ここでは詳述は避ける。

　それからホフマンはフロイトにもどり，彼の1916年の「無常ということ」（Freud, 1916）という論文を取り上げている。そしてこの論文は，死についてのフロイトの考えが，実はある重要な地点にまで到達していたとしている。この「無常ということ」の英語版の原題は，"On Transience" であり，「移ろいやすさについて」というような意味である。この論文でフロイトはこん

なことを言っている。「移ろいやすさの価値は，時間の中で希少であることの価値である。」そして美しいものは，それが消えていくことで，「喪の前触れ」を感じさせ，そうすることでその美しさを増すと主張し，これが詩人や芸術家の美に関する考え方と異なる点であることを強調している。フロイトは詩人や芸術家たちは，美に永遠の価値を付与しようとすると言うのだが，それはそのとおりなのだろう。詩にしても絵画にしても，それが時間とともに価値を失うものとしては創られないだろうからである。いかに永遠の美をそこに凝縮するかを彼らは常に考えているのだ。そしてフロイトの論じる美は，それとは異なるものなのである。

　ここで少し考えて見よう。たとえば花の美しさはどうだろうか？　やがて枯れてしまうから，私たちは美しく感じるのだろうか？　美しいと思った花が，実は「決して枯れない花」（たとえば精巧にできた造花）だと知った時の私たちの失望はどこからくるのだろうか？　フロイトの言うように，花はやがて枯れると思うから美しいのではないだろうか？　しかし考えてみれば，芸術とは，いかに美しい造花を作るかであるとは言えないだろうか？　美しい花を描いた絵は，結局は一種の造花ではないだろうか？　しかしこのようなことを言ったら，たちまち芸術家から反発を受けるだろうから，これはあくまでも私の思い付きということにしておきたい。

　ともかくもフロイトはこのようなすぐれた考察を残しながら，結局は死すべき運命への気づきを彼の精神分析理論の体系の中に組み込まなかったようである。その意味で彼の理論は反・実存主義であったとホフマンは言うのだ。そこで彼を通してみる死生観とは，私なりにまとめると次のようなものとなる。

　「死すべき運命は，常に失望や不安と対になりながらも，現在の生の価値を高める形で昇華されるべきものである。死は確かに悲劇であるが，外傷ではない。外傷は私たちを脆弱にし，ストレスに対する耐性を損なう。しかし悲劇は私たちが将来到達するであろうと自らが想像する精神の発達段階を，その一歩先まで推し進めてくれるのだ。」

　ここに森田の考え方との共通性と微妙な違いも見ることができるだろう。森田は，「死への恐れは，生に対する欲望の裏返しである」という表現をしたと私は理解している。生への欲望があるからこそ死を恐れることにな

る。しかし森田のこの言い方に，私は少し突き放されるような気がするのだ。「では生への欲望を抑えることが死への恐怖の克服につながるのか？」と疑問に思ってしまうのである。一方ホフマンの示唆はもう少しその点をクリアに示しているように思われる。それは「死の恐怖は，それを現在の生と切り離すことから生じる。両者を表裏のものとして見ることで『克服する』というよりはより現実的にそれを生きることができる」というメッセージなのである。

いかに死の内面化（存在論的な二重意識の獲得）を目指すのか

　最後に死の内面化をどのように目指すかについて考えたいと思う。私はそのためには毎日の生活の中で，常に以下に述べるような努力をすることであると考える。私たちの生は，とらわれの連続である。生きているということは雨露を凌ぎ，栄養を摂取し，冬は暖を取り夏は涼を求めるという営みの連続だが，これらはすべて生への執着である。そこで過去の修行者はさまざまな形で日常的に死の内面化を行う努力をした。ある人は只管打座に明け暮れ，ある人は経文を唱え，ある人はお伊勢参りをし，ある人は托鉢僧や修行僧となったのだ。ただし私たちは療法家であり，人と関わるのを生業としている。そこで私が考えるのは，やはり人との関わりの中で日々自らを確かめることができるような営みである。

　特に私が考えるのは，常に我欲を捨て，人に道を譲るという生き方である。ただしその障碍となるのが意外にも，周囲が死に近づいた人間に道を譲らせてくれないことが多いという事情なのだ。というのもわが国では年長者や肩書きを持った人間は，その人間性とは無関係に持ち上げられ，甘やかされるという傾向があるからだ。しかし歴史的な人物の中には，本当に「この人は我欲を捨て，徹底して他人に謙(へりくだ)ることで死を内面化することを実践していたのではないか？」と思わせるような例がある。その一つが，作家により描かれた幕末のある傑人の姿である。

西郷隆盛の例

　私の愛読書に池波正太郎の『人斬り半次郎』という本があるが（池波,1999），そこに幕末期の西郷隆盛が何度も登場する。そこでの西郷はまさに死を恐れない人間として描かれている。この書の中で西郷は，当時高まりつつあった東アジアで諸国の間の緊張を和らげ，かつ自国の正当な立場を主張すべしと唱え，自分が特使となって朝鮮にわたることを申し出る。そして当時の政府内の権力者である岩倉具視や大久保利通らの反対に遭うが，それでも彼は自分の考えを主張し続けた。

　この西郷と，岩倉や大久保との対立は，少なくとも西郷にとってはいわゆる政争とはまったく違った意味合いを持っていた。政争の場合，政治家同士が腹の内を探り合い，自らの政治生命は温存しつつ，攻防を繰り広げる。お互いに政治生命を賭ける，などといっても結局負けたほうが政治家をやめることは普通はしない。ところが西郷はこの自分の主張が通らなかった場合には政府内の役職を一切捨てて，故郷の鹿児島に帰り農業に専念するという覚悟を持っていたのだ。これは決して単なる脅しやブラフではなく，彼は真剣にそのような選択肢を持ちつつ朝鮮への特使の道を探った。西郷は健康上の問題もあり，いずれは自分の政治的な力はおろか，生命そのものが尽きることを予知している。彼はそれを恐れたり，回避しようとすることなく，むしろその時期を自らが選択したことになる。それが自らの主張が通らなければすべてを捨てて鹿児島に帰り帰農する，という行動であり，実際自分の主張を岩倉らに聞き入れなかった西郷は，その翌朝には従者である桐野利秋らを従えて鹿児島に引き上げてしまったのだ。

　この西郷の鹿児島への帰郷は，傍目には潔い即断に見えるのであろうが，彼の頭の中ではすべてが最初から想定内であり，決断はかなり前からすでに下されていたといえよう。その意味では帰郷の時点で大きな葛藤はなかったのだ。もちろん自分の考えを大久保らに聞き入れてもらえなかった西郷が感情的になる部分も出てくる。しかし同時にそのような事態をどこかで客観視していた様子も伺える。

　池波正太郎により描かれた西郷は，ホフマンが言うような，死を見据えた

うえでの生を地で行ったという印象を受ける。死を「内面化」した人の生き方の実例といっていいだろう。彼は自分の名誉も，生命さえもいつ失ってもいいという覚悟で物事に当たっているのだ。

　その西郷が鹿児島に帰ってからのエピソードに，忘れがたいものがある。それを紹介しよう。

　　……雀ヶ宮の長瀬戸という崖に挟まれた細い道で，西郷は向こうから来た百姓とぶつかってしまったことがある。二人とも馬を引いている。すれ違うことのできぬ狭い道だし，どちらかが譲って引き返さなければならない。百姓は若い。「おい，じじい」と言った。「はアい」西郷が頭を下げ，「お前サアが引き返した方が早よごわす。」とていねいに答えると「うるさい!!」百姓が怒鳴りつけて，「何言うちょっか。じじいが下がれ。おいは急ぐんじゃ。先へゆずれ，先へ引きかえせェ」わめいた。これに対して西郷は「それじゃ，引き返しもそ」若者の怒声を浴びつつ，引いた馬を後ずさりに苦労してもとに引き返したそうだ。……
　　　　　　　　　　　　（『人斬り半次郎』（賊将編）p.415 から）

　このエピソードがどこまで作者池波正太郎の脚色によるものかはわからないが，この西郷の覚悟ということと実人生の中で見せた愚直なまでの謙虚さとは実は結びついているというのが私の考えである。大いなる決意を持って物事にあたる，常に決死の覚悟で物事を選択する，ということは聞こえは勇ましいのだが，どこまで実を伴っているのかは定かではない。政治家が「不退転の決意で」「背水の陣で」「一兵卒に戻り」などと言っても，それは単なる掛け声に過ぎないかもしれないのだ。それがどの程度その人の内面からの真の決意を表すかは，彼らがどの程度各瞬間に自らの生を，死を背景にしたものとして享受できているかによる。そしてこちらのほうはきわめて見えやすいことになる。その人が日常生活で生じた些細な不都合にどのように対処しているかを見ればいいからだ。

最後に──死への備えは謙虚さの追求にあるのか

　愚直なまでに謙虚だった西郷隆盛。道を譲るように乱暴に要求されてすごすご引き下がった西郷隆盛。彼に「とらわれ」はなかったのか？　ここで

「とらわれ」という言葉を使わせていただいているが，私が言う「とらわれ」とは日常の些事において，死すべき運命にある自分がたまたま生きていられることの幸せに鑑みてそれを受け入れることができない状態，生に執着している状態を意味するものとする。

　私は西郷にもとらわれはあったのだろうと思う。彼が特使として朝鮮に赴くと言い出したとき，そこには多少なりとも名誉欲があり，自己愛を満たしたいという気持ちはあったはずだ。しかしそれが岩倉や大久保らにより拒絶されたとき，それを受け入れて自らの政治生命を葬り去ることにほとんどためらいはなかったのではないか。また崖に挟まれた細い道で若い百姓に無礼な言葉をかけられたときも，一瞬はムカッとしたことだろう。しかしそれを一瞬の後に収め，一介の「じじい」の身に甘んじて，若者に道を譲る。そこで彼の心に生じていたと私が想像するのが，先に述べた二重意識である。一方では揺れ動きつつ，それを遠くから見ているもう一つの意識，精神分析家なら，観察自我，observing ego と称したくなるものの存在である。

　さらに西郷隆盛の例から私たちが学ぶことができるのは，彼がとらわれを乗り越え，死を内面化した仕方だ。彼はそれを愚直なまでの謙虚な姿勢で示している。いつでも死すべき運命にある人間にとっては生きているだけで僥倖ということになる。すべてのプライドや名誉や見栄や外聞は余計なものなのだ。その覚悟を一瞬一瞬に確認し，試すために彼が行っていたのが，すべての人に対して謙虚であること，自らをアリのような存在として振る舞うということではないだろうか？　私はこのことは瞑想を何時間も重ねたり，座禅を組んだりするよりも効果があるのではないかと思う。人は内面の変化について自分でもわからないし，他人もその人を判断できない。密教の修行を何年も積んでついに解脱したはずの高僧が世間を騒がせ，サリンをまき散らし，人々を混乱に陥れるような世界に私たちは住んでいるのだ。

　森田が考えたように，あるいは分析家ホフマンが主張しているとおり，私たちは決してとらわれから逃れられない。私たちができることは，とらわれつつも，それを見つめることのできる，私が実存的な二重意識と表現したものに可能な限り近づくことだと思う。それがいわゆる死の内面化にもつながるものであろうと考える。それをいかなる形で実現するかというひとつの実例として，西郷隆盛の生き方を紹介した。徹底的に謙虚になること，それは

自分が持っているものすべてが僥倖であること，実はすべてを失っている状態が本来の姿であるということを思い出させてくれる。そしてそれが死の内面化へとつながるのではないだろうか。

　ただし世俗で人と交わり生きている以上，とらわれから逃れることはできない。謙虚さを持ちこたえることは自己愛との戦いでもある。ちょうど西郷隆盛が若い百姓の言葉に一瞬はムッとしたであろうように。あるいは死に際にも「死にたくない」とさめざめと泣いた森田先生のように。死ぬ間際もそしてそのような自分をどこかで見つめている二重意識を持ち続けることが，おそらく森田先生が示唆していたことではないかと考える。

第18章 分析家として認知療法と対話する

　本章では，精神分析から見た認知療法について論じる。はたして両者はまったく異なるものなのか？　歩み寄りは可能なのか？　このテーマは私がかつて『治療的柔構造』（岩崎学術出版社，2008）という著書でいくつかの章にわたって問うた問題であるが，ここでその後10年を経た私の考えをまとめたい。

はじめに——「面談」はすべてを含みこんでいる

　私は精神分析家であり，認知療法を専門とはしていないが，分析的な精神療法の過程で，あるいは精神科における「面談」の中で，患者と認知療法的な関わりを持っていると感じることがある。特に患者の日常的な心の動きを一コマ一コマ患者とともに追うことはそのようなプロセスであると認識している。
　そこでまず，あまり問われていないが重要な問題について論じたい。精神科医が行う「面談」とはいったいなんだろうか？　医者が患者とあいさつを交わし「最近どうですか？」などと問う。患者はその時頭に浮かんだことや，あらかじめ用意しきてきたテーマについて話す。場合によってはそれが5分だったり，10分だったりする。これほど毎回行われる「面談」の行い方の教科書などあまり聞かないが，それはなぜだろうか？
　この種の面談はもちろん精神科医の専売特許ではない。たとえば心理士の行う面接でも，特に構造を定めていないセッションでは，近況報告程度で終わってしまう場合も少なくないだろう。これも一種の「面談」の部類に属するといえる。
　「面談」の特徴は，基本的には無構造なことだろう。あるいは「本題」に

入る前の，治療とはカウントされない雑談のような段階でこれが現れるかもしれない。しかしこれは単なる雑談とも違う。2人の人間が再会する最初のプロセスという意味では非常に重要である。相手の表情を見，感情を読みあう。そして精神的，身体的な状況を言葉で表現ないし把握しようと試みる……。ここには認知的なプロセスも，それ以外のさまざまな交流も生じている可能性がある。「面談」を精神医学や精神分析の教科書に著せないのは，そこで起きることがあまりにも多様で重層的だからだろう。

　私は数多くの「〜療法」の素地は，基本的には「面談」の中に見つけられるものと考える。人間はそんな特別な療法などいくつも発見できないものだ。だから私は認知療法にしても精神分析にしても，互いにまったく独立した独特な治療法だとは考えない。

「面談」の特別バージョンとしての認知療法

　私はこのように，認知療法を「面談」の中で日常生活に現われる情緒的，認知的な出来事を拡大して具体的に扱うバージョンとしてとらえる。その効果的な面は，「面談」のうち無構造で焦点が定まらない部分は最小限に済ますことができる点にある。またノートを持参して1週間の振り返りをすることを好む患者もいるだろう。しかし治療者が最初から認知療法以外を施す気がなく，それを患者に押し付ける場合は逆効果となるはずだ。もちろんそれは認知療法についてのみ言えることではない。

　これは認知療法以外にも当てはまることだが，治療状況によっては実際の「〜療法」を行っている時間が短くなってしまうことも多々あると聞く。特に患者が何か特別な出来事を体験したなら，「面談」の段階でそれを話そうとする患者を制して「それではさっそくいつものようにEMDRを始めましょう」とはならないはずである。そのように考えると，どのような特殊な療法も，結局は「面談」を主体にして，それに「〜療法」の部分を適宜はめ込んでいく，という考え方のほうが無難ではないだろうか？

　それではそもそもの精神療法の主体となる「面談」をより豊かにするために，認知療法のトレーニングは有効なのだろうか？　おそらくそうであろうと思う。認知療法的な要素を「面談」に組み込むとしても，そのトレーニン

グを経ていないとしたら，それを臨機応変に用いる能力は限られよう。以下にそう述べる理由を書いてみよう。

まずは認知療法における自動思考の考えについて思い出そう。ベックAaron Beck のテクストに出てくるものには，以下のようなものがある。（　）内は，私なりに翻訳した内容である。

All-or-nothing thinking（全か無かという考え），Catastrophizing（これは大変だ，とすぐパニックになってしまうこと），Disqualifying or discounting the positive（ポジティブなことに目をつぶること），Emotional reasoning（感情的に推論をすること），Labeling（レッテルを貼ること），Magnification/minimization（過大／過小評価すること）などなどである。

認知療法家は患者さんの話を聞きながら，このような自動思考が働いていないかに注目し，もしそれが同定されれば，それを患者さんに指摘することになるだろう。そこで私がそのような問題について敏感に指摘し，扱うようになることで，私の「面談」の仕方はより豊かになるのだろうか？　私はそれを否定しないが，あまり役に立たないのではないかとも思う。

実は私はこれらの概念を非常に重宝に感じているわけではない。結局ベックが示したようなこれらの自動思考は，オールオアナッシング，あるいは精神分析でいうスプリッティングの考え方をいろいろ言葉を変えて表現しているだけという気がする。人間の心の根源的な性質であるスプリッティングを深く理解することは，認知療法以外でも，たとえば精神分析でも必須なのである。ただしこのようなネーミングとともに患者に告げることにはそれなりに効果があるかもしれない。そう，むしろこれらの思考パターンのネーミングにこそ認知療法の本質部分があるのかもしれないのだ。

私は上に挙げたいくつかの自動思考以外にも，患者さんの話の中に見られる思考パターンを抽出することにはやはりそれなりの意味があると感じる。ただしここで問題となるのは，それを行うことは患者さんたちにとってかなりきつい作業となる可能性があるということだ。なぜなら思考パターンとはその人の習い性，考え方の癖のようなものだが，当人がそれにある程度慣れ親しんでいる以上，それを手放すのにはかなりの抵抗が伴うはずだからだ。

たとえばある患者さんの思考，行動パターンの中に，「**他人に問題を指摘されると，『こいつは，俺を馬鹿にしている』と思ってしまう**」を抽出した

としよう。彼はしょっちゅうこのような形で逆切れをしているのだ。そしておそらくその具体的なエピソードは，患者にとってはあまり思い出したくないような，恥ずかしい，情けない体験だろう。その反省のプロセス全体が，「ダメ出し」というニュアンスを含み，よほどエネルギーや治療意欲がない限りは，毎回のセッションの多くの時間をこれに費やすのは相当つらいことだ。もちろん私はこのプロセスが不可能と言っているのではない。たとえばPTSDの治療の一つである暴露療法では，毎回トラウマの状況を疑似体験して慣れていくというかなり過酷な治療が行われるが，それが良好な治療関係のなかで行われ，そして患者さんが十分なモティベーションを持っている場合には，その有効性が確かめられている。

しかし中には認知療法を自ら進んで受け始めても，途中で耐えられなくなったり，方向転換を望んだりする人もいる。多くの患者は，表向きの目標とは裏腹に，あるいはそれと平行して，むしろ癒しを求めて，「それでいいんですよ」という肯定の言葉を求めて治療者のもとに通うことになるものだ。「自分を発見したい」「自分が歩んでいる道を正したい」という目的を最初は意識していても，それ自体は大きなストレスを伴う。結局は心のどこかで治療による安らぎを期待していたことに気がつき，むしろ治療者をざっくばらんな会話に引き込もうとしたりするかもしれない。すると結局は認知療法的な試みを適宜組み込んだ一般的な「面談」というところにまたしても落ち着くことになるのだろう。

認知療法的なアクセルをどれだけ踏みこむか？

私は認知療法とは，あるいは行動療法，精神分析的な転移解釈などは，結局は「面談」という素地を保ちながら，「どれだけアクセルを踏むか」という感覚と考える。認知療法であれば，患者の思考，感情，行動パターンを探求し，治療的な解決の方向性を探るというプロセスを遂行するためには，患者の側のモティベーションと体力，精神力が必要である。他の療法に関しても同様のことが言える。それらの療法におけるいわば「技法部分」を続けるためにはそれなりのエネルギーが必要なのだ。するとたとえばフォーマルな認知療法を行うという経験を持つことは，いざとなったらそれに移行したり，

その専門家を紹介するという用意を持ちながら，つまりいつでも認知療法のアクセルを踏むことができる用意を持ちながら，「面談」を行うことができるようになることと考えることができるだろう。

　認知療法のトレーニングを経ることで踏むことができるようになるアクセルとはいかなるものだろうか？　もちろん患者の自動思考やスキームをとらえ，それを治療的に応用する能力を備えるということであろうが，具体的には患者に宿題を課したり，ノートを用いたりすることに習熟することが挙げられよう。私の精神科外来の患者さんの中には，自発的にメモやノートを持参する人が結構いる。彼らはそこに書かれた内容を読み上げたり，面談の内容を書き付けたりする。精神分析療法では，それらのことはご法度とされることが多い。治療場面で起きた生(なま)の体験を言葉で伝え合うことの意義が強調されるからだ。しかし患者にとってはこのような具体的な手続きが有効となる場合も否定できない。

　結局は認知療法をどのようにとらえるか，という問題は，汎用性のある精神療法をどのように定義し，トレーニングし，スーパービジョンしていくか，という大きな問題につながってくる。認知療法も，EMDRも，暴露療法も，森田療法も，効果が優れているというエビデンスがある一方では，汎用性があるとはいえない。つまりそれを適応できるケースはかなり限られてしまうということだ。すると認知療法家であることは同時に優れた「面談」もできなくてはならないことになる。

「汎用性のある精神療法」の中での認知療法的な要素

　このあたりでこれまで「面談」と呼んできたものを「汎用性のある精神療法」と呼び変えよう。もちろん「汎用性のある精神分析療法」と呼んでもいいのだが，その場合の「精神分析」とは私がかなり広い意味で用いているものなので，精神分析として伝統的なそれのイメージを持っている人には馴染まないであろう。そのため，このような呼び方をしておく。私が雑談の一種と思われがちな「面談」にこれまでかなり肩入れしてきたのは，これが患者一般に広く通用するような精神療法を論じる上での原型になると考えるからであった。

「汎用性のある精神療法」とはいわばジェネリックな，一般的な精神療法と言えるだろう。私は認知療法のトレーニングを経験することで，この「汎用性のある精神療法」の内容を豊かにできる面があると考えるし，それが本章の一つの結論と言える。といっても，「汎用性のある精神療法」を認知療法的に組み立てるべきである，と主張しているのではない。「汎用性のある精神療法」はいずれにせよさまざまな基本テクニックの混在にならざるを得ず，いわば道具箱のようになるはずだ。そしてその中に認知療法的なテクニックも入ってこざるを得ないということだ。

ちなみに私は「汎用性のある精神療法」に当てはまる原理は倫理則であると考えるし，そこに30の基本指針を考えて本にした（『心理療法／カウンセリング30の心得』みすず書房，2012）。

「汎用性のある精神療法」についてもう少し述べたい。私は臨床家は「何でも屋」にならなくてはならないと言うつもりはない。しかしいくつかのテクニックはある程度は使えるべきであると考える。試みに少し用いてみて，それが患者に合いそうかを見ることができる程度の技術。それにより場合によっては自分より力になれそうな専門家を紹介することもできるだろう。臨床家が使えるべきテクニックのリストには，精神分析的精神療法も，おそらく暴露療法も，EMDRも，箱庭療法も候補としては入れるべきであろう。そしてそこに認知療法も行動療法も当然加わらなくてはならない。

精神医学やカウンセリングの世界では，学派の間の対立をよく聞く。認知療法はとかく精神分析からは敬遠される，というふうに。しかしこれからの精神療法家はむしろ両方を学び，ある程度のレベルまでマスターすることを考えるべきだろう。なぜなら患者は学派を求めて療法家を訪れるわけではないからである。彼らが本当に必要なのは優れた「面談」を行うことのできる療法家なのである。

最後に

本章では，「認知療法と対話する」として，私たちが精神分析療法とは異なる種類の療法，その中でも主として認知療法について，それがいかに通常の精神療法，いわば「汎用性のある精神療法」に組み込まれるべきかについ

て論じた。私はこれは同時に「汎用性のある精神分析療法」だと考えている。なぜなら治療関係を考えつつ何が患者にとってベストとなるかを考えて治療を組み立てていくことが，今後の精神分析のあるべき姿の基本部分となると考えているからだ。そして療法家がいざとなったら踏むことのできるアクセルは他にもたくさんある。行動療法，支持療法，暴露療法，EMDR……。それらの基本部分を踏まえたうえでの受身性や中立性は，それらなしの分析的な姿勢に比べてはるかに大きな力を持っているであろうと考える。

第19章 脳からみえる「新無意識」

　精神分析の世界も，近年の神経科学の発展に無縁ではいられない。PET（陽電子放射断層撮影）やfMRI（磁気共鳴機能画像法）等の脳機能イメージングの技術の発展とともに，脳に関して得られる実証的なデータは膨大なものになりつつある。それとともに私たちは心の働きと照合されるような脳の活動をリアルタイムで追うことができるようになってきている。

　しかし私たちが日常的に行う精神療法は，その脳科学的な進歩に見合うほどの発展を遂げているだろうか？　臨床家は依然として自らが信じる学派の理論に基づいた見立てや治療を行う。そして異なる学派間の対立も絶えない。その意味では脳科学時代の精神療法は，その両者の有効な架け橋が欠如しており，あるいは前者の成果が後者にほとんど反映されていないことが特徴といえよう。本章では脳科学の進歩が従来の精神分析的な考え方にどのような変更を加えるのかについて考えたい。

脳科学の進歩が示唆する心の在り方

　最近の脳科学は心についての新たなモデルを示しつつあると言ってよい。そして脳科学に基づく治療論は，フロイトが精神分析の理論を提示する前に提出を試みたものであった。ただし当時の脳科学の知見はきわめて限定されていた。フロイトは中枢神経系がニューロン（神経細胞）という微小な単位により構成されているということのみを手がかりにして，リビドーの概念を元に心のモデルを構成したが，その時代ではそれが限界であったといえる。現在の脳科学が示す心のモデルの代表的なものは，いわゆるニューラル・ネットワークモデルに依拠したものであり，そこで繰り返し示されるのが，心の複雑系としての振る舞いであり，精神活動の持つ非線形性（Rose,

Schulman, 2016）に基づく働きである。非線形性とは原因と結果の大きさに直線的な対応関係がなく，心に働くいかなる原因も，それがどのような種類や大きさの結果をもたらすかは基本的には予測不可能であるという性質を指す。その心の性質は脳の活動が安静時においてすでに見せるいわゆる「通時的な不連続性」（Northoff, 2016）という性質によっても間接的に裏付けられている。

このような心のとらえ方は，従来の伝統的な精神分析理論にはあまりなじまないものである。分析治療においては治療者が患者の連想内容からその無意識内容を見出し，それを解釈として提供する。それは抵抗に遭いつつも徐々に患者を洞察に導く。そこには心がある種の連続性を有しつつ展開し，無意識内容が徐々に意識化されていくプロセスが前提され，それを「漸成的な想定 epigenetic assumption」と呼ぶ立場もある（Rappaport, Gill, 1959, Galatzer-Levy, 1995）。

従来の精神分析理論は，分析作業とはすでに無意識に存在している欲動やファンタジーを発掘する作業としてとらえるという考え方に基づいていた。しかし最近の分析理論においては，無意識内容はむしろ臨床場面において生成されるという，いわゆる構成主義的な考えが提唱されつつある。それらは分析において解釈によりそれまでの「未構成の経験 unformulated experience」（Stern, 2003, 2009）や「未思考の知 Unthought known」（Bollas, 1999）が構成されるという考え方に反映されているが，これらは事実上心の非線形的な在り方への注目ともいえる。

心の持つ非線形性の一つの表れとして，サブリミナル（識閾下の）メッセージの例を挙げよう。私たちの心は意識されないほどの短時間の感覚入力により大きな影響を受ける。ある研究（Bargh, 2005）によれば，たとえば「協力」に類する単語と，「敵対」に類する単語をそれぞれ別のグループの被験者にサブリミナルに提示した後に，他者との協力あるいは競合が必要となる課題を実施すると，前者のグループでは協力的な行動が増加し，後者では敵対的な行動が増加するという。あるいは老人に関係した，たとえば白髪とか杖などの単語をサブリミナルに提示すれば，記憶テストの成績が低下したり，実験終了後にドアまで歩いていくスピードが遅くなったりするという。これらの研究の一部には，再現不可能との批判もあるものの，私たちの心の働き

方の一側面をとらえていることは確かであろう。私たちの心は実にさまざまな内的,外的な刺激を受け,その時々で予測されなかった言動をとるものだ。にもかかわらず,それを因果論に従ったものであり主体的に選択したものだと私たちは錯覚する傾向にあるのである (Bargh, 2005)。

非線形的な心のモデルが示す治療方針

　上述した非線形的な心のモデルは,さまざまな意味で心理療法のあり方にヒントを与える。このモデルでは心の連続性や内的外的な諸因子との因果関係はあくまでも限定的なものとしてとらえられる。治療関係の在り方は,2つの複雑系の間の交流であり,互いの言動や無意識的レベルでのメッセージが互いに影響を及ぼし合う,一種の深層学習のプロセスであると考える。治療者が行う介入は,意図せざる要素を多く含むエナクトメントとしての性質が強く,患者に及ぼされる影響も正確な予想は不可能になる。

　このような心の非線形的なあり方との関連で富樫 (2011) は,従来の精神分析理論では,治療者と患者の関係を一つの閉鎖系と見なし,そこで生じたことを主として転移の反映としてみなす傾向にある点を指摘する。実際には治療関係とは開放系であり,患者を取り巻くさまざまな関係性や外的要因との動的な相互作用が生じている。

　私は個人的にはこのような治療の在り方は関係論学派のホフマン (Hoffman, 1998) により提案されている弁証法的構成主義の見方により包摂されているものとみている。この理論は治療関係において生じるものは常に過去の反復の要素（「儀式的 ritual」な側面）と,新奇な（目新しい）要素（「自発性 spontaneity」の側面）との弁証法であるととらえる。このうち後者が心の非線形性により生じる心の予測不可能性に対応する。もし治療場面において生じることをこのように弁証法的にとらえた場合,治療者は患者の無意識を解釈したり将来を予見したりする役割から離れ,患者と共に現実を目撃し体験する立場となる。

　複雑系として臨床状況をとらえることは,そこに何ら確かなことは見出せず,治療の行方も不可知である,という悲観的な見方を促すわけではない。むしろ治療場面における偶発性や不確かさを,患者と共に生きることの

意義を見出すような治療者の感性を育てるという意味を有するのだ（富樫, 2016）。そしてそこで否応なしに関わってくるのが治療者の主観性という要素である。治療状況が刻一刻と展開する中で両者がさまざまな主観的な体験を持っていることは確かなことであり，治療関係は2人の主体のかかわりであるという了解から出発することで新しい治療の在り方が考えられるであろう。実際に間主観性理論の立場や関係精神分析では，両者の主観に基づく治療論が提唱されている（Benjamin, 2005, Stolorow et al., 1987）。ただし本章ではまず，複雑系理論における非線形的な心のモデルの基本的なあり方を模索することから始めたい。

新しい心の概念としての「新無意識」

ところで非線形的な心の在り方は，私たちの心の持つごく基本的な性質であり，それ自体が心の構造を私たちに指し示すものではない。100年以上前に神経系統が，細胞という単位（ニューロン）で構成されていることを発見したフロイトは，さっそくさまざまな仮説を設けたが，それが後の彼の心の理論，たとえば意識，無意識，あるいは超自我，自我，エスといった心の図式へとつながったわけではなかった。後者は彼が独自に考え出した心の構造の仮説であった。それと同じように，心の在り方が非線形である，という基本的な性質から心の構造を具体的に構築することはできない。ただしその心の在り方はおそらくフロイトが考えたものとはかなり異なるものになるのである。幸いそのような心を「新無意識 new unconscious」という概念を用いて説明する試みがある。そこでこの概念について説明したい。

すでに本章で触れたことだが，精神分析に限らず，精神療法一般では，療法家はいろいろなことに因果論を持ち出す傾向にある。「あなたのこの症状にはこういう意味がある」，「あなたの過去はあなたの今のこういう行動に反映している」のような意味づけをするということがすごく多いのだ。漠然とした因果論や，根拠が不十分な象徴的な意味づけは，精神科医でも心理士でもある程度は避けられないであろう。この因果論に基づいた思考には長い伝統があり，脳科学の知見とはなかなか融合しない。精神医学においては薬を使うために脳科学的なことは十分わかっていなくてはならないのであるが，

医師はなかなか勉強する余裕がないという事情がある。他方では臨床の場面での患者さんの振る舞い，言動というのはいわば生ものであり，常に予測不可能である。そこでそのような患者さんを扱うために，とりあえずは因果論，理由づけに頼ってしまうわけだ。

　ちなみに「新無意識」は私の造語ではない。れっきとした著書が出版されている (Bargh (Eds.), 2005)。これを紐解けばわかるとおり，たくさんの論者が，最新の脳科学に依拠したさまざまな議論を持ち出しているが，結局「新無意識」そのものについて書いている人はいない。そこで私なりにその新無意識の輪郭だけでも示すことを試みたい。

　最近の脳科学の進歩は目覚しいものがあるが，何と言っても1980年代以降，脳の活動が可視化されるようになったということが大きい。機能的MRIやPETなどの機器のおかげである。とにかく患者さんの心にリアルタイムに進行していることが脳のレベルである程度わかるようになってきている。

　最近，ディープラーニングがまたまた注目を浴びるようになってきている。なにしろコンピューターが絶対に人間を追い越すことはないと思われていた囲碁の世界で，AlphaGoというプログラムが世界のトッププロに勝ってしまった。それを通して，ではディープラーニングというのは一体なんなんだろうということがわれわれの関心を引くようになったわけである。ディープラーニングをするAlphaGoは，囲碁のルールは教わっていない。囲碁の何たるか，これが囲碁だ，ということを理解する，いわばフレーム問題をバイパスしているわけだ。ただこう打たれたらこう打つ，こういう手に関してはこれがベターだという情報を星の数ほどインプットしている。そうすると囲碁の正しい手が打てるようになる。そこに教科書的な意味での学習はない。

　実はこの学習方法は，人間のそれと同じであると言ってよい。人間も実は生まれてすぐは教科書的な学習はしていない。なぜなら赤ちゃんは学校に通うはるか以前にたくさんの情報からこういうアウトプットがあり得るということを一つ一つ学んでいくからである。すなわちわれわれの脳は本来ディープラーニングをするものなのだと考えるとわかりやすい。そしてそのような心の在り方は，フロイト流の考えとはかなり異なることがわかってきている。

　ここで歴史的なことにも少しだけ触れよう。200年前は脳の中というのは，亡くなった人を解剖して見ることでしかわからなかった。ポール・ブローカ

というフランスの医者が，失語症の人の死後脳を集めて剖検した結果，前頭葉の後ろのほうに欠損があった。そこでその部位をブローカ野と名付けることとなった。ここが梗塞，あるいは頭部外傷などで破壊された時に失語が起きる。だからここに運動性の言語中枢が局在しているんだということがやっとわかったのである。実は1800年までこういうことすらわからなかったのだ。そして過去200年，特に過去数十年で極めて多くの知見をわれわれは得たのである。

　本書の読者の中には，「気脳写」という言葉をご存じの方はおそらく非常に少ないと思うが，私が精神科医になった1982年に，精神科のテキストを見ると，気脳写像というのが掲載されていた。脊髄から空気を入れると脳脊髄液の中を上がって行き，側脳室に空気が入っていき，それがレントゲンに映る。この一部が押しつぶされたり形がゆがんでいたりしたらそこに何かの病変があるのだろう，ということがぼんやりわかるというわけである。その技術がいつまで用いられていたかはわからないが，私が精神科医になった1982年にはまだ精神科の教科書にそれが載っていた。それほどまでに苦労して脳を可視化しようとしたわけである。また同じ精神科のテキストに載っている初期のCT画像はとてもぼんやりしている。出血している部分がようやくわかる，といった程度だ。ところが最近はMRIで非常に鮮明に見え，しかもfMRIなどになると，まるで動画を見るように，脳で起きていることを刻一刻示すことができるようになっている。この間のテクノロジーの進歩は，そこまですさまじいのである。ただし，どことどこがどのようにつながっていて，どういう機能分化をしているかということになるとほとんどわからないのである。

　この事情をもう少し具体的に示そう。ここに示したfMRIの画像（図20-1）は，被検者が幸せに感じている時と悲しい時ではそれぞれ脳のどの部位が興奮しているかを示している（Vergano, 2013）。異なる感情状態のときは，興奮の場所が全然違うだろうということは理解できるが，感情をつかさどる辺縁系以外にも，脳のいたるところに点々と興奮している部位というのは一体何を意味するのだろうか。つまり，脳の中ではある一部がある機能を担っているのではなく，ある一つの感情，行動を成立させるために，いろんな部分の情報網やインプットがあるのだということを示しているのである。

第19章　脳からみえる「新無意識」　219

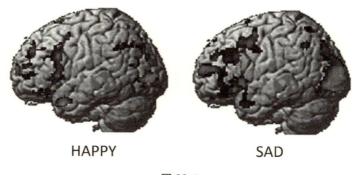

図20-1

脳の機能がいかに複雑で込み入っているかということを示す一つの例と言えるだろう。

　脳の可視化が進んだ結果として，こんなことがわかり，それが臨床的に役に立ったといういくつかの例を挙げよう。たとえば患者さんの訴える幻聴がある。幻聴というのは一種の幻であって，「気のせい」だと考える人さえいる。つまり聞こえていると信じ込んでいるから聞こえるのであり，本当は聞こえていない，という考え方である。ところが幻聴のある患者さんで幻聴の際に後頭葉の一次聴覚野が活動しているということが研究ではわかっている。一次聴覚野には普通耳から入った信号が入ってくるのだから，そこに興奮が見られるということは，本当に声として体験されていたということがわかったことになる。

　あるいはプラセボ効果やノセボ効果についての研究がある。プラセボ，すなわち偽の薬を飲んでも痛みが軽くなるとはどういうことなのか？　実際に何かが軽減したり低下したりするのか？　たとえば乳糖の錠剤，つまり薬効のない錠剤を飲んでもらって痛みが軽減した被験者がいるとする。その人はプラセボ効果を示しており，「気のせいで痛みが軽減しているだけだろう」と思う人がいてもおかしくない。ところがfMRIで見ると皮質のさまざまな部位であたかも実際に鎮痛剤を飲んでいた時と同じような変化が起きていることがわかったのである。さらに私が個人的に興味深いと思う実験では，被検者に安いワインを飲ませて，これは高いワインですと伝えると，美味しさを感じた際に興奮する部位である眼窩前頭皮質の活動がやはり同様に増すと

いう。つまり本当に美味しいワインとして，脳が体験しているということになるのだ。

　プラセボ効果の話に戻るならば，それが実際に痛みを鎮める効果を持つときは，本物の鎮痛剤と同じ効果を持つということになるという。決して「気のせい」ではないということが，脳の活動の可視化によってはじめてわかるというわけである。ちなみにこのプラセボ効果は，脳内麻薬物質の拮抗薬であるナロキソンで低下することがわかっているという。これなどもますます「気のせい」ではなかった証拠ということになるだろう。

　脳の可視化によってわれわれがひとつ教えられたことがある。それは患者さんの話をもうちょっと素直に聞かなくてはいけないということである。プラセボの問題に限らず，その他のさまざまな身体症状にしても，内科や専門科で何も異常な検査所見が見つからないと，その後は「症状は精神的な問題で引き起こされます。うちでは治療のしようがありません。精神科に行ってください」となる。その精神的な問題とは，あたかもそこにないもの，気のせいで生じて来ているものというニュアンスがある。しかし今やこれらには明らかに脳科学的な基盤が与えられている。患者さんの心のせいではないのだ。脳の可視化によってわかってきていることは，患者さんの言っていることは大概は本当だったのだということである。

アスペルガー障害の脳科学

　私たちが最近臨床上考えさせられることの多いアスペルガー障害についても論じてみたい。アスペルガー障害を持つ患者さんではいわゆる「定型発達」とは異なる脳の部位を使って情報が処理されていることがわかっている。彼らはわざとことさら人の気持ちがわからないように振る舞っているわけではなく，実際に人の心を理解することが不得手というわけであるが，彼らはその代り，通常の人が使うのとは別の脳の部位を用いて，人を理解しようとしていることが最近の研究で示されているという。ここに示しているのが，その研究から引用したものである。図20-2左列は顔面を認識している時の脳の活動部位で，右列は物体の認識をしている時だ。ここではアスペルガー障害の人（3段目）の場合に，通常の人（1，2段目）に比べて右の下側頭回という部位の活動が増えて，右の紡錘状回が減るということが起きてい

る。要するに脳の違う部位を使ってアスペルガー障害の方は物を識別しているということをこの研究結果は示しているのだ。

これに関連して，アスペルガー障害では脳の中のいわゆる「共感回路 empathy circuit」に障害があるとされている。それは VMPFC(腹内側前頭前野）という部位を中心としたものだ。普通の人なら人の心を理解する際はこの共感回路が活動を高めるわけだが，アスペルガー障害の場合はここがうまく働かない。つまり共感が難しいというのは脳の器質的な問題というふうに研究者が主張するのにも理由があるわけである。これらの研究を受けて，いわゆる発達障害が親の養育によるものであるという従来一部に見られていた考えに対する反証が示されていることになる。

以上いくつかの例を示し，脳の可視化がわれわれの心の理解に及ぼす影響について示したつもりであるが，

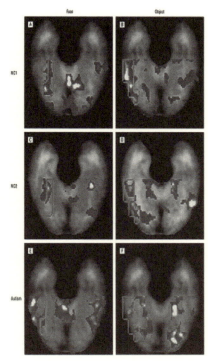

図 20-2

Schultz, R. T., Gauthier, I., Klin, A. et al. (2000) Abnormal Ventral Temporal Cortical Activity During Face Discrimination Among Individuals With Autism and Asperger Syndrome Arch Gen Psychiatry. Apr; 57 (4): 331-40. より引用

実は脳科学が私たちに心の在り方を明らかに示してくれている，と言うにはほど遠いと言わなければならない。せいぜい，「脳でも何かが起きているのだから，患者さん本人の『気のせい』とばかりは言えない」という以上の具体的な何かが示されているわけではない。脳の一つの活動を取っても，さまざまな部位が関与しているらしい，ということ以上が示されているわけではない。要するに可視化が進むことでいかに脳の活動が複雑なのかということがわかったとしても，それ自体が脳の在り方をどの程度教えてくれるかと言えば，むしろその謎は深まったとさえ言えるだろう。

少しフロイトに戻る

　脳科学的な心の在り方を説明するうえで，ここで再び先ほど触れたフロイトに戻る。彼は中枢神経の単位としての神経細胞を発見したと言ったが，その意味ではフロイトは脳科学者であった。脳科学者としてのフロイト，と言われても読者の方はぴんと来ないかもしれないが，彼は純粋な理科系の研究者から出発していたのだ。ニューロンという単位を発見した彼は，さっそく仮説を立て始めた。そしてϕ（ファイ）とψ（プサイ）という2種類の神経細胞があって，ϕではそこで信号の流れがせき止められ，ψではそこを通過するという理論を立てた。この2種類の神経細胞があるという仮定をもとに，フロイトはそこから心の在り方を一生懸命組み立てようとしたのだが，さすがにこれだけでは全然無理だった。このころウィーンを中心に発展していたのは，いわゆるヘルムホルツ学派の考えである。その信奉者であったフロイトが依拠していたのはいわゆる水力モデル hydraulic model であり，そこでこの「流れる」「せき止める」という概念が出てくる。つまり抑圧，あるいは抑制によってリビドーという一種の流体の圧力が鬱積すると不快になり，それが解放されると快につながるという非常にシンプルな理解の仕方がある。フロイトが考えた脳の在り方を絵にするとこんなふうになると思う。パイプがこのように並んでいる。この絵（図20-3）はルイス・タルディという人の作品だが，おそらくフロイトの打ち立てた心の理論はどちらかというとこれに近かったのではないかと思うが，こんなことを言ったら天国のフロイトは怒るかもしれない。

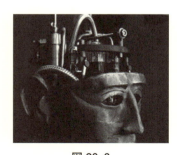

図20-3
Lewis Tardy "Introspection" (2001)

　ともかくも脳の研究が可能になる前は，脳の組織を顕微鏡で見ても細かすぎて一見アモルファスで何も細部の構図が見えなかった。しかし，そこにはまだ解明されていないまでも，ある種の規則性を持った構造やメカニズムが存在し，そこで心が生じていると考えられていた。おそらくその複雑さの程度がわからなかったからこそ，ある種の単純で決定論的な動きを想定すること

もできたのだ。ところが一見均一に見える脳の実質を顕微鏡で拡大してみると，すでにそこにぎっしりと脳細胞や神経繊維が詰まっていることがわかったのである。そして脳全体に1千億個という膨大な神経細胞が存在していて，その一つひとつの細胞から別の神経細胞にどれほどのつながりがあるかというと，10とか100どころか，1000や10000のオーダーであることがわかったのである。この数は大変なものだ。1千億の結び目があって，それぞれが10000の他の神経細胞と連絡を取っていることになる。この複雑さをおそらく私たちは想像することすらできないのである。脳とはそういう宇宙みたいな存在だということがわかってきた。

さて脳のどこの部位とどこの部位が実際に結びついているのか，ということについては，まさに研究が始まったところという印象を持つが，最近ではその問題を扱うconnectivity（脳内結合関係）という学問分野が成立し，学会も存在する。その研究成果の画像を紹介しよう（図20-4）。これは脳を2000ぐらいの部位に分けて，どの部位とどの部位がつながっているのかということをコンピューターで図示したものである。これを見る限りは後頭葉や角回あたりに大きなドットが集中していることがわかる。

私がここで主張したいのは，脳というのは巨大な編み目構造，ネットワークからなる情報処理装置であるということだ。とんでもない膨大なネットワークから成立する脳。そこから心はどういうふうに生まれてくるのか，皆さ

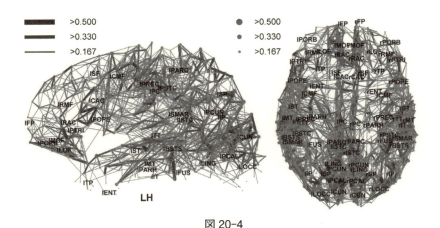

図20-4
Network representation of brain connectivity

んは不思議に思わないだろうか。私にとってはこの問題について、何人か導き手になる注目すべき先達がいて、その一人がトノーニ Giulio Tononi というイタリア出身の脳科学者である。以下に彼の理論を少し紹介しよう。彼は数年前に京都大学にも招かれて講演を行い、評判となったが、彼の唱える説というのは非常に興味深い。彼は心は巨大なネットワークの産物だと考え、それをΦ（ファイ）と呼んでいる。そしてそこに貯めることのできる情報の多さが、意識のレベルを決めると考える。その単位もまたΦなのだ。すなわちあるネットワークがあった時にそこにどれほど情報を貯めることができるかということが、意識がどの程度複雑で込み入った内容なるということだ。情報が貯められて、それを伝達することができるような処があったら、それは意識を成立させるのだというわけである。そしてもちろん、これは人間の脳でもAIでも同じだと考えられる。

　彼の著書の中の図（図20-5）を紹介しよう（Massimini, M., Tononi, G, 2013）。仮に8つの結び目があるとして、そこに3種類のネットワークを作る。そして一番左のネットワークのどこかに刺激を与えると、隣の結び目に伝わり、全体には伝わらず、そこで終わってしまう。以下は私が追加する説明だが、そこでおきたことを音にすると「カン」という感じで一瞬で終わってしまうわけだ。また右端の、一見複雑そうな情報網も1個を刺激するといきなり全体に情報が行き渡ってしまって、情報量としてはあまりないということで、やはり「カン」である。これは同じΦ（情報量）となる。

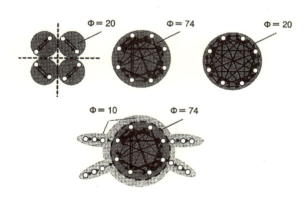

図 20-5

ところが，8つの結び目から作ったネットワークで一番情報量が多いものをコンピューターで計算して作ることができるという。それが真ん中に示したネットワークだ。このΦはなんと74もあるという。そのため，1カ所を刺激すると情報があちこちをめぐり，しばらく鳴り続ける。タラララーン♪とかいうメロディーが聞こえてきそうだ。するとこのΦが大きいネットワークの方が，それだけ複雑な意識を貯めることができるネットワークということになる。

　この理論はこれだけでも見事なものだと私は思うのだが，彼はこんな実験もしている（図20-6）。ある植物状態になっている人の脳の一部に電気刺激を与え，脳の他の部分にそれがどのように伝わったかを調べることができるという。おそらく脳波計とコンピューターをつないで得られるのであろう。すると昏睡状態から脱出し始めた最初の日（一番左の図）は，1箇所を刺激すると，脳の中央付近の一部が興奮してすぐ止んでしまう。先ほどの音にたとえるならば，「ピン」とか「ポン」という感じだ。ところが昏睡状態から回復し初めて11日後に刺激を与えると，割と広範囲に，短時間だが電気刺激が到達したということである。それが真ん中の図である。これは「ジャラーン」とか，「パンパカパーン」というレベルだ。そしてそれから日が経ち意識がいよいよクリアーになってくると，一番左の図のように，刺激が脳のかなり広範囲にわたって行きわたる。脳の全体が「鳴っている」状態で，長時間のメロディーとか，交響曲という感じにもなるだろう。

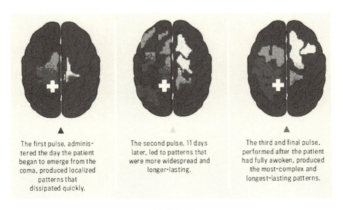

図 20-6

この研究の画期的なところは，たとえばロックト・イン・シンドローム（閉じ込め症候群）の状態にある状態の人への理解が深まったことである。この症候群では脳幹の一部が損傷して，それこそ目しか動かせないので，「この人は意識がないのではないか？」と思われるが，その場合にも，実際には意識がはっきりしていて周囲の声は全部聞こえて理解されていることがあるという。しかしこれまではそれをなかなか証明できなかった。しかしこのような状態の人の脳に電気刺激をして画像上どの程度脳が「鳴る」かを見ることで，すなわちトノーニの概念を使えばどれほど大きなΦが存在するかを見ることで，その人が一見昏睡状態でまったく反応が見られなくても，実際には意識が存在することを知ることができるという。これはすごく興味深い話だと思う。

　これまでの話を少しまとめよう。ただしここには私自身の推察や想像がかなり入る。

　トノーニの提案した情報統合システムは意識を生むための基盤となる。意識内の意識部分は情報統合システムがあれば，あとは自動的に析出してくる。要するに意識というのは情報が統合され伝達されるようなシステムができあがったら，そこに自然と生まれてくるという考え方である。この辺はカウフマン Stuart Kauffman がその著書 "Reinventing the Sacred"（聖なるものの再発明）などを通して述べている自己組織化の議論である（Kauffman, 1993, 1995, 2000, 2008）。ここで詳しくは論じないが，簡単に言えばわれわれが行う意識的な活動においては，何が意識上にのぼり，発話されるかなどについて，そこには正確な秩序など見つからず，ランダム性と創造性に満ちた非常に複雑なプロセスが絡んでいるということである。そしてそこにある種の法則があるとしたら，それは以下に述べるような，一種のダーウィニズム的な進化が絡んでいるということである。

神経ダーウィニズム

　次にお話ししたいのが心における適者生存の原則，あるいは心のダーウィニズムというテーマである。カルヴィン William Calvin という学者の "How Brains think（脳はいかに考えるか）"（Calvin, 1996）という，かなり前の本

があるが，そこで著者は心の活動が常にダーウィニズム的な原則に従っているという事実を描いている。脳の中ではさまざまな表象や思考の断片が離散集合して，その勢力範囲を競っている。一種の生存競争のようなものだ。そしてその中で強いものが大勢を占めて勝ってしまう。一つ例を挙げるならば，少し前にドナルド・トランプとヒラリー・クリントンが，米国の大統領選で争った。そして予想しないような事態が展開してトランプさんが勝ってしまった。その詳しい経緯はわからず，おそらくさまざまな偶発事が生じてあの結果となった。これも一種のダーウィニズムであろう。その動きは一種のランダムウォークのようなところがある。ランダムウォークとは，ブラウン運動をする花粉の小さな粒がこういういろんな動きをするわけであるが，英語では Drunker's walk（酔っぱらいの歩行）とも呼ばれている。脳の中ではこういうことが起きているのではないかということを神経ダーウィニズムは言っているのだ。実はわれわれの心はこれが各瞬間に起きている。私がこの文章を書いている時に頭に浮かんできた単語，スピーチをするときに話す言葉の一つ一つがこのようなダーウィニズムの結果として決定されていくというところがあるのだ。

　ところで神経ダーウィニズムには2通りの考え方がある。たとえば最初は図20-7のような形になる。

　神経細胞の間には神経線維が繋がっている。そのうちの一部が繰り返し刺激を受けると，そこの結びつきが太くなると同時に，それ以外の部分がプルーニング（枝切り）されていく。それで残った部分だけが強化されるという形で生き残っていく。これがいわゆるヘッブの法則である。要するにいつも

図 20-7

同時に興奮している神経細胞どうしのつながりが強化され、勝ち残っていく。これも一種のダーウィニズムである。

　ところがカルヴィン先生はこれとは別にもう一つのダーウィニズムを示し、それを以下のように説明している。まず私たちの大脳皮質の厚さはわずか2ミリであるが、そこに膨大な数の神経細胞が存在する。そしてそれを観察すると、かなり微細なコラムにより成り立っている。そのコラムは筒のような形になっていて、一つのコラムの上下で情報のやり取りが行われている。マイクロコラムが100くらい集まるともう少し大きいコラムを形成する。そしてこのマイクロコラムは私たちの大脳皮質の中に1億存在していると言われているのだ。それらが個別にある種の情報処理を行っているということになる。そしてここからがカルヴィン先生の仮定なのだが、これらのうち一つのコラムの内容は周囲の別のコラムに次々とコピーされていくというのである。もちろん大脳皮質の限定された領域でのことであるが、そこであるコラムの内容がコピーされて領土を拡大し、別の内容の領土との間で競合を起こし、最終的に勝つものが意識レベルに上がってくるというわけである。

　彼はその著書でこんな絵を描いている（図20-8）。2つの異なるコラム（この場合は異なるメロディーを表す）が自分をコピーして領土を拡大すると、別の物との間で中間にはさまれた物が浮動票みたいな状態になる。そしてやがてどちらかに飲み込まれていく。そしてどちらかのメロディーが生き残る。大脳皮質ではコラム間にこのような陣取り合戦が常に起きているというのである。私はこれを書き進めながら、次にどのような単語を用いようかを考えているが、私の頭の中では各瞬間にいくつかの単語の候補が現れて、その中で一番強いものが勝って口から出てくると言えるのである。

　実はこの脳の中で起きていることは、ちょうど自然界で起きていることに似ている。自然界においては、ミクロなレベルではたくさんの分子が付いては離れ、

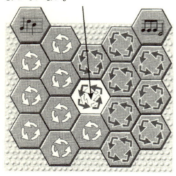

二つのメロディが頭の中で拮抗した状態。六角コラムの二つの勢力に挟まれたコラムでは、まだどちらに転ぶかが決まっていない。

図20-8

また付いては離れ，を目まぐるしく繰り返している。こうしてタンパク質が合成されたり，遺伝子がRNAにそのコピーを作ったり，あるいはドーパミンのリセプターにドーパミンが結合したり離れたり，ということが行われているのだ。「ドーパミンのリセプターにドーパミンが付く」，と簡単に言ったが，そのリセプターには数限りない物質が接近しては離れ，たまたまドーパミンの分子が現れると両者が一致して反応が成立する，という途方もないプロセスが生じていることになる。これはいわば「シンデレラ物語」で，ガラスの靴に合うシンデレラを王子が国中探し回るようなプロセスが高速で行われていると考えて差し支えない。このように考えると，自然界においても脳においてもきわめて微細なレベルでの取捨選択やダーウィニズム的な競合がいかに目まぐるしく高速で行われているかが，想像できよう。

　この脳の微小なレベルにおけるダーウィニズムのプロセスを私たちがイメージしやすいのは夢の生成のプロセスである。海馬の研究の第一人者である池谷裕二氏がその著書で次のような説明をしているのを読んで非常に興味深かった（池谷, 2002）。海馬とは脳の中心付近にある主として記憶を司る部位である。日中に印象に残った出来事はこの海馬に一時的に貯蔵されていく。夢では海馬が中心になって日中の体験を引き出し，その断片をランダムに組み合わせるという作業を行っているという。たとえば一つの出来事の記憶が，時系列的なABCDEという小さなエピソードの連続としてとらえられたとしよう。Aを聞いたらBを思い出して，Cという行動を行った……というような流れである。すると夢ではACEやEABのような組み合わせが試作され，時にはそこに新しい意味が生まれたりする。もちろんそこには「ACβDα……」といった過去の出来事の断片（α，βなど）が混入するかもしれず，すると夢の内容はさらに謎めいて複雑なものになっていくのである。

　以上述べたことを，視覚的にわかりやすくするために作成したのがこの図（20-9）である。ここで頭骸骨のような絵の真ん中の色の濃い部分が海馬である。先ほど述べたさまざまな記憶の断片のランダムな組み合わせがACE, EAB, BADなどである。その中でどれが具体的な夢の内容としてピックアップされるか，どのようにそこにダーウィン則が働くのかについてはもちろん不明である。私たちが実際に見たり，それを思い起こしたりする夢の内容が特別大きなインパクトを持っていたり，私たちにとって有益な情報を伝え

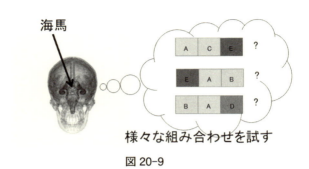

図 20-9

てきたりするというエビデンスは得られていないであろう。もちろん夢の内容として勝ち残ったことそのものに意味を見出し，その内容の解釈を精力的に行うという立場も心理療法の世界には数多く存在し，それはまさにフロイトの立場でもあった。

　この夢内容のダーウィニズム的な選択のプロセスは，私たちの創造的なプロセスとの関連を示唆している。たとえばモーツァルトは交響曲の演奏会の当日の朝になって頭の中で楽譜のスコア（総譜）が降りてきたという。それをモーツァルトは一生懸命書き写して，演奏会の初日を成立させたと言われている。その場合，モーツァルトの脳の中では，完成形までいくようなものを無意識で作っていたということである。するとモーツァルトの頭のなかで，曲の断片が何を競っていたかというと，そのメロディーの美しさ，審美性ということになるだろう。作曲家の頭には，高い可能性で美しいメロディーが生まれ，そしてそれが確実に勝ち残って彼の頭に上ってくるのではないかと想像する。

　現代のモーツァルトの一人として，私はビートルズのメンバーだったポール・マッカートニーのことを考える。彼の作曲による大ヒット曲「イエスタデイ」ができた経緯についてはよく語られる。彼は就寝中に夢の中でメロディーが浮かび，慌ててコードを探してスタジオで完成させたという。イエス

第19章 脳からみえる「新無意識」　231

タデイのコードというのは実は結構複雑で，私も学生時代に人が歌う伴奏を頼まれて大変な目にあったが，夢の中にメロディーが出て来たということは，無意識にそれが作り上げられたという以外に可能性はない。ポールはあまりにも自然に浮かんできたメロディーなので，別の誰かの曲ではないかと思い周囲に聴かせて回ったが，誰もこのメロディーを知らないと言われ，やっと自分のオリジナル曲だと認識したとも述べている。彼の音楽的才能がここに表れていると思うが，彼の頭の中にあったたくさんのメロディーの断片がうまくつなぎ合わされて生成され，それが一つの曲となって芸術的な価値をもったものとしてひとりでに結晶化されたというわけだ。先にも出てきた「新無意識」の力のすごさ，そこでのダーウィニズムが最終的な勝者として一つの完成された曲までも選び出してしまうということは非常に興味深い。

　ところで私がこれまでに行った議論に従えば，夢の内容にはまったく意味がないのかと言われてしまいかねないが，実はそうではない。夢の特定の内容が最終的にダーウィン的に選択される以上，そこに何らかの力が加わっているはずで，ただその力の具体的な内容が不明なだけである。たとえば作曲の例のように，そこに審美性という力が加わっている可能性もある。無意識の中にはメロディーの美しさを判断するシステムが存在し，そこが関与することにより，美しいメロディーが最終的に生き残っている可能性があるのだ。ところが一般的な夢の場合にその力がどのように働いているか不明な場合が多い。

　ただしその中で，比較的その存在が明らかなのが，トラウマ体験の反復に向かう力である。すなわち夢の内容には，過去に被ったトラウマの内容を反復するような内容のものが頻繁に選択されるということが多い。その場合は，夢の内容は自由な組み合わせによる創造性という性質をむしろ失い，過去の体験の具体的な出来事をかなり忠実に反映したような内容で繰り返され，あたかもフラッシュバックのように体験される傾向にある。それは新無意識としてのニューラルネットワーク中に存在する「ストレンジ・アトラクター」として，つまり夢の断片の自由な結合が失われて入り込んでしまう罠のような形で，あるいはそこに断片がはまり込みやすい鋳型のような形で存在し，それによって内容が選ばれてしまうということが生じている可能性があるのである。

心はディープラーニングを行っている

　私自身は心のネットワーク的な在り方やそこでのダーウィニズム的な運動，さらには新無意識という概念を把握するのに一番の近道は，脳をディープラーニングを行うシステムとして理解することであろうと思う。

　ここでディープラーニングという言葉を出すのは，最近それが示すきわめて優れた能力について一般の人々が知る機会があったからである。それは本章ですでに述べたAlphaGoが囲碁の世界チャンピオンを打ち負かしたという快挙である。最近AI（人工知能）の性能が格段に上がり，これまで人間しかできていなかったことを次々とこなすようになってきている。その学習のスピードは凄まじく，囲碁などでもおそらくコンピューターが人間に対等に渡り合えるようになるのははるかに先だと思われていたが，すでに抜き去ってしまっているのだ。最近は画像診断などでも，たとえばマンモグラフィーや，X線画像や，病理組織検査などで悪性の所見を人よりはるかに効率よく，またより正確に見出せるようになっているのだ。そしてその基礎にあるのが，膨大なニューラルネットワークに天文学的な数のデータを読ませて学習をさせるということを繰り返すという試みであり，そのデータの処理能力が高まれば高まるほど，その技術は向上していくという仕組みになっている。

　私はコンピューターの専門家ではないが，このディープラーニングの仕組みが非常に興味深いのは，ある意味では人間の右脳がまさにこれに近いことを行っていると考えられるからである。逆に言えば，AIの学習プロセスを知ることは，人間の学習プロセスを類推することにかなり貢献するのである。

　ディープラーニングの仕組みを知る上で，いわゆる「ニューラルネットワーク理論」について簡単に言及したい。全盛期，つまり1900年代の半ばから，脳の仕組みをコンピューターモデルを用いて解明しようという動きがあり，一昔前にいろいろなモデルが提出された。その中で1957年にローゼンブラットという人が提唱したパーセプトロンの概念があった。その当時からコンピューターは単純な処理を高速で行い，その能力は人間のそれを遥かにしのぐことはよく知られていた。しかし一方で文字入力を認識したり，物体を認識したりという仕事はコンピューターにとって非常に苦手であり，それ

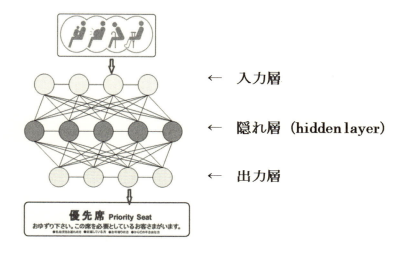

図 20-10

が人間の能力との決定的な違いだったのである。そのためにローゼンブラットはパーセプトロンという概念を作り上げた。

　ここに絵を描いてみた（図20-10）。まず入力層があって，出力層があって，hidden layer，つまり隠れ層がある。そしてある信号はたとえば図に示した優先席のアイコンを見た時に，最終的にこれは優先席だとわかるためにそこに至る経路に重みづけをしていく。つまりそれを太く，強化することになる。同じようなことをさまざまな刺激に対して学習していく。またたとえば耳がちょっと大きくて，目が2つあって，ひげが生えていたら猫だというふうにパターン認識ができるようになる。パーセプトロンの議論が1950年代にローゼンブラットにより提唱されて，一時はかなり流行したが，その後勢いがなくなっていた。しかし，この間のAlphaGoやディープラーニングの活躍でまた脚光を浴びるようになったということである。

　このパーセプトロンにちょうど対応するのが大脳皮質である。ただし大脳皮質の場合，6つの層があり，それぞれが膨大な数の神経細胞により構成されているため，この隠れ層とは途方もなく分厚い層ということになる。そして脳の場合は下から情報が流れてきて，中間層である隠れ層でさまざまな情報処理が行われ，その一部が上部の出力層へと移る時点で上述の重み付けを

行う。ただし脳の場合，大部分の情報は上まで登らずに降りてきてしまうという。つまり私たちの感覚器を伝わって入ってくる知覚入力，感覚入力は大脳皮質に入っても大概は意識に上らずに棄却されてしまう。私たちの通常の体験においてはたいていのものが新しい情報ではないので，そのためにスルーされてしまうのである。つまりいつも通りの出来事に関する記憶は，どんどん無意識的に処理されていくわけであるが，これはフロイト的な無意識に関する理解とは異なる新しい考え方と言っていいだろう。

さて情報処理に係る部位としては，小脳皮質もある。こちらの場合には3層からなり，その構造はおおむね画一的で，実はコンピューターにそっくりだと言われている。われわれの脳の中で一番計算をしてもらっているのが小脳であって，それは運動の熟達のようなことに関係していると言われていた。しかし，実はそれ以外の精神的，認知的な事柄についても熟達して慣れて自動化していくというプロセスにおいて小脳は非常に大きな意味をもっているということで最近注目されている。

脳科学者ホーキンス Jeff Hawkins の『考える脳，考えるコンピューター』(Hawkins, 2004) という本には，パーセプトロン的な大脳皮質の働きが雄弁に説明されている。それによれば，大脳皮質に入ってきた情報は自動的に処理されていき，感覚入力を処理する際に，予測と異なる情報だけが上位に伝わる。たとえば通勤途中，町角で車が赤信号に差し掛かって停止するというシーンを見ても，それは予測どおりのことが起きたというので，ほとんど意識されず，その結果として記憶にもとどまらずに忘れ去られていく。ところが，赤信号なのにある車が止まらずに交差点に突っ込んできたシーンに出くわした場合は，それは予想外のこと，驚くべきこととして上位に伝わる。この新しい情報が最後に脳のどの部位に至るかというと，記憶を司る場である海馬なのだ。つまり大脳皮質の最上位の情報は海馬に流れていき，そこで記銘されるのだ。今本書の読者に，1年前に自宅から職場までの間に起きたことを思い出してくださいと言ってもまったく不可能であろう。ところが1年前のある日の通勤中に，横断歩道で誰かが倒れているのに遭遇したのであれば，その日のことはおそらくかなり明瞭に記憶に残っているはずだ。また大脳の最上位には扁桃核も位置している。予想外のことが起きてびっくりしたり怖かったりしたら，それは同時に扁桃核をも興奮させ，その感情部分も記

憶に残る。

　少し大脳皮質の説明にそれてしまったが，ニューラルネットワークとディープラーニングの問題を繋げて説明しよう。まずニューラルネットワークをきわめて複雑にしたものがディープラーニングシステムと言っていいであろう。入力層と出力層があり，その間に膨大な層が存在する。ニューラルネットワークでは，入力層に入ったインプットと出力層から出るアウトプットが正しく一致するように，中のネットワークの重みづけが変更されて行くことで，正解に近づけることができる。そして大脳皮質もおそらく類似した構造であろうという説明をした。ではこの場合何がインプットであり，何がアウトプットだろうか？　たとえば赤ん坊が目の前のもの，たとえば哺乳瓶をとらえようとする。視覚的な情報がインプットだ。そしてアウトプットは自分の手の動き（手の運動を司る筋肉運動）ということになる。もし哺乳瓶に向かって手を伸ばさずに，たとえば右側に行きすぎると，そのアウトプットは誤り，あるいはやや誤りと判断される。そしてそれを繰り返すうちに，哺乳瓶の視覚情報は，確実にそれをとらえることができるような手の動きを指示する出力を行うことができる。すると赤ん坊はこの運動に熟達するにつれて，もう哺乳瓶を見て手を伸ばすという運動を，「考えずに」できるようになる。当たり前になり，ルーチン化した運動はもう多くの精神的なエネルギーを用いることはない。そして脳は，まだ新しくて慣れていない体験について，それを記憶し，それに対するエネルギーを注ぐだろう。そしてここに先ほどの海馬と扁桃核が関与してくる。それはある意味では大脳皮質というディープラーニングシステムを使いこなす，さらに上位の中枢の存在を示しているであろう。

　そう，人間の大脳は，単なるディープラーニングを行うのではなく，それをより効率よく行うような仕組みを備えていることになる。

　私はこれ以上の解説をここでは控えるし，それを行う能力もないが，脳の仕組みの少なくともその一部には，ディープラーニング的なシステムが組み込まれていることはある程度説明できたのではないかと思う。

新無意識を描いてみる

　本章の最後に，再び最初に述べた新無意識の概念について論じたい。「新無意識 New Unconscious」という名前を冠した著書が在ることには触れた (Hassin (Eds.), 2004)。これを紐解けばわかるとおり，たくさんの論者が，最新の脳科学に依拠したさまざまな議論を寄せているのだが，実はこれを読んでみても，ニューアンコンシャスとは何ぞや，ということは残念ながらどこにも明言されていない。各章を担当する著者が，新しい脳科学的な知見が精神分析的な概念に与える影響を寄せ書きしているという感じであり，全体の統一はあまり取れていない。そこで私があえて新無意識を絵にするとこんな感じになった（図 20-11）。ここではフロイトの心の構造のモデルとの対比で描いてある。

　これらを見比べていただければわかるとおり，フロイトの意識と無意識はかなりはっきり分かれている。フロイトの図では意識の範囲が非常に大きい。ところが新無意識では非常に広い範囲（図の色の濃い部分）が無意識であり，意識のエリア（上のほうの色の薄い部分）は本当にわずかである。何しろ最近では意識はワーキングメモリーと同等に扱われるくらいだ。そうなると，たとえば7ケタの数字，自分の知らない電話番号を忘れないように何

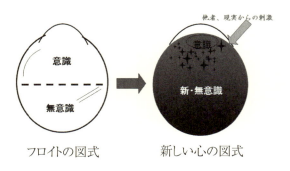

図 20-11

度も繰返して唱えているだけでいっぱいになってしまう。コンピューターのRAMスペースならギガ（10億）バイトの単位なのに，人間の意識（ワーキングメモリー）は数バイトという情けない大きさである。昔のクジ引きで八角形の木の箱をガラガラとハンドルで回してポンと玉が出てくる様子を覚えている人もいるかもしれない。意識とはあの玉の出口ぐらいの広さだと私は考える。要するにそれ以外の大部分が新無意識であり，そこから箱の中のカオス的な運動の結果として意識野に送り出されてくるのが意識内容，というニュアンスである。

　この絵の色の薄い意識部分の周辺を，私はいわゆる「カオスの縁」と考えるが，ここでさまざまな表象が先ほどのダーウィン的なプロセスでもって浮かび上がってくる。メロディーにしても小説のストーリーにしてもここに浮かび上がってくると考えるしかない。そこで★印をたくさん描いて雰囲気を出しているわけだ。

　さてここにフロイトが想定していたリビドーとか欲動はどう絡んでくるのだろうか？　残念なことに欲動に相当するものは，脳科学的には浮かび上がってはこない。フロイトの無意識ないしはイドには，欲動やリビドーといった液体のようなものが存在し，その鬱積や放出が症状を形成したり人を突き動かしたりすると考えられてきた（フロイトの「水力モデル hydraulic model」という表現はこの事情を表している）。ところが，新無意識を探索しても大脳皮質には広大なネットワークが広がり，そこに海馬と扁桃核が深く関連し，また小脳や大脳基底核が記憶やスキルの成立に貢献し，それらの間を流れるのは電気的な信号である。実際の物質の流れは存在しない。ましてやリビドーが貯蔵されているような場所など脳内に存在はしない。

　脳においてリビドーに変わって重要な役割を持っているのが，いわゆる報酬系である。報酬系は「内側前脳束 mid forebrain bundle」という部分に存在する側坐核や中隔皮質などを含む。私たち人間を含み，かなり下等なレベルにまで至る生物は，これらの部位に相当する部分の興奮により快感を覚える。他方脳にはそこが興奮すると不快を覚えるような部分も多数存在する。私たちの活動はことごとく報酬系を興奮させるものへと向かい，また不安や不快を感じさせるものからは遠ざかるという性質を持つ。また私たちの本能的な活動も脳の中にプログラムされ，食欲をそそるものにひかれたり，たと

えば異性の姿に興奮したりする。あるいは一方で強く惹かれながら，他方でそれが喚起する不安のために活動にブレーキがかかったりする。その意味では脳のなかではさまざまな力が影響を及ぼし合っているように見える。しかしそれはリビドーという実体に伴う力ではない。

新無意識が提案する治療のあり方

　最後に新無意識が示す治療の在り方について述べたい。そもそも新無意識の取り扱い説明書はまだ存在していないし，これからも当分存在しない可能性がある。フロイトの精神分析理論はいわば「旧無意識」を前提としたものであった。その理論を支えていた匿名性の原則，禁欲規則，中立性，受け身性などは，新無意識に準拠する形でかなり改変される必要がある。そして新無意識が求める治療原則は意外にも常識的で当たり前の姿をしている可能性がある。

　ここで一つお断りしなくてはならないのであるが，新無意識とは，決して「新しい無意識」ではない。私たちが進化を遂げて，リニューアルした無意識を獲得した，という話ではない。新無意識とは，私たち人類が生まれたときから持っている無意識（あるいはフロイトがそう概念化したもの）を新しく理解し直したものであり，ある意味では「より正確に理解された無意識」である。そしてそれに対する治療的なアプローチも，より無意識の現実の姿に合致したものということになる。そしてそれはおそらくいわゆる多元論的なアプローチに近づいたものと考えられる（Cooper, McLeod, 2011）。

　このアプローチがとらえる心の在り方は，フロイトのような決定論的なとらえ方から外れ，基本的には偶発性を伴い，予想不可能な部分と，過去の繰り返しとしての側面を有する。そして治療者も正解を知り患者に解釈を伝えるというスタンスではなく，治療作業は共働的 collaborative なものとなる。

　これに関して，心理療法に関するランバート Lambert の報告というのがしばしば話題になるのでここで紹介したい。ランバートはその 1992 年の報告で，精神療法はその効果の 40％は治療外の要因，つまり外的な出来事，クライアントがもともと持っている強さなどが関係し，そして技法とモデルは 15％と論じた。精神分析で「治した」としても精神分析の技法でもって治したのは 15％に過ぎない。それ以外では，30％が受容，共感，思いやり，

励ましであり，クライアントとの治療関係でそういったものがすごく大きな意味をもっているという報告である。治療者としては精神療法とは一体何なのかという問い直しをせざるを得ないのではないか，ということになる。

　治療の基本は患者の話に共感し，そのための明確化を進めていくことであり，その際に常に治療者の側の現実との照合が問題になってくる。患者の話を聞きつつ，それが治療者という他者からどう見えるかについての情報を提供することが新無意識的な立場に立った治療の要となるだろう。精神療法は結局は治療者と患者の双方の相互的なディープラーニングである。治療というのは2つのディープラーニングが交流を行うことだ。すると質のいい交流がどうしても必要になってくるわけであり，こちらのインパクトがどういうふうな形で患者の側に伝わっているかを見るということが大事になる。患者からのアウトプットはサブリミナルなものも含めて入っているということを考えた上で，あまりその連想の細かいことの解釈はせずに全体の流れをつかむということが重要なのである。そうすると治療とは結局関係性，情動的な交流が意味をもつことになる。

　われわれが治療がうまくいっていると感じる場合には，われわれの心と患者の心がある意味では障壁や防衛がなく交流ができているという状態ということができる。土居健郎先生は，治療というのは一種の甘えが起きている状態だとおっしゃったが，この見方を私は皆さんにぜひお勧めしたい。治療がうまくいっているかどうかという時に一つ考えてほしいのは，この患者は私に甘えることができているのか，あるいは患者に対して私は甘えているのか。要するにお互いが防衛的にならずに済んでいるのかということだ。患者側が自分に甘えていないという時，いい意味での甘えが行われていないという時にはこちらが甘えを許容していないという部分があるというふうに土居先生は考えたのだ。

　私も最近，スーパービジョンをやっていて気がついたことがある。「この人のケースはすごくうまくいくのに，あの人のケースはどうしてあまり先に進まないのだろう？」などと考えた時に，うまくいっている人との間では甘えの関係が成立しているんだと思い至ったのだ。

　脳の話を始めて，最後には甘えの話で終わることになるが，本書では，心と脳の話を比較的自由に書いてみた。

第20章 精神分析をどのように学び，学びほぐしたか？

　最後の章は，精神分析を学ぶ側の姿勢についての議論である。2017年に精神分析学会で発表した原稿をもとにしており，「です，ます」調で書かれたものなので，その形を保ったままでここに再録したい。

＊　＊　＊

　本日は，私自身が精神分析をどのように学んだか，というテーマでお話をしますが，このテーマを与えられた時にまず心に浮かんだのが，「学びほぐし」という言葉です。これは英語のunlearnの日本語訳ということになっていますが，「脱学習」，というよく使われる訳語とは別に，評論家の鶴見俊輔先生（2015年，93歳で没）がこれを「学びほぐし」という絶妙な日本語にしたという経緯があります。そしてこれが本日のテーマにぴったりという気がします。そこで「精神分析をどのように学び，学びほぐしたか？」というテーマでお話ししたいと思います。

学びの最終段階は，必ず一人である

　先日あるセミナーで講師を務めてきました。そのセミナーは3人の先生方が「治療関係」という大きなテーマについて連続して講義をするというものでした。しかしあいにく土，日にかけて行われるため，先に講義した先生はすでに帰られていて，3人の講師が最後にそろって一緒に質問を受ける，ということができませんでした。そしてその後に回収されたアンケート用紙に，ある受講生の方が次のように書いていらっしゃいました。

「患者さんからのメールにどのように対処するかについて，講師Aの言うことと，講師Bの言うことが違っていたので，講義を聞く側としては混乱してしまった。」

この講師Aとはある精神療法の世界の大御所です。そしてこの講師Bとは私のことです。「治療関係」というテーマでの話で，患者さんとの具体的なかかわりに話が及び，そこでA先生がおっしゃったことと，私が言ったことに，くい違いがあったことをこの受講生（Cさんとしましょう）が問題にされたのです。私は私の講義で，「患者さんとの連絡用にメールを用いることがあるが，患者さんからのメールに返信するかどうかは，その緊急性に応じて決める」というような言い方をしたと思います（ちなみにここでは実際の例に多少変更を加えています）。そしてそれに対してA先生はかなり違った方針をお話ししたのでしょう。ただし私はA先生のお話を聞いていないので，私の想像の範囲を超えません。

私はCさん（および同様の感想を持った方）に対して，混乱を招いてしまったことは残念なことだと思いますが，さほど後ろめたさはありませんでした。それよりもむしろ，Cさんの不満は，精神療法を学ぶ上で，非常に重要な点を私たちに考えさせてくれたと思います。それがこの unlearning というテーマです。CさんはたとえA先生の方針を最初に聞いて学習したとしても，あるいは私の話を聞いて学習したとしても，結局はどちらの内容にも頼ることなく，自分ひとりでこの問題について判断しなくてはならないということです。Cさんは私からメールについて学んだとしても，あるいはA先生から学んだとしても，それを学びほぐさなくてはなりません。つまり自分一人で問い直し，自分一人で答えを出すという作業をしなくてはならないわけです。そしておそらくCさんはまだそのことを知らなかったのであろうということです。

もちろんCさんは他のことについてはたくさん学習をなさっていることと思いますし，その一部は学びほぐしていらっしゃるのでしょう。でもこの患者さんとのメールのやり取り，あるいは電話のやり取り，さらにはセッション外での患者さんとのコミュニケーションのあり方については，彼が一度学んだ後，学びほぐす類の問題であることをまだ自覚していないのだと思いました。

精神分析や精神療法の世界では，この学びほぐしは特に重要になってきます。というのもこの世界では，答えを一つに定めることができないことが非常に多いからです。あるテーマについて，スーパーバイザーごとに，あるいはテキストブックごとに，異なる見解が書かれているのは当たり前だと思います。というよりは講師ごとに，著者ごとに意見がおおむね一致しているようなテーマ自体がむしろ少ないのではないでしょうか？

多くの治療者が共通して賛成することといったら，たとえば治療構造の重要性くらいしか私には思いつきません。しかしその治療構造の重要性といっても，具体的な内容，たとえばどこから先を精神分析的な精神療法とみなしますか，たとえば「毎週1回40分」という構造をそれとみなしますか，ということになると分析の先生方の意見は，たちまち分かれるでしょう。

考えてみれば，精神療法という広い世界の中で唱えられていることが，その療法家ごとにきわめて異なるのは，むしろ当たり前と言えるのではないでしょうか？　心について言語的な交流を行うことは有効であり，それを精神療法，ないしは心理療法と呼ぶことについては，皆さん賛成なさるでしょう。しかし一方では無意識の意義を重んじ（精神分析），他方では意識レベルでの認知を重んじる（認知療法），あるいは行動面での変化に重点を置く（行動療法）といった具合に，その方針は学派により大きく分かれてしまいます。その中の精神分析についても，夢をどのように解釈するかは分析家の間で大きく分かれてしまうでしょうね。あるいは治療者が自分の体験を語ること，いわゆる「自己開示」についても，これが大きく分かれてしまうのです。ちなみにこの間ある家族療法の大家が，匿名性の立場を重んじる分析家との話をしていて，「家族療法では自己開示は当たり前である。みんな破れ身なのだ」とおっしゃり，精神分析の隠れ身の姿勢と対比されていました。同じ心理療法をする立場でも，このように分かれてしまうものなのです。

ちなみに夢の解釈にしても精神療法のやり方にしてもどうしていろいろなものが提唱されているかについて，皆さんはどのようにお考えになるでしょう？　それは心の問題があまりにも複雑で，私たちの理解をはるかに超えているからです。心の問題の多くは多次元方程式のように一つの解が定まりにくいのです。それほど心が複雑なため，その産物としての夢について，ある人は「Aを意味する」と言い，別の人はそれとはまったく異なる「Bを意味

する」という現象が起きます。そしてそれが存続するのは両者のどちらが正解かを誰も証明できないからなのです。

　ひとつのたとえ話をしましょう。宇宙の成り立ちがまったくわかっていない時代には，ある人々は天動説を唱え，別の人々は地動説を唱えていました。要するに太陽が地球の周りをまわっているのか，あるいは地球が太陽の周りをまわっているか，という単純な話です。しかし当時の天文学はきわめて未熟でしたから，だれの目にも明らかな正解を示すことはできず，そのために天動説と地動説というまったく異なる説が共存するという状態が続いていたわけです。もし天文学が中世からまったく発達しなかったら，おそらく今でも天動説派と地動説派は対立し，拮抗していた可能性があるわけです。天文学会も2つに分かれていたかもしれませんね。今の認知療法と精神分析のように。しかし16世紀のコペルニクスの登場以降，この種の意見の対立はまったく意味を失ってしまいました。認知療法と精神分析が共存して，どちらもお互いに相手を説得しえない状況は，結局複雑な心をどちらもとらえきれていないということです。これは私たち心の専門家の未熟さと言うよりは，心や脳の途方もない複雑さによるものです。

　ところでこの会場にいらっしゃる方々は，そのような大きな決定をすでになさっていることは感慨深いことです。皆さんの多くは，おそらく精神分析の世界をお選びになっているからです。精神分析を選ぶということなしに，この名古屋の会場まで3日間，場合によっては仕事の休みを取り，週末の家族サービスを返上してここにいらっしゃるということは，大変なことだと思います。そして皆さんはすでに，精神分析的なアプローチか，それ以外かということに関しては，前者であるという選択をなさっている方が多いのでしょう。ある方は，最初から精神療法とは精神分析的なものであるということを，批判する余裕もなく伝えられ，そのまま受け入れられたのかもしれません。またある方は最初は混乱し，何かの理由でこちらのほうを選び，おそらくそうすることで，もうあまり矛盾した話を聞かなくてすむのではないだろうと安心なさったのかもしれませんね。きっと頼りになる先輩に相談して，最終的に精神分析を選んだのかもしれません。おそらく皆さんがどこかで読んだり誰かに告げられたりしたであろう「精神分析はいいよ」は，おそらく自分自身に問い直され，学びほぐされたのちに選択されたのではないの

だろうと想像いたします。

　さてその経緯はそれぞれ異なるとして，とにかく精神分析を選んだ皆さんでも，今度はその世界の中でやはり同じことを体験するわけです。無意識を重んじるという立場では一致していても，詳細な内容に及ぶと，たちまち学派による違いが明らかになります。先ほどの自己開示の問題などはその例かもしれません。ある学派は自己開示を厳しく戒め，別の学派は治療的であればいいじゃないか，というふうに異なるわけです。結局はそこで自分で決める時が来ます。

　それでも皆さんは，学びほぐす代わりに，これまで頼りにしていた先輩に質問をするかもしれません。しかしその先輩は大枠でははっきりしたことを言ってくれていても，細部にわたると，「それは人による」とか「そんなことぐらい自分で考えなさい」と言われてしまい，頼りにならなくなってしまいます。あるいはその先輩は，あなたが「X かな？」と思っていたことについて，「絶対 Y だ！」と言い，あなたはもうその先輩にはついていけないと思うかもしれません。

　こうして結局あなたはどこかで一人で，誰に尋ねることもなく判断することになります。そしてそれを決める基準は，自分自身の感覚，英語で言う gut feeling（文字通りだと腸の感覚，ということになります）なのです。この表現，今回改めて辞書で調べてみました。すると直感，第六感と書いてあります。心から（胃の腑から），あるいはフィーリングで，感覚的にそう思えるということです。そのときに学びほぐしが起きます。学びほぐしとは，学んだものを捨てる，ではなくて学び直す，あるいは自分のものにする，ということなのです。「私は精神分析学を基礎として学んで治療を行っています」という主張を私たちはよくします。しかし私は精神分析学を学んだだけではいけないと思います。精神分析理論を**いかに学ばないか**ということも必要であり，そこに私たちの臨床家としてのアイデンティティがかかってくると思います。私はこれまでに優れた臨床家を目にすることが多くありましたが，誰一人として，フロイトの書いたこと，クライン Melanie Klein の書いたこと，ラカン Jacques Lacan の書いたことをそのまま素直に実践している人はいませんでした。それらの臨床家に「どうしてフロイトの教えとは違うことを実践しているのですか？」と問うたらどのような答えが返ってくるで

しょう？　おそらくそれは「私は最初はフロイトから学び、あとは個別の臨床場面では、自分で考えて臨床をしています」と答えるでしょう。ということは、どこかで精神分析理論を学びほぐしているということになるのです。

学びほぐしとは

　そこで学びほぐすということについてあらためて説明しましょう。冒頭で示したとおり、この巧みな表現は2015年に亡くなった評論家鶴見俊輔氏のものということになっています。鶴見氏はこんな体験を持ったといいます。戦前、彼はニューヨークでヘレン・ケラーに会いました。彼が大学生であることを知ると、「私は大学でたくさんのことをラーン learn（学習）したわけですが、そのあとたくさん、アンラーン unlearn しなければならなかったのです」と彼女は言ったそうです。鶴見先生はたちどころにヘレン・ケラーの言わんとすることを理解したそうです。彼の頭には、型通りにセーターを編み、そのあとほどいて元の毛糸に戻して自分の体に合わせて編み直すという情景が想像されたといいます。それが「学びほぐす」という言葉のニュアンスだそうです（「鶴見俊輔さんと語る　生き死に 学びほぐす」朝日新聞2006年12月27日（水曜日）、朝刊13面）。
　ちなみに英語のunlearnにこの絶妙な意味合いが含まれているかは疑問です。英語の時点で調べてみると、'It is hard to unlearn bad habits.' などという例が出てきます。Unlearnとは、忘れる、とかひとつの凝り固まった学習を放棄するという意味があるようです。しかしヘレン・ケラー女史や鶴見氏の言うunlearnは学んだことを改めて「本当だろうか？」と問い直すことであり、そこにはそれを放棄するという立場も、それを自らが再び選び取り、自分のやり方で心に収め直すという立場も両方ありうるのです。

特にフロイトの精神分析については学びほぐしが必要な理由

　この点は特に強調したいと思います。どの理論を学ぶにしても、その理論はその論者が主張したいことが前面に立ち、同時に論者が隠したいこと、防衛したいことを反映している可能性があります（今このように主張してい

る私もそうです)。フロイト自身の理論にもクラインの理論にも，コフートHeinz Kohut の理論にもカーンバーグ Otto Kernberg の理論にも，彼らの伝えている真実とともに，それを防衛し，正当化するためのあらゆる仕掛けが備わっています。こう考えるとメジャーな理論には必ず学びほぐすべき点が隠されていると言っていいでしょう。

　たとえばフロイトの理論の基礎的な部分について考えてみます。フロイトは精神病理の根幹に抑圧された性愛性を考えました。それが人を衝き動かしたり，症状を形成したりしていると考えたわけです。これ自体は仮説としては十分あり得ます。当時の時代性を考えると，画期的，というよりも大変に革新的だったと言えます。でもそれと同時にフロイトにはある種の真実を発見し，世界をあっと驚かせてやろうという，野心的で自己愛的な部分がありました。そしてこの欲動論に合わない事実はどんどん切り捨てていったというところがあります。彼はそうやって何よりも理論の整合性を求めたわけです。ということはリビドー論にうまく繋がらないようなトラウマや解離の問題はことさら軽視されたということがあるでしょう。私の理論的な立場からすればどうしてもそう見えてしまうのです。フロイト理論を本当に学習するためには，彼が軽視したり棄却したりした部分に注意しなくてはなりません。それがフロイトの学びほぐしです。ですから学びほぐす，とはフロイトからあなたの理論になる，ということです。

　あるいはクライン理論。クラインにとっては怒りや羨望がきわめて重要なテーマであったことがうかがえます。そしてそれらは彼女の個人的な体験としても身近な感情だったのでしょう。怒りはしばしば自分の弱さや小ささを自覚させられそうになると誘発されます。そこで怒りをプライマリーなものにする理論では，人間の恥や弱さの自覚に伴う感情は陰に潜んでしまう傾向にあります。他方ではコフート理論では怒りを自己愛の傷つきに対する反応としてとらえる傾向にあります。これがいわゆる「自己愛憤怒」の概念ですが，この場合にはプライマリーなものとしての怒りの議論はあまり出てきません。

　このように主要な理論には必ず光の当たった部分と影の部分があるということは，あらゆる理論はそれをバランスよく吸収するためには学びほぐしのプロセスが必要になることを示していることになります。すると結局は学び

ほぐした結果に残るのは，あなたの理論なのです。

学びほぐした結果としてどうなるのか？

さて学びほぐした先は，人それぞれですが，そこにはひとつの共通項があるようですので，それを述べておきます。それは最終的には特定の理論にとらわれずに，自分流を貫いているということです。このことについて，精神分析の世界で起きていることを一つお伝えします。それは従来の理論にとらわれない，ということが，実は分析家が従うべき倫理的な指針として唱えられているということです。これは皆さんもにわかには信じがたいでしょうね。フロイトの時代には匿名性，受身性，禁欲規則などの治療原則を守るということが正しい道だったのですが，今や「さまざまな理論やさまざまな立場を考えに入れよ」ということが言われているようです。これはもう少しはっきり言うならば「フロイトの言ったことにこだわらず，どの程度フロイトの教えを守るかは，自らが判断せよ」ということです。このような倫理側が唱えられるようになった経緯について私はいろいろなところで論じているのですが，ここでももう一度紹介しましょう。

精神分析の草創期には，フロイトの原則や技法が遵守されることと治療者が倫理的であることに区別はなかったといえます。何しろすべてがフロイトの理論から出発したわけですから。しかし米国では1960, 70年代を経て，そのような価値観に変化が生まれました。精神分析の効果判定に対する失望や境界性パーソナリティ障害の治療の困難さを通して，分析的な技法を厳格に遵守する立場よりも，実際の精神分析の臨床場面でそれをどのように柔軟に運用するのかというテーマへ臨床家の関心が移行したからです。フロイト自身は実際にはそれとはかなり外れた臨床を行っていたという報告（Lynn, 1998など）もその追い風になりました。またオショロフ vs チェスナットロッジの裁判を通じて，精神分析がその方針や利点，そしてそれによる負荷 burden を明確に示す必要が生じたのです（Klerman, 1990）。その結果として米国精神分析協会による倫理綱領（Dewald, Clark, 2001）は次のような項目を掲げています。

- 理論や技法が時代によりどのように移り変わっているかを十分知っておかなくてはならない。
- 分析家は必要に応じて他の分野の専門家，たとえば薬物療法家等のコンサルテーションを受けなくてはならない。
- 患者や治療者としての専門職を守り，難しい症例についてはコンサルテーションを受けなくてはならない。

 ちなみにこの倫理綱領はどれも，技法の内部に踏み込んでそのあり方を具体的に規定するわけではありません。中立性や受身性を守るべきだ，というようなことは一言も書いていないわけです。そしてむしろ分析家は治療原則を柔軟に応用する必要を示しているのです。
 さてここで述べていることは，比較的消極的でした。そこでここからは私自身の学びほぐしの積極的な成果を述べたいと思います。

私の学びほぐしのプロセス

 私はよく駆け出しの治療者がスーパービジョンやケース検討会で多くのことを学んだという話を聞くたびに，本当だろうか，と疑います。もちろん右も左もわからないときにスーパーバイザーに言われることはみな正しいように聞こえ，事実それにより学習することも多いでしょう。しかしそのうち必ず，バイザーの言うことに「これはおかしいのではないか？」と思うことも出てきます。そしてそれを問いただし，場合によってはそこから深刻な討論が始まることもあるでしょう。ある意味ではそこからが本当のスーパービジョンというところがあります。
 駆け出しのバイジーはまだ，さまざまな学習を学びほぐしていません。するとさまざまな治療者の言うこと，テキストに書かれていることの一つ一つを真に受けますから，それらの間に矛盾を感じることも少なくありません。あるいは一人のバイザーの言うことの中にも矛盾を感じてそれを問いただすこともあるでしょう。そこでバイザーが「いやAもあればBもあるんだよ」という言い方をしても「Aが正しくて，Bが間違っているんだよ」という言い方をしても，バイジーは混乱する可能性があります。この段階のバイジー

はある指針を示してほしいのです。なぜならまだ「自分で判断していいのだ」「本来そうするものだ」という発想がないからです。そしてゆっくり時間をかけて「正解はないのだ」，ということを本当にバイジーが知る，あるいは学びほぐすという苦しいプロセスに，バイザーは付き合ってあげなくてはなりません。ひょっとしたらバイザーの仕事の最も大事な部分はそれかもしれません。

　しかしそのプロセスで必然的に起きるのが，バイザーとバイジーの間の深刻な論争です。それは本来異なる考え方をする人同士の深刻な対話のはずですが，どちらかに欺瞞や自己愛の傷つきが生じた際には感情を伴ったバトルに発展することもあるでしょう。そこで両者は本気で対決するべきだと思います。よく分析では被分析者と分析家の間のケンカが生じます。これはある意味では治療関係において生じる転移，逆転移の発展として理解することができるでしょう。分析者の側も，被分析者の怒りを転移ととらえるだけの余裕を持つこともあるでしょう。ところがスーパービジョンでは，バイザーはしばしばバイジーからの質問を挑戦と受け取り，ヒートアップしてしまうことがあります。そこにケースという第3者，最も重要な受益者の運命がかかっていることもあり，バイジーはケースを守るという使命感からよりいっそう舌鋒鋭くバイザーに迫ることもあり，まさに真剣勝負というところがあります。

　この真剣勝負においては，もちろんバイザーの言うことの方が筋が通らない場合はいくらでもあります。よくスーパービジョンで問題になるのが，「何であなたはそういう時しっかり解釈しなかったのか？」というような駄目出しです。しかし治療中にはバイザーには見えないいろいろなことが起きているものです。第3者の立場での視野と実際に治療を行っている治療者（バイジー）の立場には大きな違いがあります。そのことを考慮せずにあれこれ駄目出しされたときの治療者のふがいなさも相当なものだと思います。あるいは患者の言動に対してバイジーがその病理の深さを十分把握していないというバイザーからの指摘に対し，バイジーはあたかも患者を傷つけられた気がして，反論することもあるでしょう。こうなるとバイジーは自らの，そして患者さんのプライドをかけて，自分の立場を主張することになります。

　もちろん「これからもお世話になるバイザーとケンカすることなんてあり

えません」というバイジーさんの立場はよくわかります。しかし通常スーパービジョンにはお金が発生します。1時間8000円払って意味のないアドバイスを与えられ続けることは時間とお金の無駄です。それを自分に許す人は，健全な自己愛を持ち合わせているとは言えません。

とはいえ，現実には多くのバイジーは，合わないバイザーからは喧嘩をする代わりに静かに離れることを選択します。時間の都合がつかなかったから，ケースが終わってしまったから，などさまざまな理由をつけるでしょう。しかし大概は自分と合わないバイザーと継続することに意味を見出せないからです。そしてその場合に「先生とは考えが違うのでもう終わりにします」と正直に言うバイジーなどほとんど聞いたことがありません。

私はこれも喧嘩とみなしていいのではないかと思います。自分と合わないバイザーとのスーパービジョンはさっさと終わらせる。そのときバイザーの気分を害してまでそれを終わらせる必要はないかもしれません。大概はバイザーは一家言を持っていて自分の考え方を容易には変えません。ただある程度こちらの考えを伝えて，どこまで互いにわかり合えるかを探索する必要はあります。少しのバトルは必要で，そのプロセスでバイザーがどの程度聞く耳を持ち，柔軟な姿勢を示すかを見ます。その上で荒っぽい喧嘩をしても何も得ることがないと理解したならば，それを回避するのも大人の判断かもしれません。しかしそれでも何らかの言葉を残しておく必要はあります。それは患者との関係を考えればわかります。患者の言葉を聞いて，どうしても自分が一言口を挟みたい場合，反論したい場合，それをしない治療者は自分の職務を果たしていることにはならないでしょう。その意味での対決を避ける治療者の態度は決して望ましいとは言えません。

私が学びほぐしの結果として至ったのは，精神分析を一つの出会いとして見るという視点だと思います。あるいは精神療法はそれが出会いとなることで治療的なインパクトが与えられることになります。

最後に提言

どうぞ精神分析をいったん飛び出してください。私の提言はだんだん大胆で危険になって行きますが，それは精神分析を真の意味で学ぶためには，い

ったんそこから出る必要があるだろうと思うからです。ただし皆さんがこれを実行しようとすると，即座にいくつかの問題が持ち上がってきます。精神分析を学んだ人は，すでに時間，お金の点で投資をしてしまっています。今さらどうやって分析から離れることができるでしょう。多くの精神分析の学徒は精神科医や心理士になったころから修業を積んでいますから，年齢が40代，50代になってから新たに認知療法だ，EMDRの講習会だ，というわけにはいかないでしょう。これを経済学では「埋没費用 sunk cost の効果」と言います。投資をしたのだから元を取らなくてはならないという考え方です。その気持ちはわかるのですが，もう一つ計算に入れなくてはならないのが，「人生このままでいいのか」ファクターです。残された治療者としての人生の中で，自分の学んだ精神分析理論を自分流にアレンジし，一番患者の益に結びつくような形にするのです。分析的なお作法に縛られる必要はありません。あるバイジーさんが，「私はこの患者とのセッションに，どうしても週に1回30分の時間しか取れません。これでは精神分析的な精神療法とも言えないのではないでしょうか？」とおっしゃいました。確かに日本のスタンダードでは，週1度50分は，精神分析的な治療としては最低ラインと考えられています。でも特に精神科医などは，週1度30分が精いっぱいということは現実として起きています。それでも患者のためになるのであれば，続けるべきでしょう。このようなことに頭を悩ますべきではないのです。

　以上「精神分析を学びほぐす」というテーマでお話をいたしました。

参考文献

Abram, J (2007) The Language of Winnicott: A Dictionary of Winnicott's Use of Words. Karnac Books.
Adler, G. (1985) Borderline Psychopathology and Its Treatment. Jason Aronson, Northvale.
American Psychiatric Association (1980) Diagnostic and Statistical Manual. 3rd edition. (高橋三郎, 花田耕一, 藤縄昭訳：DSM-III 精神障害の分類と診断の手引. 医学書院, 1982.)
American Psychiatric Association (1980) Diagnositc and Statistical Manual. 3rd edition. American Psychiatric Association, Washington, DC. (高橋三郎, 花田耕一, 藤縄昭訳：DSM-III 精神障害の分類と診断の手引き. 医学書院, 1982.)
American Psychiatric Association (1994) Diagnostic and Statistical Manual of Psychiatry 4th Edition. American Psychiatric Association, Washington, DC. (高橋三郎, 大野裕, 染矢俊幸訳：DSM-IV 精神疾患の分類と診断の手引き. 医学書院, 1995.)
American Psychiatric Association (2000) Diagnostic and Statistical Manual of Mental Disorders, 4th ed. Text Revision. APA, Washington, DC. (高橋三郎, 染矢俊幸, 大野裕訳：DSM-IV-TR 精神疾患の診断・統計マニュアル. 医学書院, 2003.)
American Psychological Association (2002) Ethical principles of psychologists and code of conduct. American Psychologist, 57: 1060–1073.
安克昌 (1998) 児童虐待と多重人格性障害. 斉藤学編 (1998) 児童虐待 (臨床編). 金剛出版, p.211–225.
Auchincloss, E. L. and Samberg, E. (2012) Psychoanalytic Terms and Concepts. 4th Revised edition. Yale University Press.
Barach, P. M. (1991) Multiple personality disorder as an attachment disorder. Dissociation, 4: 117–123.
Bargh, J. A. (2005) Bypassing the Will: Towards Demystifying the Nonconscious Control of Social Behavior. In, R. R. Hassin, J. S. Uleman, & J. A. Bargh (Eds.) The New Unconscious. Oxford Press.
Barker, E., McLaughlin, A. (1977) The Total Encounter Capsule. Canadian Psychiatric Association Journal, 22: 355–360.
Bateman, A., Fonagy, P. (2006) Mentalization-based Treatment for Borderline Personality Disorder: A Practical Guide. Oxford University Press, USA; 1 edition. (狩野力八郎, 白波瀬丈一郎監訳：メンタライゼーションと境界パーソナリティ障害——MBT が拓

〈精神分析的精神療法の新たな展開．岩崎学術出版社，2008．〉

Bateson, G., Jackson, D. D., Haley, J., & Weakland, J. H. (1962) A note on the double bind. Family Process, 2: 154–161.

Benjamin, J. (2004) Beyond doer and done to: An Intersubjective view of thirdness. Psychoanalytic Quarterly, LXXIII: 5–46.

Bergler, E. (1949) On acting and stage fright. Psychatr. Q. Suppl. 23: 313–319.

Bloom, J. S. and Hynd, G. W. (2005) The Role of the Corpus Callosum in Interhemispheric Transfer of Information: Excitation or Inhibition? Neuropsychology Review, 15: 59–71.

Bollas, C. (1999) The mystery of Things. Routledge, London. (館直彦，横井公一監訳：精神分析という経験——事物のミステリー．岩崎学術出版社，2004.)

Bowlby. J. (1973) Attachment and loss, vol. II: Separation. Basic Books, New York.

Braun, B. & Sachs, R. (1985) The Development of Multiple Personality Disorder: Predisposing, precipitating and perpetuating factors. In, R. Kluft (Ed.) Childhood Antecedents of Multiple Personality. American Psychiatric Press, Washington.

Broucek, F. (1991) Shame and the Self. The Guilford Press, NewYork.

Brown, P. and Van der Hart, O. (1998) Memories of Sexual Abuse: Janet's Critique of Freud, A Balanced Approach. Psychological Reports, 82: 1027–1043.

Cannon, W. (1915) Bodily Changes in Pain, Hunger, Fear and Rage: An Account of Recent Researches into the Function of Emotional Excitement. Appleton, New York.

Celenza and Hilsenroth (1997) Personality characteristics of mental health professionals who have engaged in sexualized dual relationships: A Rorschach investigation. Bull. Mennin. Clinic, 61: 90–107.

Cooper, M., McLeod, J. (2011) Pluralistic Counselling and Psychotherapy. SAGE Publications, Ltd. (末武康弘，清水幹夫監訳：心理臨床への多元的アプローチ——効果的なセラピーの目標・課題・方法．岩崎学術出版社，2015.)

Dahmer, L. (1995) A Father's Story. Avon Books. (小林宏明訳：息子ジェフリー・ダーマーとの日々．早川書房，1995.)

Dell, P. F. (2006) The Multidimensional Inventory of Dissociation (MID): A comprehensive measure of pathological dissociation. Journal of Trauma & Dissociation, 7(2), 77–106.

Dewald, P. A., Clark, R. W. (Eds.) (2001) Ethics Case Book: Of the American Psychoanalytic Association. American Psychoanalytic Association, New York.

Dewald, P. A, Clark, R. W. (Eds.) (2007) Ethics Case Book: Of the American Psychoanalytic Association 2nd Edition.

Dorahy, M. and van der Hart, O. (2007) Relationship between trauma and dissociation. In, Eric Vermetten/Martin J. Dorahy/David Spiegel (Ed.) Traumatic. Dissociation, Neurobiology and Treatment. American psychiatric publishing.

Ellenberger, H. E. (1979) The Discovery of The Unconscious: The History and Evolution of Dynamic Psychiatry. Basic Books.（木村敏，中井久夫監訳：無意識の発見（上，下）．弘文堂，1980.）

Fallon, J.（2014）The Psychopath Inside: A Neuroscientist's Personal Journey into the Dark Side of the Brain. Current; Reprint edition.（影山任佐訳：サイコパス・インサイド——ある神経科学者の脳の謎への旅．金剛出版，2015.）

Fenichel, O.（1945）The Psychoanalytic Theory of neurosis. Norton, New York.

Fenichel, O.（1954）Collected Papers, 2nd Series. Norton, New York.

Ferenczi, S.（1950）Further Contribulions to the Theory and Technique of Psychoanalysis. Hogarth Press, London.

Freud, S.（1896）The aetiology of hysteria. Standard Edition, Vol. 3, 191–221.（ヒステリーの病因について．フロイト著作集 10．人文書院，1983.）

Freud, S.（1914）On narcissism: An introduction. Standard Edition, 14: 73–102. Hogarth Press, London, 1957.（懸田克躬，吉村博次訳：ナルシシズム入門．フロイト著作集 5．人文書院，1969.）

Freud, S.（1915）Thoughts for the times on war and death. Standard Edition, 14: 275–300. Hogarth Press, London, 1957.（森山公夫訳：戦争と死に関する時評．フロイト著作集 5．人文書院，1969.）

Freud, S.（1916）Ovservations on Transference-Love（Further Recommendations on the Technique of Psycho-Analysis III）. Standard Edition, 12: 159–171. Hogarth Press, London, 1958.（小此木啓吾訳：転移性恋愛について．フロイト著作集 9．人文書院，1983.）

Freud, S.（1916）On transience. SE, 14: 303–307.（高橋義孝訳：無常ということ．フロイト著作集 3．人文書院，1969.）

Freud, S.（1919）Lines of Advance in Psycho Analytic Therapy. SE 17, p.164.（本間直樹訳：フロイト全集 16　精神分析療法の道．岩波書店．

Freud, S.（1927）Fetishism. SE 21.（山本巌夫訳：フロイト著作集 5　呪物崇拝．人文書院，1969.）

藤山直樹（2008）集中講義・精神分析（上）．岩崎学術出版社．

Gabbard, G. O.（1979）Stage Fright. Int. J. Psycho-Anal. 60: 383–392.

Gabbard, G. O.（1989）Two subtypes of narcissistic personality disorder. Bull Menninger Clin. 1989 Nov; 53(6): 527–32.

Gabbard, G. O（1995）The Early History of Boundary Violations. In Psychoanalysis. Journal of the American Psychoanalytic Association, 43 : 1115–1136.

Gabbard, G. O.（2001）Speaking the Unspeakable: Institutional Reactions to Boundary Violations by Training Analysts. Journal of the American Psychoanalytic Association 49(2): 659–673.

Gabbard, G. O.（2010）Long-term Psychodynamic Psychotherapy: A Basic Text（Core Competencies in Psychotherapy）. American Psychiatric Association Publishing, 2

Revised Edition, Arlington.（狩野力八郎監訳，池田暁史訳：精神力動的精神療法——基本テキスト．岩崎学術出版社，2012．）

Galatzer-Levy, R. M.（1995）Complexifying Freud: Psychotherapists Seek Inspiration in Non-Linear Sciences.: John Horgan. Scientific American, 273. pp. 328–330.

Gill, M.（1982）Analysis of Transference. Volume 1. Theory and Technique. International Universities Press, Madison Connecticut.（神田橋條治，溝口純二訳：転移分析——理論と技法．金剛出版，2006．）

Gill, M.（1994）Psychoanalysis in Transition. The Analytic Press, Hillsdale, NJ, London.

Gleaves, D. H.（1996）The socio-cognitive model of dissociative identity disorder: A reexamination of the evidence. Psychological Bulletin, 120: 42–59.

Greenberg, J., & Mitchell, S.（1983）Object Relations in Psychoanalytic Theory. Harvard University Press, Cambridge, Massachusetts.（横井公一，大阪精神分析研究会訳：精神分析理論の展開——欲動から関係へ．ミネルヴァ書房，2001．）

Greenson, R.（1967）The Technique and Practice of Psychoanalysis. International Universities Press, Madison.

Gunderson, J. G., Links, P. S.（2008）Borderline Personality Disorder: A Clinical Guide. 2nd ed. Amer Psychiatric Pub Inc.

原田隆之（2015）入門 犯罪心理学．ちくま新書．

Harris, M.（1991）Cannibals and Kings: Origins of Cultures Vibtage, 1991.（鈴木洋一訳：ヒトはなぜヒトをたべたか．早川書房，1997．）

Hassin, R. R., Uleman, J. S., & Bargh, J. A.(Eds.)（2005）The New Unconscious. Oxford Press.

Hawkins, J.（2004）On Intelligence. Henry Holt and Company.（伊藤文英訳：考える脳 考えるコンピューター．ランダムハウス講談社，2005．）

Heap, M., Brown, R. J. Oakley, D.（2004）The Highly Hypnotizable Person. Routledge.

Herman, J. L.（1992）Trauma and Recovery: The Aftermath of Violence—From Domestic Abuse to Political Terror. Basic Books.（中井久夫訳：心的外傷と回復 増補版．みすず書房，1999．）

Hilgard, E. R.（1973）A neodissociation interpretation of pain reduction in hypnosis. Psychological Review, 80: 396–411.

Hoffman, I. Z.（1992）Some Practical Implications of a Social-constructivist view of analytic situation: Implication. Psychoanalytic Dialogues, 2: 287–304.

Hoffman, I. Z.（1998）Ritual and Spontaneity in the Psychoanalytic Process. The Analytic Press, Hillsdale, London.（岡野憲一郎，小林陵訳：精神分析過程における儀式と自発性——弁証法的・構成主義の観点．金剛出版，2017．）

Horevitz, R. P. & Braun, B.（1984）Are Multiple Personalities Borderline? Psychiatric Clinics of North America, 7: 69–87.

Howell, E. F. Blizard, R. A.（2009）Chronic Relational Trauma Disorder: A New Diagnostic Scheme for Borderline Personality and the Spectrum of Dissociative Disorders. In, Dell, Paul F., O'Neil, John A.（Ed）（2009）Dissociation and the dissociative disorders: DSM-V

and beyond, pp. 495–510. Routledge/Taylor & Francis Group, New York.
池谷裕二（2002）海馬／脳は疲れない．朝日出版社．
池波正太郎（1999）人斬り半次郎 幕末編．新潮文庫．
岩崎徹也他編（1990）治療構造論．岩崎学術出版社．
笠原嘉（2007）精神科における予診・初診・初期治療．星和書店．
Kauffman, S. (1993) Origins of Order: Self-Organization and Selection in Evolution. Oxford University Press.（米沢富美子監訳：自己組織化と進化の論理——宇宙を貫く複雑系の法則．日本経済新聞社，1999.）
Kauffman, S. (1995) At Home in the Universe: the search for laws of self-organization and complexity. Oxford University Press.（河野至恩訳：カウフマン，生命と宇宙を語る——複雑系からみた進化の仕組み．日本経済新聞社，2002.）
Kauffman, S. (2000) Investigations. Oxford University Press.
Kauffman, S. (2008) Reinventing the Sacred: A New View of Science, Reason, and Religion. Basic Books.
Kelly, D., Stich, S, et al. (2007) Harm, Affect, and the Moral/Conventional Distinction. Mind & Language, 22(2): 117–131.
Kernberg, O. (1995) An Interview with Otto Kernberg. Psychoanalytic Dialogues, 5: 325–363.
北山修編（2005）共視論——母子像の心理学．講談社．
北山修（2009）覆いをとること・つくること——〈わたし〉の治療報告と「その後」．岩崎学術出版社．
Klerman, G. L. (1990) The psychiatric patient's right to effective treatment: implications of Osheroff v. Chestnut Lodge. Am J Psychiatry, 147(4): 409–18.
Kluft, R. (1985) The Natural History of Multiple Personality Disorder. In, R. Kluft (Ed.) Childhood Antecedents of Multiple Personality Disorder. American Psychiatric Press, Washington.
Kohut, H. (1959) Introspection, empathy, and psychoanalysis. J. Amer. Psychoanal. Assm. 7: 459–483.
Kohut, H. (1971) The Analysis of the Self. Int. Univ. Press, New York.（水野信義，笠原嘉監訳：自己の分析．みすず書房，1994.）
日下紀子（2017）不在の臨床——心理療法における孤独とかなしみ．創元社．
Lazarus, A. (1981) The Practice of Multimodal Therapy. McGraw-Hill, New York.
Lindy, J. D. (1996) Psychoanalytic psychotherapy of posttraumatic stress disorder. The nature of the therapeutic relationship In, van der Kolk, B. A., McFarlaine, A. C., and Weisaeth, L. (Eds.) Traumatic Stress. The Guilford Press, New York, 525–536.
Linehan, M. M. (1995) Understanding Borderline Personality Disorder: The Dialectic Approach program manual. Guilford Press, New York.（大野裕，阿佐美雅弘ほか訳：境界性パーソナリティ障害の弁証法的行動療法——DBTによるBPDの治療．誠信

書房,2007.)
Liotti, G. (1992) Disorganized/disoriented attachment in the etiology of the dissociative disorders. Dissociation, 5(4): 196–204.
Liotti, G. (2009) Attachment and dissociation. In, P. F. Dell, & O'Neil, John (Eds.) Dissociation and the dissociative disorders: DSM-V and beyond. pp. 53–65. Routledge, New York.
Lipsey, M. W., Landenberger, N. A. & Wulson, S. J. (2007) Effects of Cognitive-behavioral programs for criminal offenders. The Campbell Libruary of Systematic Reviews.
Lynn, D. J., Vaillant, G. E. (1998) Anonymity, neutrality, and confidentiality in the actual methods of Sigmund Freud: a review of 43 cases, 1907–1939. American Journal of Psychiatry, 155(2): 163–71.
Marmer, S. (1991) Multiple personality disorder. A psychoanalytic perspective. Psychiatric Clinics of North America, Vol . 14, No 3, p. 677–693.
Marmer, S. S., Fink, D. (1994) Rethinking the comparison of borderline personality disorder and multiple personality disorder. Psychiatr Clin North Am. Dec; 17(4): 743–71.
Massimini, M., Tononi, G. (2013) Nulla di più grande. Dalla veglia al sonno, dal coma al sogno: il segreto della coscienza e la sua misura. Baldini-Castoldi Editore.（花本知子訳：意識はいつ生まれるのか――脳の謎に挑む統合情報理論.亜紀書房,2015.)
Masson, J. M. (1984) The Assault on Truth: Freud's Suppression of the Seduction Theory. Farrar, Straus and Giroux.
Masson, J. M. (1986) The complete letters of Sigmund Freud to Wilhelm Fliess 1887-1904.（河田晃訳：フロイト　フリースへの手紙 1887-1904.誠信書房,2001.)
松木邦裕（2011）不在論――根源の苦痛の精神分析.創元社.
Matsuzawa, J., Matsui, M. et al. (2001) Age-related changes of brain gray and white matter in healthy infants and children. Cerebral. Cortex, 11: 335–342.
Mohmad, A. H., Gadour, M. O., Omer, F. Y., et al. (2010) Pseudoepilepsy among adult Sudanese epileptic patients. Scientific Research and Essays Vol. 5(17) , pp. 2603–2607.
森田正馬（1960）神経質の本態と療法.白揚社.
Morrison, A. P. (1989) Shame the Underside of Narcissism. Analytic Press.
Nijenhuis, E. R. S., Van der Hart, O., & Kruger, K. (2002) The psychometric characteristics of the Traumatic Experiences Questionnaire（TEC）: First findingsamong psychiatric outpatients. Clinical Psychology and Psychotherapy, 9: 200–210.
Northoff, G. (2016) Neuro-philosophy and the Healthy Mind: Learning from the Unwell Brain. W.W.Norton & Co Inc.（高橋洋訳：脳はいかに意識をつくるのか.白揚社,2016.)
Ogawa, J. et al. (1997) Development and the fragmented self: Longitudinal study of dissociative symptomatology in a nonclinical sample. Dev Psychopathol, 9(4): 855–79.

岡本重慶（1999）生命倫理の基本的問題――森田療法的視点からの考察．教育学部論集第 10 号（1999 年 3 月）．
岡野憲一郎（1998）恥と自己愛の精神分析．岩崎学術出版社．
岡野憲一郎（1999）新しい精神分析理論――米国における最近の動向と「提供モデル」．岩崎学術出版社．
岡野憲一郎（2002）中立性と現実――新しい精神分析理論 2．岩崎学術出版社．
岡野憲一郎（2006）ボーラーダイン反応で仕事を失う．こころの臨床 à la carte. 25: 65-70. 星和書店．
岡野憲一郎（2007）解離性障害――多重人格の理解と治療．岩崎学術出版社．
岡野憲一郎（2008）治療的柔構造．岩崎学術出版社．
岡野憲一郎（2009）新外傷性精神障害．岩崎学術出版社．
岡野憲一郎／心理療法研究会（2010）わかりやすい「解離性障害」入門．星和書店．
岡野憲一郎（2011）続・解離性障害．岩崎学術出版社．
岡野憲一郎（2012）精神分析のスキルとは（2）――現代的な精神分析の立場からみた治療技法．精神科 21(3): 296-301.
岡野憲一郎（2012）心理療法／カウンセリング 30 の心得．みすず書房
岡野憲一郎（2014）恥と「自己愛トラウマ」．岩崎学術出版社
岡野憲一郎（2016）シンポジウム　トラウマティック・ストレス．6 月 11 日東京．
岡野憲一郎（2016）第 11 章 精神分析技法という観点から倫理問題を考える．岡野編：臨床場面での自己開示と倫理――関係精神分析の展開．岩崎学術出版社，p. 142-155.
岡野憲一郎編著（2016）臨床場面での自己開示と倫理――関係精神分析の展開．岩崎学術出版社．
小此木啓吾編（2002）精神分析事典．岩崎学術出版社．
Pinsker, H. (1997) A Primer of Supportive Psychotherapy. Analytic Press.（秋田恭子ほか訳：サポーティヴ・サイコセラピー入門――力動的理解を日常臨床に活かすために．岩崎学術出版社，2011 年．）
Pope, K. S., Keith-Spiegel, P., & Tabachnick, B. G. (1986) Sexual attraction to clients: The human therapist and the (sometimes) inhuman training system. American Psychologist, 41: 147-158.
Rapaport, D., Gill, M. M. (1959) The Points of View and Assumptions of Metapsychology. Int. J. Psycho-Anal., 40: 153-162.
Reis, B. (2011) Reading Kohut through Husserl. Psychoanalytic Inquiry, 31: 75-83.
Ronson, J. (2011) The Psychopath Test: A Journey Through the Madness Industry. Penguin, 2011.（古川奈々子訳：サイコパスを探せ！――「狂気」をめぐる冒険．朝日出版社，2012．）
Rose, J., Shulman, G. (Eds.) (2016) The non-liner mind: psychoanalysis of complexity in Psychic Life. Karnac.

Ross, C. (1997) Dissociative Identity Disorder, John and Wiley, New York

Safran, J. D. (2009) Interview with Lewis Aron Psychoanalytic Psychology. 26: 99-116.

Sandler, J., Dare, C. & Holder, A. (1992) The Patient and the Analyst: The Basis of the Psychoanalytic Process. Karnac Books; Rev Ed edition.（藤山直樹，北山修監訳：患者と分析者——精神分析臨床の基礎知識 第2版．誠信書房，2008.）

Sar, V., Akyuz, G., et al. (2006) Axis I Diss.ociative Disorder Comorbidity in Borderline Personality Disorder and Reports of Childhood Trauma. Journal of Clinical Psychiatry, 67(10): 1583-1590.

佐々木央（2015）酒鬼薔薇聖斗　少年 A 神戸連続児童殺傷家裁審判「決定（判決）」全文公表．文芸春秋 2015 年 5 月号．

Schore, A. N. (2002) Advances in Neuropsychoanalysis, Attachment Theory, and Trauma Research: Implications for Self Psychology. Psychoanalytic Inquiry, 22: 433-484.

Schore, A. N. (2003) Affect Dysregulation and Disorders of the Self. W.W. Norton & Company, Chapter 8. "The Right Brain as the Neurobiological Substratum of Freud's Dynamic Unconscious."

Schore, A. (2009) Attachment trauma and the developing right brain: origins of pathological dissociation In Dell, Paul F., O'Neil, John A. (Ed.) (2009) Dissociation and the dissociative disorders: DSM-V and beyond., Routledge/Taylor & Francis Group, pp.107-140.

Semrud-Clikeman, M., and Hynd, G. (1990) Right Hemisphere dysfunction in nonverbal learning disabilities: social, academic, and adaptive functioning in adults and children. Psychol. Bull, 107: 196-209.

Stern, D. B. (2003) Unformulated Experience: From Dissociation to Imagination in Psychoanalysis. Routledge.（一丸藤太郎，小松貴弘訳：精神分析における未構成の経験——解離から想像力へ．誠信書房，2003.）

Stern, D. B. (2009) Partners in Thought: Working with Unformulated Experience, Dissociation, and Enactment. Routledge.（一丸藤太郎監訳，小松貴弘訳：精神分析における解離とエナクトメント——対人関係精神分析の核心．創元社，2014.）

Stolorow, R., Atwood, G. (1992) Context of Being. The Intersubjective Foundations of Psychological Life. The Analytic Press, Hillsdale, London.

Stolorow, R. D., Brandchaft, B., Atwood, G. E. (1987) Psychoanalytic treatment: An intersubjective approach. The analytic press, Hillsdale, NJ.（丸田俊彦訳：間主観的アプローチ——コフートの自己心理学を超えて．岩崎学術出版社，1995.）

Stone, M. H. (Ed.) (1986) Essential Papers on Borderline Disorders: One Hundred Years at the Border. NYU Press.

Strachey, J. (1934) The Nature of the Therapeutic Action of Psycho-Analysis. International Journal of Psycho-Analysis, 15: 127-159.

Tedeshi, R. G., & Calhoun, L. G. (2004) Posttraumatic Growth: Conceptual Foundation and Empirical Evidence. Lawrence Erlbaum Associates, Philadelphia, PA.

富樫公一 (2011) 関係精神分析と複雑系の理論. 岡野ほか著：関係精神分析入門——治療体験のリアリティを求めて. 岩崎学術出版社, 第 13 章.

富樫公一 (2016) 精神分析の倫理的転回——間主観性理論の発展. 岡野編：臨床場面での自己開示と倫理——関係精神分析の展開. 岩崎学術出版社, p.156–173.

富樫公一 (2016) ポスト Kohut の自己心理学. 精神療法, 42: 320–7.

Trevarthen, C. (1974) The psychobiology of speech development. Neurosci. Res. Program Bull., 12: 570–585.

Turiel, E. (1977) Distinct conceptual and developmental domains: social convention and morality. Nebraska Symposium of Motivation, 25: 77–116.

内沼幸雄 (1977) 対人恐怖の人間学. 弘文堂.

van der Hart, O., Ellert R. S. Nijenhuis, E. R. S., Steele, K. (2006) Haunted Self: Structural Dissociation And the Treatment of Chronic Traumatization. W. W. Norton & Co Inc., New York.（野間俊一, 岡野憲一郎訳：構造的解離——慢性外傷の理解と治療〈上〉（基本概念編）. 星和書店, 2011.）

van der Kolk, B. (2014) The Body Keeps the Score: Brain, Mind, and Body in the Healing of Trauma. Viking Press.（柴田裕之訳：身体はトラウマを記録する——脳・心・体のつながりと回復のための手法. 紀伊国屋書店, 2016.）

Vergano, D. (2013) USA TODAY Published 7:03 a.m. ET June 22, 2013 | Updated 9:39 a.m. ET June 22, 2013.

Wallerstein, R. (1986) Forty-Two Lives in Treatment. The Guilford Press, New York.

Weiss, B. L. (1988) Many Lives, Many Masters: The True Story of a Prominent Psychiatrist, His Young Patient, and the Past-Life Therapy That Changed Both Their Lives. Fireside.（山川紘矢, 山川亜希子訳：前世療法——米国精神科医が体験した輪廻転生の神秘. PHP 文庫, PHP 研究所, 1996.）

White, R. (1959) Motivation reconsidered: The concept of competence. Psychological Review, 66: 297–333.

World Health Organization (1992) ICD-10 Classification of Mental and behavioral disorders: clinical Descriptions and Diagnostic Guidelines. WHO, Geneva.（融道雄, 中根允文, 小見山実監訳：ICD-10 精神および行動の障害——臨床記述と診断ガイドライン. 医学書院, 1993.）

山極寿一 (2007) 暴力はどこからきたのか. NHK ブックス.

Zanarini, M. C., Shari, J-H. (2009) Dissociation in borderline personality disorder. In, Dell, Paul F., O'Neil, John A. (Ed.) (2009) Dissociation and the dissociative disorders: DSM-V and beyond, pp. 487–493. Routledge/Taylor & Francis Group, New York.

Zeig, J. K. (Ed.) (1980) A Teaching Seminar With Milton H. Erickson. 1st edition, Brunner/Mazel, New York.（成瀬悟策, 宮田敬一訳：ミルトン・エリクソンの心理療法セミナー. 星和書店, 1995.）

あとがき

　精神分析の世界の中で，いろいろな提案をし，論文や著書の形で世に問うという作業を重ねているうちにもう60歳をとうに超えてしまった。われながらあっという間という気もするし，しかしこれまでの道程を思うと長かったとも思う。もし30歳若返ることが可能で，また同じことをもう一度繰り返す機会を得たとしても，二度とやりたいとは思わない。私はこれまで辿った道程に満足しているし，あとどれほど時間が残されているかわからないが，これからも同じ方向を歩んでいきたい。

　今後のあるべき精神分析の方向性を考える上で，最近出会った，いわゆる「多元的アプローチ」の理論はそれを比較的うまく表現してくれていると感じる。ミック・クーパーとジョン・マクレオッドによるこの理論は，さまざまな精神療法の理論を統合的にとらえ，人間の多様さを認めたうえで，さまざまな療法の中からベストなものを選択するという立場である。もちろんそこには精神分析療法も含まれるが，認知療法，行動療法，パーソンセンタード療法などさまざまなものを含む。これは患者にベストなものを提供するという私の発想と同じである。まえがきにも書いたが，私の母国語は精神分析であることは間違いない。私はそれを通して多次元的なアプローチの精神を追求したいと思う。

　そうはいっても私がこれまで主として依拠していたウィニコット理論や関係性理論から多元的アプローチに宗旨替えしたというわけではない。有難いことに多元的アプローチの出現により，私が考えていた精神が言葉になったというわけである。クライエントにとってベストなものを追求するために，母語である精神分析理論を使って，そのあるべき姿をこれから描いていきたいと考えている。

　なお本書はこれまで通り加藤直子心理士に文章を整えていただき，なおかつ貴重なコメントをいただいた。深くお礼を申し上げたい。また岩崎学術出版社の長谷川純氏には，いつもながら私の仕事を見守り，励ましていただい

た。氏から数年前何気なく手渡された『心理臨床への多元的アプローチ』は本書の執筆の陰の力となったことも含め，深謝の意を表したい。

　そして最後に，本書のために格調高い序文を書いていただいた妙木浩之先生に深く感謝の言葉を申し上げたい。

　平成30年8月　猛暑が続く東京にて

著　者

初出一覧

第 1 章　「小此木先生との思い出」小此木先生没後 10 周年追悼式典（2014 年 2 月 11 日 明治記念館）にて発表

第 2 章　「『共感と解釈』について——本当に解釈は必要なのか？」小寺セミナー（2017 年 7 月 23 日）にて発表

第 3 章　「解釈の未来形——共同注視の延長」東京精神分析協会東京大会（2015 年 6 月 12 日）にて発表

第 4 章　「転移解釈の意味するもの——自我心理学の立場から」精神分析研究 52 巻 3 号, 2008 掲載

第 5 章　「『自己開示』ってナンボのものだろう？」学術通信 114 号, 岩崎学術出版社

第 6 章　「自己心理学における無意識のとらえ方と治療への応用」最新精神医学 17 巻 6 号, 2012 掲載

第 7 章　「精神医学からみた暴力」児童心理 69 巻 11 号, 909–921, 2015 掲載, 金子書房

第 8 章　「対人恐怖——精神分析による理論と治療」精神療法 37 巻 4 号, 396–404, 2011 掲載

第 9 章　「最後に——心理療法の終結, 中断, あるいは『自然消滅』」松木邦裕, 岡野憲一郎他編：心理療法における終結と中断（京大心理臨床シリーズ）. 創元社, 2016 所収

第10章　書き下ろし

第11章　「トラウマと解離」こころの科学 165 号（特集「トラウマ」）, 2012 掲載

第12章　「解離治療における心理教育」前田正治, 金吉晴編：PTSD の伝え方——トラウマ臨床と心理教育. 誠信書房, 2012 所収

第13章　「転換・解離性障害」精神科治療学 25 巻増刊号（今日の精神科治療ガイドライン）. 星和書店, 2010 掲載

第14章　「医原性という視点から」こころの科学 154 号（特集「境界性パーソナリティ障害」）, 2010 掲載

第15章　「BPD と解離性障害」柴山雅俊編：解離の病理——自己・世界・時代. 岩崎学術出版社, 2012 所収

第16章　「治療的柔構造の発展形——精神療法の「強度」のスペクトラム」北山修監修：週一回サイコセラピー序説. 創元社, 2017 所収

第17章　「死生学としての森田療法」（第 31 回日本森田療法学会 特別講演 2）森田療法学会雑誌 25 巻 1 号, 17–20, 2014 掲載

第18章　「認知療法との対話」妙木浩之編：現代のエスプリ特集［自我心理学の現在］

第19章　「神経科学と心理療法」臨床心理学 17 巻 4 号, 2017 掲載

第20章　「精神分析をいかに学び, 学びほぐしたか」精神分析研究 62 巻 2 号, 2018 掲載

索　引

あ行

愛着　vii, 124, 172
　　──パターン　123
　　──障害　133, 135, 136
　　──トラウマ　123, 124
　　──理論　63, 123
アイデンティティ　144
アウトプット　217
あがり症　90
秋葉原連続殺傷事件　75, 85
アクセル　209, 210
アクティングアウト　52, 160, 172, 190
悪霊　141
アスペルガー障害　77, 78, 150, 220, 221
新しい無意識　238
熱い認知　78
アトウッド Atwood, G.　62
アドラー Adler, G.　169
アミロイドベータ　15
アムステルダム・ショック　176
アルツハイマー病　15
暗示　28〜38
安心感　25
安全基地　107
暗点化　30, 34, 35, 37
アンドリューズ Andrews　83
鋳型　231
怒り　246
「生き残る」こと　71
池谷裕二　229
池波正太郎　202, 203
医原性　156〜158, 161〜163, 165
　　──経路　132
囲碁　232
意識　236, 237
　　──内容　237
　　──野　237
磯田雄二郎　2
依存症　115
依存欲求　114, 117, 164
イタコ　142

一次聴覚野　219
イディオシンクラシー　34
遺伝　80
　　──負因　146
遺伝子　229
癒し　125
因果関係　24, 73, 152
因果論　215〜217
陰性転移　42
インターネット　143
インフォームド・コンセント　125
インプット　217
ヴァンデアハート van der Hart, O.　131
ウィニコット Winnicott, D. W.　71, 72, 74
受身性　117, 212, 247, 248
動き　71, 73
宇宙　243
うつ状態　111
うつ論　153
移ろいやすさ　199, 200
右脳　64〜67
上書き　36
エインズワース Ainthworth, M.　123
エクスタシー　79, 80
エス　66, 216
　　──抵抗　15
エナクトメント　52
エネルギー経済論　91
エビデンス　210
エフェスタンス　72
エリクソン Erickson, M.　129
エンカウンターグループ　81
演技　156
怨恨　75, 76, 85
黄体ホルモン　86
欧米社会　96
大阪池田小事件　77, 80
大野裕　3
オールオアナッシング　208
岡目八目　34
オガワ Ogawa, J.　133
オキシトシン　87

索引　267

小此木啓吾　2〜10, 182
オショロフ vs チェスナットロッジ　247
オブザベーション　20〜22, 38
思いやり　238
オレンジ Orange, D.　62

か行

カーンバーグ Kernberg, O.　122, 167, 172, 246
絵画　200
快感　86
外在化　135, 167, 169
解釈　5, 11, 14, 17, 20, 21, 26〜31, 33〜35, 39〜52, 239, 242, 249
　——中心主義　11〜26, 27〜38
外傷　6, 168 → トラウマ
　——記憶　154
　——後成長　124, 125
　——体験　171
海馬　229, 234, 235, 237
回避性パーソナリティ　90
解離　vii, 33, 123, 124, 127〜137, 138〜148, 149〜155, 166〜174, 246
　——ヒステリー　149
　——ブーム　139
　——性運動障害　138, 149
　——性けいれん　149
　——性健忘　149
　——性昏迷　138, 149
　——性障害　128〜137, 163, 164, 167
　——性同一性障害　126, 128
　——性遁走　138, 149
　——体験尺度　171
カウチ　177
カウフマン Kauffman, S.　226
カウンセラー　106
カウンセリング　22, 211
カオス　24, 66
　——の縁　237
加害行為　69, 78
加害者不在のトラウマ　124
抱える環境　107
角回　223
学派　vii, 211
隔離　135
隠れた観察者　129
隠れ身　242
火山　145
可視化　219, 221
我執性　97

画像診断　232
下側頭回　220
家族療法　242
過大／過小評価　208
活動性　71
合併　164, 171
家庭環境　134
我欲　201
過量服薬　173
カルヴィン Calvin, W.　226, 228
眼窩前頭皮質　65, 66
関係性　116
　——のストレス　134〜136
　——のトラウマ　134
関係精神分析　27, 36, 39, 40, 43, 122, 216
関係論　36, 43
　——的転回　122
間欠性爆発性障害　80
還元主義　121
ガンサー症候群　138
観察　20
　——自我　204
患者　32
間主観性　43
　——理論　216
感受性　46
ガンダーソン Gunderson, J. G.　159, 161
カント　6
儀式的　215
疑似体験　209
器質的　81
偽性癲癇　140
北山修　126, 177
気脳写　218
気の病　141
気恥ずかしさ　45, 46
欺瞞　249
決めつけない態度　192, 193
虐待　122, 170
逆転移　45, 51, 123, 158, 161, 182, 195〜197
客観主義　43
ギャバード Gabbard, G. O.　20, 21, 90, 91
キャンセル　102
急性ストレス障害　127
旧無意識　238
教育分析　41, 176, 196
境界　168
境界性パーソナリティ障害　84, 150, 156〜165, 166〜174, 247 → BPD
共感　12, 29, 60〜63, 67, 125, 162, 238

――回路　221
――中心主義　12
教示　30
共視論　36, 37
強度　176, 179, 181
共同作業　17, 31
共同注視　27, 33, 35～38
共働的　238
共同の現実　36～38
京都大学　224
強度のスペクトラム　179
強迫　47
恐怖症　131
虚偽性経路　132
虚偽性障害　140
居住環境　153
去勢不安　91
斬り捨て御免　69
ギル Gill, M.　43～45
キレる　75, 80, 87
緊急入院　153
近況報告　206
禁欲規則　238, 247
禁欲原則　29
空虚さ　173
偶発性　238
クーパー Cooper, A.　10
クライアント　239
クライエント中心療法　45
クライン Klein, M.　71, 244, 246
――派　27, 122
――理論　246
クラフト Kluft, R.　132, 170
グリーンバーグ Greenberg, J.　43
慶応大学精神分析グループ　2
経過観察　152
経験値　34
経済学　251
軽自動車　178
芸術家　200
軽躁状態　173
刑務所　83
外科手術　146
解脱　204
決定論的　222
権威者　158
喧嘩別れ　109
謙虚さ　96, 203, 205
謙譲の美徳　96
原光景　90

健康保険　178
言語化　107
言語中枢　218
言語野　64, 65
「現実」　5, 6, 10
　悪性の――　6, 7
　良性の――　6, 7
現実　18, 20
現実界　6
現実適応能力　126
原体験　41
幻聴　140, 219
厳罰化　82
健忘　138, 174
効果　72～74, 77
　――判定　247
交響曲　225
拘禁　82
攻撃性　69～87, 122, 168, 173
恒常的安定性　64
更新　36
構成主義　214
抗精神病薬　85, 87
構造的解離理論　131
梗塞　218
交代人格　143, 145, 170
行動化　173
行動パターン　209
後頭葉　219, 223
行動療法　87, 209, 212, 263
効能感　72
高頻度　176
高揚感　70
コーチ　183, 184, 191
国際精神分析協会　176
国際トラウマ解離学会　122, 139
国際トラウマティック・ストレス学会　122
心地よさ　22, 23, 25
心の深層　14
心の針　197
古澤平作　8
誤診　140, 163, 170
ごっこモード　162
孤独　173
孤独感　23, 25
コフート Kohut, H.　56, 59～64, 67, 68, 84, 85, 92, 93, 246
コメント　20
孤立無援さ　85
コンサルテーション　248

昏睡状態　　225, 226
コントロールケース　　182
コンピューター　　223, 234, 237
混乱型愛着　　133

さ行

サービス業　　53, 106
罪悪感　　76～78, 90, 170
再外傷体験　　145, 153, 154
サイコドラマ　　3
サイコパス　　77, 78, 81, 84, 85
再接近期　　91
在の在　　25
在の不在　　25
再犯率　　82～84
催眠　　128
　　――療法　　129
佐伯喜和子　　2
「酒鬼薔薇」事件　　79
錯覚　　36
作曲家　　230
サックス Sachs, R.　　132
ザナリーニ Zanarini, M.　　171
左脳　　65～67
詐病　　140, 156
サブリミナル　　214, 239
差別的　　156
サポートシステム　　154
サルトル　　199
死　　194～205
　　――の内面化　　201
　　――の本能　　71
　　――への恐れ　　200, 201
詩　　200
自我　　216
自我心理学　　27, 39, 43, 44
只管打坐　　201
自己愛　　vii, 56, 92～94, 103, 158, 196, 199, 204, 205, 249
　　――傾向　　165
　　――的　　16, 17, 246
　　――憤怒　　93, 246
自己愛パーソナリティ障害　　92
　　解離型――　　92
　　自己中心型――　　92
自己開示　　8, 54～58, 242, 244
自己価値観　　85, 98
自己心理学　　59～68
自己像　　94, 95
自己組織化　　226

自己対象　　63, 64, 85, 92
　　――関係　　68
　　――機能　　63, 93
自己破壊的行動　　164
自己表現
　　時間的――　　88, 89
　　無時間的――　　88, 89
自己分析　　196
示唆　　28～32
支持的　　11
自傷傾向　　173
自傷行為　　80, 151, 152, 173
情報統合システム　　226
支持療法　　212
私心　　186
詩人　　200
死すべき運命　　199
死生学　　199
死生観　　199, 200
自然消滅　　101, 106～110, 118
持続的暴露療法　　155
自尊心　　193
実証主義　　45
実存主義　　200
実存的　　204
実存哲学　　199
指摘　　20, 21
児童虐待経路　　132
自動思考　　18, 208
シナプスの剪定　　72
自発性　　215
慈悲　　74
自分探しの旅　　14
自閉症　　77, 78
死別　　110
島村三重子　　2
社交恐怖（社交不安障害）　　88～100
謝罪　　147, 177
ジャネ Janet, P.　　121, 128, 130, 131
邪念　　195
シャルコー Charcot, M.　　129, 130
終結　　101～118
終結時期　　116
柔構造　　182, 183
羞恥心　　78
柔軟性　　40, 153
終了　　101
自由連想　　30, 36, 62
主観性　　216
受刑者　　83

出力層　233, 235
守秘義務　41
受容　195, 238
純粋主義　2, 4, 5, 7, 10
ショア Schore, A.　63～66, 68, 123
障害者年金　190
少子化　134
正直であること　125
情性欠如　85
情動記憶　78
衝動的　169
少年A　79
小脳　237
　──皮質　234
情報処理　64, 228, 234
　──装置　223
情報量　225
初回面接　102
植物状態　225
女子高生殺害事件　77
初診面接　106
自立支援　181
人格交代　127, 130
神経科学　213
神経細胞　223, 227, 228, 233 → ニューロン
神経質　141
神経症圏　167
神経症水準　168
神経線維　227
神経繊維　223
神経ダーウィニズム　226
神経内科　139
真実　18
心身症　141
身体症状　152
身体表現性障害　150
診断基準　164, 170, 172
心的外傷後ストレス障害　127
心的ストレス　152
心的等価物　162
侵入的　169
真の自己　72
審美性　231
新無意識　68, 213～239
心理教育　139, 144～146, 148
心理士　178
心理生物学　64
心理面接　181
心理療法　102, 104～106, 108, 120, 238 → 精神療法

　──研究会　143
水力モデル　222, 237
スーパーバイザー　104, 242, 248～250
スーパーバイジー　viii, 103, 249, 250
スーパービジョン　148, 210, 239, 248～250
スターン Stern, A.　167
スティール Steele, K.　131
ステルバ Sterba, R.　176
ストレイチー Strachey, J.　42
ストレス　146, 153, 167, 209
　──因　153, 154
　──状況　145
ストレンジ・アトラクター　231
ストロロウ Stolorow, R.　43, 62
スパーリング　193
スピッツ Spittz, R.　123
スプリッティング　159, 166～170, 208
スペクトラム　179～193
生活保護　110, 193
成人愛着理論　123
精神医学　70, 207
精神科　139
　──医　47, 251
精神衰弱　131
精神病　151
　──様症状　167, 168
精神病理　146, 246
精神分析家　177, 178
精神分析セミナー　2
精神療法　vii, 17, 22～24, 26, 53, 103, 152, 176～193, 213, 216, 239, 241, 242, 250, 251
　──家　vii
性的外傷　146
性的快感　80
性的虐待　124, 134, 136
性的ファンタジー　79
性的誘惑説　130
性同一性障害　185
性犯罪者の認知のゆがみ　83
性別違和　185
生への欲望　200
世界観　6
セッション　23
絶望感　85
セロトニン　5
前意識　61, 66
全か無か　208
前慈悲　71
漸成的な想定　214
前世療法　142

前頭前皮質　78
前頭葉　218
セントラルエイト　83, 84
羨望　246
専門職　248
造花　200
爽快感　18
双極性障害Ⅱ型　150
操作的　158, 159, 161, 164
創造性　226, 231
相対主義　4, 7, 10, 14
側坐核　237
側頭極　81
側脳室　218
育て直し　84
存在論　201

た行

ダーウィニズム　227〜232
ダーウィン的　237
第一次間主観性　64
退行催眠　142
対象関係論　27, 91
対人関係学派　27
対人恐怖　47, 88〜100
対人トラウマ　131〜134, 170, 172
大脳基底核　237
大脳皮質　228, 233, 235
タイプD　133
第六感　244
多因子的　171
多元的アプローチ　26, 263
多元的な視点　100
多元論　238
多次元的　182
多次元方程式　242
多重人格障害　138, 143
脱学習　240
脱価値化　169
ダブルバインド状況　135
ダメ出し　209
探索的　181
炭酸リチウム　87, 196
男性ホルモン　86
断念　194
タンパク質　229
知性化　45, 46
知的好奇心　3
地動説　243
知能　78

中隔皮質　237
中間学派　162
中断　101
中立性　123, 193, 212, 238, 248
──と現実　vii, 8
治癒機序　2, 4, 5, 27
超自我　78, 177, 216
──機能　66
挑戦的　161
直面化　20, 21, 28, 125, 162
直感的　86
チョプラ Chopra, H. D.　171
治療関係　51, 105, 212, 240, 241
治療機序　28
治療効果　82
治療構造　30, 98, 148, 153, 159, 160, 165, 180, 182, 190, 242
治療的柔構造　vii, 176〜193, 206
治療的な野心　195
治療動機　108
治療同盟　44, 49
鎮痛剤　219, 220
通院精神療法　178, 182
柏野雅之　2
冷たい認知　78
鶴見俊輔　240
ディープラーニング　217, 232, 233, 235, 239
抵抗　42, 44, 45, 58, 214
諦念　195
敵意帰属バイアス　83, 84
適者生存　226
テストステロン　86
デモンストレーション　173
デル Dell, P.　172, 174
テロ事件　76
転移　39〜52
──感情　114
転移解釈　5, 6, 39〜52, 57, 209
転換　149, 152, 155
──ヒステリー　149
──症状　138, 140, 151
癲癇　140
電気刺激　225, 226
天動説　243
天文学　243
土居健郎　239
同一化　73, 115
同一性　149
投影　42, 73, 135, 167, 169
動機　22

動機付け　　101, 107
同居者　　154
統合失調症　　85, 139〜141, 143, 144, 147, 153, 167
洞察　　11, 12, 17〜20, 25, 28, 214
投資　　251
闘争逃避反応　　157, 158
道徳心　　74, 78
頭部外傷　　218
動物磁気　　128
投薬治療　　173 → 薬物療法
トータルエンカウンターカプセル　　81
ドーパミン　　229
富樫公一　　215
匿名性　　242, 247
　　──の原則　　53〜58
閉じ込め症候群　　226
トノーニ Tononi, G.　　224, 226
土俵　　183
どもり　　90
豊川主婦殺害事件　　77
トラウマ　　vii, 101, 120〜126, 127〜137, 166, 209, 231, 246
　　──仕様　　120, 123
　　──体験チェックリスト　　131
　　──理論　　64, 120, 121
とらわれ　　18, 204
トランス　　149
トレーニング　　58, 103, 115, 116, 120, 142, 210, 211
　　──システム　　177
トレバーセン Trevarthen, C.　　64
ドロップアウト　　101〜104, 106, 113
　　──率　　102
鈍麻反応　　154

な行

ナイエンフイス Nijenhuis, E.　　131
内在化　　19
内省　　60, 62, 63, 67
内側前頭皮質　　81, 87
内側前脳束　　237
内的ワーキングモデル　　133
ナイト Knight, R.　　167
内面化　　203
ナラティブ　　18, 19
ナロキソン　　220
何でも屋　　211
ニーズ原則　　83
肉食行為　　79

二者関係　　67, 68
二者心理学　　43
二重意識　　197, 198, 201, 204, 205
日本精神分析協会　　18
日本トラウマティック・ストレス学会　　120
乳幼児　　67
　　──研究　　36
ニューラルネットワーク　　232, 235
入力層　　233, 235
ニューロン　　72, 213, 216
認知行動療法　　2, 45, 82, 83, 96, 97, 99
認知療法　　3, 18, 86, 206〜212, 242, 243, 251, 263
ネオディソシエーション　　129
ネグレクト　　131, 133
　　──経路　　132
ネクロフィリア　　79, 80
ネットワーク　　19
脳科学　　vii, viii, 19, 177, 213, 216, 222, 236, 237
脳幹　　226
能動性　　72, 73
脳内結合関係　　223
脳内麻薬物質　　220
脳波検査　　140
脳梁　　65
覗き見恐怖　　90
ノンフィクション　　177

は行

バーカー Barker, E.　　81
バーグラー Bergler, E.　　90
パーセプトロン　　232〜234
ハーマン Herman, J.　　161, 171
配偶者　　153
肺結核　　198
ハウエル Howell, E.　　171
バウンダリー　　191, 192
破壊性　　69, 71, 106
迫害的　　168
暴露療法　　181, 209, 211, 212
箱庭療法　　211
恥　　92, 93
　　──の病理　　93
恥ずべき自己　　94, 95
働くことと愛すること　　116
発達障害　　16
発達理論　　64, 68
パトナム Putnam, F.　　132
話す文字盤　　128

パニック　208
パフォーマンス　95
　——状況　89
濱田庸子　2
バラック Barach, P.　133
反社会性パーソナリティ障害　81, 122
反社会的　84
　——交友関係　83
　——認知　83〜85, 87
阪神淡路大震災　127, 128
反動形成　177
反応性原則　83
汎用性のある精神療法　211
ヒア・アンド・ナウ　43, 57
ヒーリング　141, 142
被影響性　135
被害関係念慮　167
被害者意識　76
被害念慮　168
被害妄想　85
東日本大震災　127
悲観主義者　194
悲観論　82
ビギナー　102
非言語的　107
非現実体験　167, 171
被催眠性　129
ヒステリー　128〜131, 139, 142, 149, 156, 157
『ヒステリー研究』　121
非線形性　213〜216
左半球　64, 65
否認　42, 125
ヒポコンドリー性基調　90
秘密　41, 170
ピュイゼギュール Puységur, M. de　128
憑依　128, 141
憑依障害　138, 149
平等性　125
病理組織検査　232
非倫理的　22, 105
ヒルガード Hilgard　129
ヒロイズム　126
ピンスカー Pinsker, H.　193
φ（ファイ）　222
Φ（ファイ）　224, 226
ファロン Fallon, J.　78
不安症状　189
不安神経症　189
ファンタジー　18, 124

フィーリング　244
フィンク Fink, D.　164
フェニヘル Fenichel, O.　90, 91
フェレンツィ Ferenczi, S.　90, 121
フォナギー Fonagy, P.　159, 162, 163
複雑型 PTSD　161, 171
複雑系　213, 215, 216
複雑性外傷後症候群　161
復讐　76, 85
腹内側前頭前野　221
ψ（プサイ）　222
藤山直樹　2, 36, 121
不条理　106
舞台恐怖　90, 91
物質濫用　83
部分的な解離　172, 174
侮蔑的　161
ブラウン Braun, B.　132
ブラウン運動　227
プラセボ効果　219, 220
フリース Fliess, W.　121
ブルーチェック Broucek, F.　92
不連続性　214
フロイト Freud, S.　viii, 4, 10, 28〜31, 36, 39, 42, 56, 59, 60, 63, 66, 67, 71, 88, 108, 116, 120, 121, 123, 124, 130, 131, 160, 176, 179, 194, 196, 199, 200, 213, 216, 217, 222, 236〜238, 244〜247
ブローカ野　218
米国精神分析協会　247
並存　164
併存症　153
ベイトソン Bateson, G.　135
ベイトマン Bateman, A.　162
ベック Beck, A.　208
別人格　153, 173 → 交代人格
別の主観　19
ヘルムホルツ学派　222
弁証法　34, 215
　——的構成主義　215
　——的行動療法　163
扁桃核　87, 234, 235, 237
変容性の解釈　42
防衛　46, 165
報酬系　70, 237
報復　71
暴力　69, 70
ボウルビィ Bowlby, J.　123, 133
ホーキンス Hawkins, J.　234
ボーダーライン　122

──反応　157
保護観察　82
母国語　viii
母子関係　37, 136
没我性　97
ホフマン Hoffman, I.　13, 14, 30, 44, 45, 54, 199, 201, 204, 215
ホワイト White, R.　72
ホンダ Honda　83
本能　69, 71
本物　57

ま行

マーチンソン Martinson, R.　82
マーマー Marmer, S.　164, 169
マイクロコラム　228
埋没費用　251
マグマ　145, 146
マスターソン Masterson, J.　172
マッサージ　22
マッソン Masson, J.　130
マッピング　143, 145
学びほぐし　240, 245, 247, 248, 250
慢性関係性外傷障害　171
身代わりの内省　60
右半球　65
未構成の経験　214
未思考の知　214
ミスコミュニケーション　124, 133
ミスター・サイコアナリシス　60
ミスマッチ　124
密教　204
ミッチェル Mitchell, S.　43
ミット受け　183, 184, 191
ミラーリング　64, 67, 92
民間療法　141, 142
無意識　6, 13, 14, 18, 20, 23, 25, 27〜31, 34, 42, 52, 59〜68, 91, 177, 199, 214, 216, 231, 236, 238, 242
無常ということ　199
無断キャンセル　103
夢中歩行　128
明確化　20, 21, 28, 34, 35, 162, 239
名誉欲　204
メイン Main, M.　123
メスメル Mesmer, A.　128, 129
メタアナリシス　101
メタサイコロジー　43
メタファー　143
メニンガー・クリニック　43
メルロー・ポンティ Merleau-Ponti, M.　199
メロディー　230
面接室　22
メンタライゼーション　162
メンタリティー　180
面談　206〜212
喪　200
目的論的　162
モティベーション　16, 22
もの自体　6
モリソン Morrison, A.　92, 93
森田正馬　88, 90, 194, 197, 198, 200, 201, 204
森田療法　45, 194, 197, 198

や行

薬物依存　86
薬物療法　2, 152, 196, 248
野心的　246
破れ身　242
優位半球　65
誘惑仮説　121
誘惑説　124
夢　34
良い対象　72
幼児人格, 主人格　140
陽性症状　131
陽性転移　42
ヨガ　22
抑圧　18, 33, 59, 61, 65, 125, 145, 199, 246
　　──モデル　124
抑止　75, 80
　　──装置　76
抑制　33
欲動　18, 237
　　──論　246
予想不可能　238
四輪駆動　178, 180

ら・わ行

ラカン Lacan, J.　6, 40, 244
楽観主義者　194
ラポール　102, 105
ランダムウォーク　227
ランダム性　226
ランバート Lambert　238
リアリティ　7, 18
リオッティ Liotti, G.　133
離人　167
　　──感　171
リスク原則　83

索引 275

リストカット　*173*
リセプター　*229*
理想化　*169*
　——された両親像　*67*
理想自己　*94, 95*
理想的な両親像　*92*
リッグスセンター　*43*
立体視　*37*
リネハン Linehan, M.　*163*
リビドー　*213, 237*
リビドー論　*42, 91, 246*
リプセイ Lipsey, M.　*82*
猟奇的殺人　*79*
リング　*183*
臨床心理士　*106*
リンディ Lindy, J. D.　*154*
倫理
　——観　*74*
　——基準　*125*
　——原則　*123, 125*
　——綱領　*247, 248*
　——側　*247*
　——的態度　*153*
連続殺人事件　*80*
霊的な治療　*142*
劣位半球　*65*
レッテル　*208*
ローゼンブラット Rosenblatt, F.　*232, 233*
露出願望　*91*
ロス Ross, C.　*132*
ワーキングメモリー　*237*

数字

3Pモデル　*132*
4因子説　*132, 170*

アルファベット

AI　*232*
AlphaGo　*217, 232, 233*
ANP　*131*

BPD　*156* → 境界性パーソナリティ障害

CT画像　*218*
CBT　*197*

D型の愛着パターン　*123*
DID　*128, 132〜136, 140, 141, 143〜147, 163, 167, 169, 172, 173*
DSM　*93, 141, 150*
DSM-III　*91, 96, 122, 149, 161*
DSM-IV　*127, 144*
DSM-5　*80, 167, 168*

ECT → 電気けいれん療法
EMDR　*207, 210〜212, 251*
EP　*131*

fMRI　*213, 218, 219*

gut feeling　*244*

ICD　*141, 150*
ICD-10　*138, 149*
ICD-11　*149*

LDS　*81*

MRI　*218*

observation　*20, 21*

PePWEB　*36*
PTSD　*122, 128, 147, 161*

QOL　*11〜26*

RAM　*237*
RNA　*229*

SNRI　*86*
SSRI　*5, 86*
suggestion　*28*

unlearn　*245*

X線画像　*232*

著者略歴
岡野憲一郎（おかの　けんいちろう）
1982年　東京大学医学部卒業，医学博士
1982～85年　東京大学精神科病棟および外来部門にて研修
1986年　パリ，ネッケル病院にフランス政府給費留学生として研修
1987年　渡米，1989～93年　オクラホマ大学精神科レジデント，メニンガー・クリニック精神科レジデント
1994年　ショウニー郡精神衛生センター医長（トピーカ），カンザスシティー精神分析協会員
2004年　4月に帰国，国際医療福祉大学教授を経て
現　職　京都大学大学院教育学研究科臨床心理実践学講座教授
　　　　米国精神科専門認定医，国際精神分析協会，米国及び日本精神分析協会正会員，臨床心理士
著　書　恥と自己愛の精神分析，新しい精神分析理論，中立性と現実——新しい精神分析理論2，解離性障害，脳科学と心の臨床，治療的柔構造，新・外傷性精神障害，続・解離性障害，脳から見える心，解離新時代，快の錬金術（以上岩崎学術出版社），自然流精神療法のすすめ（星和書店），気弱な精神科医のアメリカ奮闘記（紀伊國屋書店），心理療法／カウンセリング30の心得（みすず書房）他

精神分析新時代
―トラウマ・解離・脳と「新無意識」から問い直す―
ISBN978-4-7533-1148-4

著　者
岡野　憲一郎

2018年11月27日　第1刷発行

印刷・製本　　（株）太平印刷社

発行所　　（株）岩崎学術出版社　　〒101-0062 東京都千代田区神田駿河台3-6-1
発行者　　杉田　啓三
電話 03（5577）6817　FAX 03（5577）6837
©2018　岩崎学術出版社
乱丁・落丁本はおとりかえいたします　検印省略

快の錬金術──報酬系から見た心
岡野憲一郎著
脳と心のライブラリー　　　　　　　　　　　　　　　　　　本体2500円

臨床場面での自己開示と倫理──関係精神分析の展開
岡野憲一郎編著　吾妻壮・富樫公一・横井公一著
精神分析の中核にある関係性を各論から考える　　　　　　　本体3200円

関係精神分析入門──治療体験のリアリティを求めて
岡野憲一郎・吾妻壮・富樫公一・横井公一著
治療者・患者の現実の二者関係に焦点を当てる　　　　　　　本体3200円

解離新時代──脳科学，愛着，精神分析との融合
岡野憲一郎著
解離研究の最前線を俯瞰し臨床に生かす　　　　　　　　　　本体3000円

恥と自己愛トラウマ──あいまいな加害者が生む病理
岡野憲一郎著
現代社会に様々な問題を引き起こす恥の威力　　　　　　　　本体2000円

脳から見える心──臨床心理に生かす脳科学
岡野憲一郎著
脳の仕組みを知って他者の痛みを知るために　　　　　　　　本体2600円

解離性障害──多重人格の理解と治療
岡野憲一郎著
解離という複雑多岐な現象を深く広くバランス良く考察する　本体3500円

新 外傷性精神障害──トラウマ理論を越えて
岡野憲一郎著
多様化する外傷概念を捉える新たなパラダイムの提起　　　　本体3600円

精神力動的サイコセラピー入門──日常臨床に活かすテクニック
S・F・アッシャー著　岡野憲一郎監訳　重宗祥子訳
セラピーを技術面中心に解説，初心者に好適　　　　　　　　本体3000円

この本体価格に消費税が加算されます。定価は変わることがあります。